教育の世紀

A Century of Education

編著 リチャード・オルドリッチ
監訳 山内乾史・原 清治

学文社

A CENTURY OF EDUCATION
Edited by Richard Aldrich.
Copyright©2002 Richard Aldrich.
All rights reserved.

Japanese translation rights arranged with
Routledge, a Member of the Taylor & Francis Group
through The Asano Agency, Inc. in Tokyo.

日本語版への序文

　本書の日本語版に短い序文を書くよう求められたことは，大きな喜びであり，かつ大いなる名誉です。何年もの間，日本人研究者たちとの共同研究から多くのことを学んできました——ロンドンで，日本で，そして他にも世界中のさまざまな場所で。本書の日本語版出版を担当し，翻訳し，世へ送り出すことに関わられたすべての方がたに心から感謝したく思います。特に山内乾史教授（神戸大学）と原清治教授（佛教大学）のお二人には特別な感謝を捧げたく思います。お二人は翻訳のプロジェクトのどの段階においても，プロジェクトに熱心に関わり，真摯な研究者らしさを発揮してくれました。

　さて，本書『教育の世紀』はハードカバーとペーパーバックの両方で，2002年に初めて世に出ました。本書は包括的かつ信頼性の高いものとなるべく設計されています。それぞれの領域の専門家によって書かれた各章では，適切な参考文献と，鍵となる事象のリストとについて詳しく注釈をつけながら説明をしており，より完全を期したものです。本書の体裁は，英国教育史の変動と連続性を論証し，歴史的かつ現代的な結論を導き出せるように設計されています。

　本書『教育の世紀』は『ロンドン・タイムズ紙　教育版』（*Times Educational Supplement*）による「今週の注目図書（Book of the Week）」において特集を組まれ，好意的な評価を受けました。英国の教育史学コースにおいても，より一般的な教育研究においても広く使われています。日本の関係者の方がたにより利用しやすいものとなるであろう，この日本語版によって，そのことを理解していただけるようになるならば大変名誉なことです。

2010年2月
ロンドンにて
リチャード・オルドリッチ
山内 乾史 訳

原著序文

教育は国家の一大事業であり，同時代を生きる人びとのもっとも重要な共有体験である。

『教育の世紀』では20世紀における教育の役割と本質についての理解しやすく，信頼でき，魅力ある概観を行っています。リチャード・オルドリッチ教授は，前世紀の教育の成功と失敗をまとめ，次の世紀を展望するために執筆陣を選りすぐりました。この執筆陣すべては，それぞれの分野の卓越した専門家です。

著者の筆によるイントロダクションでは，20世紀の社会的，経済的，政治的，知的発展を簡潔にまとめ，続いて10のトピックが各章で論じられています。すなわち，初等教育，中等教育，継続教育，高等教育，中央政府と地方政府，教員，生徒と学生，特別な教育ニーズ，カリキュラム，資格と評価，です。各章は4つの節に分けられています。すなわち，2000年の教育状況のまとめ，1900年の教育状況のまとめ，20世紀を通じての変動と連続性，現在と未来に向けての教訓をまとめた結論，です。

『教育の世紀』は，20世紀間の教育の強さと弱さを実証し，21世紀に向けて教育の優先事項を確認する情報と解釈と参考文献を集約した書物です。われわれの時代のもっとも重要な問題になっていることに関心がある方なら誰にとっても，このユニークな書物は標準的教科書となることを約束されています。

編者リチャード・オルドリッチは，ロンドン大学教育研究所の歴史・哲学グループの長で，教育史の教授です。

山内 乾史 訳

目　次

日本語版への序文　　リチャード・オルドリッチ（山内乾史訳）…………… i
原著序文　　　　　　リチャード・オルドリッチ（山内乾史訳）…………… ii

イントロダクション　リチャード・オルドリッチ（山内乾史訳）………… 1
第1章　初等教育　　ピーター・カニンガム　　（加藤善子訳）………… 12
第2章　中等教育　　ゲーリー・マクロッホ　　（加藤善子訳）………… 45
第3章　高等教育　　ロイ・ロウ　　　　　　　（山内乾史訳）………… 79
第4章　教員　　　　フィリップ・ガードナー　（武　寛子訳）………… 105
第5章　生徒と学生　ルース・ワッツ　　　　　（原　清治訳）………… 135
第6章　カリキュラム ピーター・ゴードン　　　（杉本　均訳）………… 173
第7章　資格と評価　 アリソン・ウルフ　　　　（鈴木俊之訳）………… 204
結　論　　　　　　　リチャード・オルドリッチ（山内乾史訳）………… 235

監訳者あとがき　　　山内乾史 ………………………………………………… 244
原著編者紹介　　　　リチャード・オルドリッチ（山内乾史訳）……… 247

イントロダクション

リチャード・オルドリッチ（Richard Aldrich）
山内 乾史 訳

目的と計画

　本書の目的は，20世紀におけるイングランドの教育について説明と解釈を提供することである[1]。これは，大きな企てである。というのは，100年にわたる教育史は一巻の書物にたやすく収めることはできないからである。それにもかかわらず，本書で考慮された10のトピック―初等教育，中等教育，継続教育，高等教育，そして中央政府と地方政府，教員，生徒と学生，特別な教育ニーズ，カリキュラム，資格と評価―は，この主題に関する外形的な特質をかなりカバーしている。この10のトピックには，主要な教育上のテーマとカテゴリーが含まれている。これらのテーマとカテゴリーは，20世紀のどの時点においても確認されてきた。また本書には，現代的な諸問題を反映すると考えられる他のトピックと専門用語も含まれている。この組み合わせは，歴史の材料である。われわれが過去について問いかける問題の多くは，現代的関心の反映である。

　歴史は，時という次元―過去，現在，未来―を特に参照した，人間と他の事象の記録と定義できるだろう。歴史研究は，2つの主要な目的を有する。第一には，過去の事象についての説明を提供することである。第二には，これらの事象の解釈を提供し，そうすることによって，個人的にも社会の一員としても，われわれ自身を歴史的時間の中に位置づけることである。このように位置づけをすることは新たな世紀，新たな千年紀の最初の数年においては特に適切である。

これに関して単独の著者による書物はあるし，編集された論集もある。本書『教育の世紀』は，これら両方の世界を見渡して最上の組み合わせとなるように計画されている。本書は，全体的な主題と構想による一つの統一体であり，先行研究で編者によって用いられた方法論を参考にしている[2]。とは言え，これら10章のそれぞれは，それぞれ固有の領域の専門家によって執筆されている。単一の書式が，各章の全体的な構造については用いられているけれども，その書式内において，各執筆者は，特定のテーマに対する彼女／彼の分析にもっとも適切なスタイルで根拠と解釈を提供する自由を有している。各章は2000年の状況を短く概観することから始まり，1900年の状況についての同様な評価が続く。中心となるセクションでは両時点間の状況をカバーしている。このセクションの全体的なテーマは変動と連続性である。このテーマ内部において，各執筆者は，さまざまな形の系統立てと解釈を採用している。これは，年代順配列，一次資料，説明と方法論の枠組みのような諸要素に置かれたさまざまな強調の仕方によって証明されている。実際に本書は，イングランドにおける教育史の史料編纂の現状を部分的に反映しているものと考えることができるだろう。学問のいくつかの要素と研究分野が個人的，部門的，機関的文脈内で解釈され構築される方法についてのいくらかの洞察も提供している。

ピーター・カニンガム（Peter Cunningham）は，初等教育に関する章で，初等教育の興隆を描く際の，広範囲に及ぶ考古学的な，絵画的な，工学的な証拠，また他の証拠を引き出している（本訳書第1章）。この章とフィリップ・ガードナー（Philip Gardner）による教員に関する章（本訳書第4章）は，近年の研究プロジェクトと出版物のために，これらケンブリッジ大学に本拠を置く学者によって集められた豊富な証拠を示している[3]。本訳書第2章において，ゲーリー・マクロッホ（Gary McCulloch）の論述は，さまざまなタイプの中等教育に関する3巻本のために企てられた調査研究についての重要な総合的知見を提供し[4]，また著名な先人の一人，シェフィールド大学のジョン・ローチ（John Roach）の業績を発展させている[5]。

グリニッチ大学のビル・ベイリー（Bill Bailey）による継続教育に関する章（本

訳書では略）は，『教育の職業的側面』（*The Vocational Aspect of Education*）誌の元編集者にふさわしい，この分野における彼の幅広い経験を反映している。同様に，高等教育に関する章（本訳書第3章）を執筆している，ウェールズ大学スウォンジー校のロイ・ロウ（Roy Lowe）は，『教育史』（*History of Education*）誌の元編集者であり，この分野における主要なテーマをまとめた，ずっしりとした四巻本を編集した[6]。中央政府と地方政府に関するポール・シャープ（Paul Sharp）の章（本訳書では略）は，彼自身のかつての業績[7]だけではなく，リーズ大学の学者たちから引き継いだ教育行政学の研究と著作の集大成をも参考にしている[8]。

　生徒と学生——教育の受益者と消費者——もまた，しばしば歴史からは隠れている。しかし，インプットよりも教育成果（the outcomes of education）により関心がもたれ，教授活動の上位に学習活動を位置づける時代においては，教育史に対して生徒と学生が中心となることを疑い得ない。バーミンガム大学のルース・ワッツ（Ruth Watts）は，このトピックに関する章（本訳書第5章）で，ジェンダー，エスニシティ，社会階級の諸次元を検討している。そうすることで，20世紀のイングランドにおける教育の失敗——成果よりもむしろ——をしばしば強調している伝統を引き出した[9]。このテーマは，次の章に続いており，よりはっきりした焦点を見いだしている。レディング大学のイアン・コープランド（Ian Copeland）は，学習困難性の問題を検討するために，特別な教育ニーズの歴史における調査と出版の大部の記録を参考にした（本訳書では略）[10]。最後から二番目の章において（本訳書第6章），ロンドン大学教育研究所（the Institute of Education, University of London）のカリキュラム・歴史・人文学科の前学科長ピーター・ゴードン（Peter Gordon）は，20世紀におけるカリキュラム史を概観した[11]。最後にロンドン大学教育研究所数理科学グループに属し，国際評価研究センター長でもあるアリソン・ウルフ（Alison Wolf）は，資格と評価の問題に比較的・歴史的パースペクティブから取り組んだ（本訳書第7章）。

文脈，変動，連続性

　上述したように，教育の変動と連続性についてのテーマが，本書各章の中心部にある。これは，結論を引き出すための系統だった原則をも提供している。しかし，教育は真空状態で起こるものではない。教育は，時代の社会的，経済的，政治的，知的文脈を反映し，時にはそれに挑戦する。この第二節の目的は，これらの文脈—この中で教育が位置づけられるべきである—における重要な20世紀の変動と連続性のいくつかを確認することである。

　比較的パースペクティブから見ると，連続性がかなりあるように見える。連合王国はいまでも，「女王陛下万歳」(God save the Queen) と題された国歌をもつ君主制国家である。議会には，いまでも，選挙を経ない第二の議会—上院—がある。イングランド国教会は，君主を長にいただく，国教の教会であり続けている。外国の観察者たちは，イングランド社会とその多くの機構のハイアラーキカルな本質に未だに注目している—そのもっとも顕著な例は，パブリック・スクールと，オックスフォードとケンブリッジという伝統的大学 (ancient universities) である。

　しかし，このような連続性にもかかわらず，20世紀は大変動の時代でもあった。このような変動の本質と範囲は，1900年のイングランド—帝国主義的で，人種差別主義的で，貴族趣味的で，家父長制的で，根本的にジェンダーと社会階級によって分断されていた，と今日では考えられている—に対するわれわれの反応によって推測できるだろう[12]。アスキス (H. H. Asquith) の自由党政権と第一次世界大戦の破壊的な効果があったにもかかわらず，1922年においてさえ，全人口のうちもっとも豊かな5％の人びとがいまだに，国家の富全体の80％以上を所有している[13]。対照的に，チャールズ・ブース (Charles Booth) やシーボーム・ラウントリィ (Seebohm Rowntree) のような調査研究者が，世紀の始め頃に，かなりの人数—ロンドン在住者の約30％—が深刻な貧困のぬかるみにはまり込んでいることを示した。多くの男女が救いようのない単調でつまらない仕事で何とか生計を立てていた。賃金労働に携わる男性の94％と女性の5％にとって，労働時間は長く休日は稀であった。労働力の4分の3が，

あるタイプの肉体労働の仕事に従事していた[14]。

1901年1月1日に,『ロンドン・タイムズ』(*The Times*) 紙の論説が20世紀の先の見通しを考察していた。ボーア戦争[15]の初期の状況が逆転したにもかかわらず,論調はこの上なく自信に満ちていた。

> *われわれは,世界の他のどんな国よりも,より古く,より連続的で,より輝かしい業績と栄光という遺産をもって新たな世紀に入った。わが国家の性格は,戦争で試されたときにも,過去の年間の厳しい試練が十二分に示しているように,力強さ,根気強さをいささかも喪失していない。*
>
> *われわれの政体は,世襲貴族の権力によって制約される個人的な君主制から,帝国の自治共同体のすべてが深く愛着を感じて結びついている「王位」によって相互に編みこまれた,もっとも自由な種類の民主的システムへと発展している。*
>
> *この移行は,過去,いかなる種類の暴力的破壊もなしに達成されたものである——こういった暴力的破壊は,わが国家ほど幸せではない国家で,移行が本質的に生み出す恵みと利益の自由という勝利を奪い取っているのだが——。*
>
> *イングランドとその植民地で現在普及しているシステムは,人民の意志に広く基づくものであり,他のいかなるシステムも誇らしげに有することのできない強度,安定性,柔軟性を持っている。このような政府の手段のゆえに,共同体に広範に分散した莫大な富の蓄積のゆえに,とりわけ,人民が繁栄して,満足して,勇敢で,知的で,自己依存的であるがゆえに,われわれは,われわれを待っているであろう嵐と葛藤に対して,大きな希望を持ちながら楽しみに待っているのである[16]。*

1901年1月になってもまだ,勝ち誇った,並ぶもののない国家というあの理想像——世界がいまだかつて見たことのない最大国家の中心では繁栄して満足して民主的である——は,いたるところで共有されているわけではないけれど

も，それにもかかわらず，これから先，待ち構えている葛藤と変動の大きさを予測できた者はほとんどいなかった。長いビクトリア期の全盛期（summer）の後に短いエドワード期の凋落期（autumn）が続いたのだが，しかし，国家の強さと自信は二度の世界大戦，帝国の崩壊，相対的な経済的衰退によって徐々に失われていった。1900年には，連合王国は，もっとも高い国民一人当たり国内総生産（gross domestic product = GDP）を有する，世界でもっとも繁栄した国家であった。20世紀の間にGDPは約4倍に増加したが[17]相対的な意味ではかなり衰退した。実際に，1975年までに，英国経済は貧しい状態になり，国民一人当たりGDPは経済協力開発機構（the Organization for Economic Co-operation and Development = OECD）加盟諸国中15位にまで凋落した[18]。

　20世紀の最初の10年に，英国民主主義の性質と範囲に関する新たなパースペクティブが，労働党（Labour）の運動と女性参政権を求めるキャンペーンによって与えられた。第一次世界大戦中に，英国軍の力強さと根気強さという，たいそうご自慢の特質が，将校のまったくの無能ぶりによってしばしば無に帰した―実際に「ロバに導かれたライオン」だったのだ。戦後，「英雄にぴったりの祖国」はほとんどなく，しかも，ほどなくドイツに「補償金を支払わせる」ことはできないことが明らかになった。1920年代と1930年代には，空前絶後の経済的激動と失業を経験した。ヨーロッパにおいてファシスト独裁政権の興隆が，国際関係の急速な悪化を生み出し，1939年には国家はふたたび戦争に巻き込まれた。

　1914年とは異なり，歓喜はほとんどなかった。ダンケルクからの撤退とフランスの陥落に続いて，勝利よりもむしろ，敗北の回避が達成することのできる最大のもののように見えた。もはや経済的に，地球上でもっとも偉大な国家であり続けることはできなくなったが，道徳的優越性の感覚は，それでも多くの国民を神への信頼に導き，帝国を，英国を支えるように導いた。このようにして，1940年10月―ロンドン大空襲（the Blitz）が盛んだったとき―に，カスバート・ヘッドラム卿（Sir Cuthbert Headlam）は，日記で次のように打ち明けた。

われわれは，もし神が愛さないならば，不可避的に破滅しなければならない奇妙な人種である。われわれは，そうしなければならないからではなく，神がわれわれを好むがゆえに災難を切り抜けるのだ。神がわれわれを好むのは，私が思うに，われわれが困難に直面しているとき，勇気と忍耐という特質を有し，世界をより良い場所にするという特質をも有しているからであろう—それは正義とフェア・プレイの意味で，また，他の仲間の見方を快く理解しようとするという意味で，人と人との間の残酷さの恐怖と不公正という意味で—。大英帝国は，他をもって代えがたく，世界の中で真に必要とされているということを，これらの独裁者たちさえも心の奥深くでは理解していることを私は信じている[19]。

そのブルドッグのようなイメージと精神が「血，苦役，涙と汗」の時期を通じて，国家を導いた—ここで英国は「最も素晴らしい時間」を経験した—ウィンストン・チャーチル（Winston Churchill）が1945年7月の総選挙で保守党を勝利に導いたと，広く考えられている。しかし，勝利の建設者としてのチャーチルの地位と大英帝国の解体を取り仕切るつもりはないという決意とは，急激な経済的，社会的変動を覚悟した国家にはほとんどアピールするところはなかった。クレメント・アトリー（Clement Attlee）の労働党政権は，1947年にインドに独立を認め，翌年にはビルマにも認めた。生産と分配の重要部門が，国有化の旺盛なプログラムによって国家統制のもとにおかれた—炭鉱，鉄道，道路輸送，イングランド銀行を含む—。福祉国家—貧困と欠乏に終止符を打つことを約束する—は，1948年に導入された国営医療制度によって強調された。

保守党政権は，1951年以降13年間政権の座にあったが，1960年代—いわゆる「スインギング・シクスティーズ」（Swinging Sixties）—は，かなりの社会変動をもたらした。『ザット・ワズ・ザ・ウィーク・ザット・ワズ』（*That was the week that was*）のような番組によって例証される学生の反抗と風刺的なテレビジョンが，少なからぬ体制側の人間の間に広範な戸惑いを引き起こした。検閲制度が問題視され[20]，妊娠中絶，経口避妊薬ピル，離婚，同性愛のよう

な問題が表面化してきた。新たなる偶像たち—ビートルズ（the Beatles），ローリング・ストーンズ（the Rolling Stones），マリー・クヮント（Mary Quant），トウィッギー（Twiggy）ら—が，ポピュラー・ミュージック，ファッションに，尋常ではないリーダーシップを国にもたらした。1964年からは労働党政権がハロルド・ウイルソン（Harold Wilson）によって率いられた。ウイルソンの科学技術に対する強調と，現代コミュニケーションに対する外見上の気安さは，前任の保守党の二人の首相，すなわち「最後のエドワード期の人物」ハロルド・マクミラン（Harold Macmillan），彼の後継者アレック・ダグラス＝ヒューム卿（Sir Alec Douglas-Home）と鋭い対比をなした[21]。しかし，1979年までには，「不満の冬」（winter of discontent）に蓄積された平価切下げ，インフレ，粗悪品（shoddy goods），極小の経済成長，貧困な労使関係管理（industrial relations）などは，国があらたなる低みに達したことを示した。コーレリ・バーネット（Correlli Barnet）は，戦後年間を次のように位置づけた。

> 1945年の夢—大英帝国と英連邦の役割，世界の権力ゲームでの役割，英国産業の真髄，そしてついには新エルサレム自体—は，一つまた一つと消えていき，国家という母性愛の乳首にぶら下がった，分離され，十分な素養に欠け，未熟で，不健康で，制度化されたプロレタリアートのじめじめした現実に代わった[22]。

急激な変動は，今なお政治的右派から起こっており，これまで35年間にわたる改革の多くは覆された。公共施設・公益事業は民営化され，地方審議会，労働組合，そしていくつかの専門職の権限が厳しく削減された。相対的な経済の衰退は止まった。消費者の豊かさと購買能力は増大した。中央・東ヨーロッパでの共産主義・社会主義レジームの崩壊は，資本主義の大勝利をより一層保証するように考えられた。国家の経済的，社会的アジェンダのシフトは，マーガレット・サッチャー（Margaret Thatcher）とジョン・メージャー（John Major）の保守党政権が，四期連続して選挙で勝利を収めたほどうまくいってい

た。1997年と2001年に勝利を得たトニー・ブレア（Tony Blair）率いる「新労働（New Labour）」党が，これら二人の政策を保守党の鋳型の中でつくりかえた。

このようにして，君主制や国教会のような機構が生き残っているにもかかわらず，2000年までには，イングランドは，一世紀前とはかなり異なるものになってしまった。イングランド人は，神の選びたもう人種であるということを信じる者は今ではほとんどいない。国歌の言葉は，より開放的な時代にますます古風になるように見える。帝国の壮大さは，グローバリゼーションへの持続的な関心，ヨーロッパ共同体へのより密接な統合，スコットランド，ウェールズへのより大きな自治権の移譲，連合王国自身内部での文化の多様化に取って代わられている。大地所のいくつかがテーマ・パークに変わったことによって象徴されるように，貴族の権力はかなり減少した。家父長制的，人種差別主義的態度は異議を唱えられており，女性の権利と民族的マイノリティの成員の権利とは法制によって保護されている。

それにもかかわらず，全体的，相対的に経済が衰退し，貧困地帯（regional pockets of poverty）はあるけれども，2000年の時点で，イングランドの人民は，かつてないほど繁栄している。富はより広範囲に共有されている。20世紀の前半にはごく少数の人だけが利用可能なぜいたくであった，自家用車の所有，海外での休暇，航空機による旅行は，いまやごく普通になっている。さらに，20世紀のコミュニケーション革命は，新たな輸送手段を含むばかりでなく，ラジオ，映画，テレビ，ビデオ，コンピュータ，インターネット—これらは教育にたいしてかなり含意を持っている—の発達をも含む。

本節では，ある文脈を提供するために，20世紀の社会的，経済的，政治的，知的変動と連続性に関する，かなり簡潔な概観を行った。以下に続く10（本訳書では7）章では，この変動と連続性の混合体は，専門的な立場から教育の世紀を参照しながら，深く検討されるのである。

〈注記〉
(1)　イングランド—現在，連合王国（the United Kingdom）を構成している4つの国の内，群を抜いて大きな人口を擁する—が本書の焦点となっている。とはいえ，スコットランド，ウェールズ，北アイルランドは，特有の教育的価値，システム，歴史を有するのであり，したがって，英国（Britain）という言葉の代わりにこれらの言葉（スコットランド，ウェールズ，北アイルランド）を用いることを完全に排除するわけではない。
(2)　たとえば，次の文献を参照のこと。R. Aldrich, *Education for the Nation*, London, Cassell, 1996.（R. オルドリッチ（松塚俊三・安原義仁監訳）『イギリスの教育—歴史との対話—』玉川大学出版部，2001 年）および R. Aldrich, D. Crook and D. Watson, *Education and Employment : the DfEE and its Place in History*, London, Insititute of Education, 2000.
(3)　たとえば，次の文献を参照のこと。P. Gardner and P. Cunningham, 'Oral history and teachers' professional practice : a wartime turning point?', *Cambridge Journal of Education*, 1997, vol.27, no.3, pp.331-42.
(4)　G. McCulloch, *Philosophers and Kings : Education for Leadership in Modern England*, Cambridge, Cambridge University Press, 1991; *The Secondary Technical School : A Usable Past?*, London, Falmer, 1989; *Failing the Ordinary Child? The Theory and Practice of Working Class Secondary Education*, Buckingham, Open University Press, 1998.
(5)　J. Roach, *A History of Secondary Education in England, 1800-1870*, London, Longman, 1986; *Secondary Education in England 1870-1902 : Public Activity and Private Enterprise*, London, Routledge, 1991.
(6)　R. Lowe (ed.) *History of Education : Major Themes*, London, Routledge, 2000.
(7)　たとえば，次の文献を参照のこと。P. H. J. H. Gosden and P. Sharp, *The Development of an Education Service : the West Riding, 1889-1974*, Oxford, Martin Robertson, 1978; P. Sharp and J. Dunford, *The Education System in England and Wales*, London, Longman, 1990.
(8)　ピーター・ゴスデン（Peter Gosden）と W. B. ステファンス（W. B. Stephens）によって，多年にわたり編集された *Journal of Educational Administration and History* の本拠地である。
(9)　たとえば，イングランドのもっとも卓越した教育史家，ブライアン・サイモン（Brian Simon）のいくつかの著作，および *Unpopular Education : Schooling and Social Democracy in England since 1944*, London, Hutchinson, 1981. を含むバーミンガム大学現代文化研究センターの出版物を参照のこと。同書の中で，多年にわたりバーミンガム大学のスタッフであったロイ・ロウ（Roy

(10) たとえば，次の文献を参照のこと。I. Copeland, *The Making of the Backward Pupil in Education in England, 1870-1914*, London, Woburn Press, 1999.
(11) 彼の業績についてのレビューとしては，次の文献を参照のこと。R. Aldrich (ed.) *In History and in Education : Essays Presented to Peter Gordon*, London, Woburn Press, 1996.
(12) 帝国と社会階級の関係についての近年の議論としては，次の文献を参照のこと。D. Cannadine, *Ornamentalism : How the British Saw Their Empire*, London, Allen Lane, 2001.
(13) A. H. Halsey with J. Webb (eds.) *Twentieth-Century British Social Trends*, London, Macmillan, 2000, p.7. 1994年には，もっとも豊かな5％の人びとのシェアは25％になっていた。
(14) 同書。これらの数字は，1911年のものである。世紀末までには，マニュアル労働者は3分の1に減ってしまった。
(15) 1899年から1902年。
(16) 『ロンドン・タイムズ』紙，1901年1月1日号。
(17) Halsey with Webb, 前掲書，p.6.
(18) 『ロンドン・タイムズ』1997年1月27日号。ただし，2000年の時点で連合王国はまだ世界第4位の経済大国であった。
(19) S. Ball (ed.) *Parliament and Politics in the Age of Churchill and Attlee : the Headlam Diaries, 1935-1951*, Cambridge, Cambridge University Press, 1999, p.225. ヘッドラム（Headlam）は第一次世界大戦に参謀（General Staff）として従軍したが，1924年から1951年にかけて，保守党国会議員を務め，さまざまな機会に政務次官（junior minister）を務めた。
(20) 1960年にペンギン・ブックス社（Penguin Books）がD. H. ロレンス（D. H. Lawrence）の小説『チャタレイ夫人の恋人』（*Lady Chatterley's Lover*）の無削除版を出版し，猥褻性のかどで起訴された際，マイケル・ルビンシュタイン（Michael Rubinsutein）は同社をうまく守った。
(21) 労働党は，1964年～1970年，1974年～1979年に政権の座にあった。エドワード・ヒース（Edward Heath）を党首とする保守党政権がこの間の時期に成立したが，石油危機と，週三日勤務の炭坑夫のストライキによって崩壊した。
(22) C. Barnett, *The Audit of War*, London, Macmillan, 1986, p.304.

第1章 初等教育

ピーター・カニンガム（Peter Cunningham）
加藤 善子 訳

2000年の状況

　2000年，イギリスの初等学校の仕事は高度に可視化され，政治的に議論されている。議論好きが可視性を生むのか，あるいはその逆なのか，また議論と可視性の関係がどのようにこの100年の間に変わったのか，といったことは，教育史研究者にとって興味深い問いを投げかける。初等教育の教員は目下，国とのぎくしゃくした関係に苦しみ，自分たちの仕事や学校が政治ゲームになってしまったと嘆いている。5歳から11歳の子どもの義務教育は法定のカリキュラムの枠内で管理され行われているが，教員によっても学校によっても教育方法は異なるものだ。教員個人の能力や特性が反映されるし，学校ごとの理念も反映されるからである。20世紀の終盤には，読み書き算の基本的能力のための「国家戦略」が始まった。これは教授方法をある程度統一するための試みであり，10年前に導入された全国共通カリキュラム（national curriculum）が小学生の学んだ内容に影響を与えたのと同様の効果を狙ってのものであった。下の説明は，初等教育の2つのテーマに基づいている。国と教員の間のカリキュラム言説と，それらの言説を公の場に持ち出した初等学校の可視性の増加である。

　これら2つの主張は，初等学校の中で変化してきた教育実践を記述し説明する際に用いられているが，相容れないものである。2001年春に新労働党が発行した緑書（Greenpaper：国会審議用に作成した政府の政策提案書—訳者注）では，新労働党が政権を担っていた1997年から2000年の期間に初等教育の「変化」

が達成されたと謳っている。キー・ステージ（Key Stage = KS）2の英語のレベル4まで達した児童の割合が65％から75％まで上がり，算数でも同様のレベルを達成した児童が59％から72％になった。このような指標は，非常に狭い定義の初等教育を反映するので短期間の政策にとっては重要であろうが，変化の尺度としてのこれらの結果の重要性は，広く問われるべきである。したがって，また，この成果を説明するものとして挙げられた下の記述も同様に問われるべきである。

> *全国の学校長，教員，職員の誠心誠意の努力によって，英語と数学の水準が上がった。18,000ある初等学校では毎日，学校長や教職員がプロとしてこの国家戦略を進め，より広いカリキュラムへ統合するべく仕事をしている。初等学校の校長と教員がこの国家戦略によって新たな教育法を学び，現在それを使って熱心に教えていることは，あらゆる証拠が示している*[1]。

　この見方に立つと，いかに教えるかという問題がこの政府の戦略によってやっと解決したので熱狂的に受け入れられ，学校の専門的な文化がいきなり転換した，というように見える。歴史家は，この「転換」(transformation)の語られ方にはっきりとは判断を下さないかもしれないが，上の主張は，政治的なプロパガンダによって初等学校に対する国民の信頼と自信が回復したということの証拠にする，という意図があった。そしてこの自信は，この政治的プロパガンダによって過去数年にわたって歪曲されてきたのである。
　確かな報道機関の調査は，対照的な見解を示す可能性がある。一つは，モラルの低下である。過去数十年にわたって教員の仕事が官僚制的な管理指導を受けた結果，教員の不満がつのり，教職員も新しく雇用できなくなったというものである[2]。世紀の転換点において，初等学校教員の可視性と説明責任が増えたためにプレッシャーが増大したことは，マージョリー・エヴァンス事件が例証している。初等学校教員のマージョリー・エヴァンスは，児童への身体的

精神的虐待によって告発された。この事件では，治安判事らから有罪を言い渡されたが，エヴァンスからの申し立てにより猶予された。その後，地方教育当局（Local Education Authority = LEA）と複数の学校長による法廷による調査が長期にわたって行われ，最終的に無罪判決が出たのである[3]。この可視性と説明責任は，目下のところ，詳細にわたり頻繁に行われるテストや報告，また学校ランキングでの自分の学校の順位などを通して，学校での児童の経験にも影響を与えている。学校ランキング表は，標準評価課題（standard assessment tasks = SATs）の結果に基づいているが，この標準評価課題は，一昔前の奨学金試験や11歳時試験（eleven-plus examinations）に非常に似ているのである。前世紀の前半において奨学金試験の影響は比較的小さかったし，11歳時試験もその後の通過点的な単発の最終試験でしかなく，全員が受験した。しかし今となっては，初等学校での基本的な評価からキー・ステージ1（KS1）やキー・ステージ2（KS2）を始める際の標準評価課題にまでアセスメント（assessment）は浸食しており，中間的な形態による評価が続々と課されていっているのである。

　初等教育を受ける年齢の子どもは，幼児学校（infant schools,「幼児部」「前期小学校」の訳語もある─訳者注）や下級学校（junior schools,「下級部」「上級小学校」の訳語もある─訳者注），あるいはファースト・スクール（first schools）やミドル・スクール（middle schools），あるいはすべての初等教育を通して学ぶであろう，「学校は世俗的であるか，あるいは特定の宗派教義に基づくものであるようだ」と。学校は，都会で典型的に見られるような，何百人もの子どもが就学するような大きなものかもしれないし，あるいは人口の少ない地方などでは百人に満たない学校もあるだろう。国のカリキュラムの構造は，このような学校の多様性を前提として，3つのキーステージに別かれている。基礎ステージは3歳から（いくつかの初等学校には保育クラスがあるが，その他就学前準備などがある場合もある），義務教育での最初の一年の終わりまで，つまり5歳までの子どもに提供される。6歳からは，子どもたちは「受け入れクラス」から2年間の第一ステージに進み，そしてさらに4年間の第二ステージに進む。

2000年での初等教育区分では，5歳から11歳までが初等教育に相当する。新しい世紀に入ったが，学校は年齢よりも社会階級（social class）で区別されるようになってきており，エレメンタリー・スクールは，教育を労働者階級に施すという遺産を国家の義務教育のシステムの中に受け継いでこの世紀を始めた（とはいえ，この教育の成功は中産階級をも多く惹きつけた）。1900年の義務教育の就学年齢は5歳から13歳であったが，「赤ん坊」（babies）の就学も3歳から受け入れられていた。1926年のハドウ報告（*Hadow Report*）において「青年期」が公に認識されたが，それは成長に関する生理学的・心理学的・社会学的な研究によって構成された概念であった。学校教育において11歳が一つの区切りになることを正当化することになったのである。「赤ん坊」（babies）はしばらくしてエレメンタリー・スクールから排除されていくことになったが，保育クラスはしばしば学校と密に連携しており，急激に関心を集めた。1931年および1933年のハドウ報告では[4]，初等教育での幼児段階と下級段階（junior phase）は明確に区別されるようになり，それぞれの段階に対応するため多くの地域で学校が分離することになった。1944年の教育法では，すべての子どものための中等教育を整備するにあたり，初等教育がすべての子どもに等しく与えられるということが当然のごとく公に保証されたわけだが，その時点ではすでに，発達心理学の見地に基づいた極めて特徴的な初等教育「文化」が生まれていたのである。1960年代になされた取り組みはこの「文化」を上の年齢にまで引き上げようとするものであったが，地方ではミドル・スクール（middle schools）（8，9歳から13，4歳まで）を作る動きとなって現れた。増加する子どもの人口と総合的な中等教育準備に対応するために新しい校舎が必要だといった，現実的な問題もそれを後押しした。ミドル・スクール（middle school）はその必然的な結果として，幼児から「下級学校の低学年」（lower junior）までの年齢層を含む「ファースト・スクール」（first school）になったのである。

　この期間に初等教育においてどのような改革がなされたにせよ，これらの改革は，政策を越えて説明される必要がある。一世紀をさかのぼって過去の教室

を訪れれば，そこにある証拠は，政策の変化と同等に文化的・技術的な変化を語る。2000年の教室と1975年の教室を比較すると，情報技術が大幅に増加したことが最も際立った変化だと言えるかもしれない。この25年間で，マイクロコンピュータは初等学校での学習活動の中心をなすものとなった。デスクトップ・コンピュータやノートパソコン，パームトップ・コンピュータは教室の備品となり，時には独立したコンピュータ室が作られ，子どもたちは日常的にインターネットにつながっている，といった風景は急速に日常的なものになった。教員は子どもを監督するだけでなく，複雑なハイテク専門機器を管理することになった。とはいえ，四半世紀前でもすでに，特にビデオなど一連の視覚的・技術的補助機器が，教員と児童生徒の相互作用や子どもの学習のありかたに重要な変化を与えていた。1950年の教室は現在よりも50％大きく，教室あたり40人から50人が普通であった。一教室あたりの子ども数の多さも一部あったであろうが，子どもと教員の関係はより形式ばったものであった。さまざまな教材や本や機器は，より柔軟な教授スタイルや，少なくともいくばくかの自主学習を子どもに促した。教室や学校の厳しい統制が少しずつ緩和されていく中で，子どもたちは少しずつ自由に振舞い始めたのである。1900年までさかのぼると，教室での教員一人に対する子ども数はさらに多くなる。一教室での子ども数は今の2倍近くで，教授スタイルは必然的により厳格で管理的なものが中心であった。教員と子どもの関係は，前を向いて固定され何列も続く机などに見られるように空間の使い方やデザインの中に映し出され，かつ空間の使い方やデザインによって決定づけられるものでもある。もう一つの際立った違いは，身体的な健康状態や栄養状態，また服装など，全体的な状態を示す子どもの外見である。このように見ていくと，初等教育の歴史的変化の理解には教授スタイルや成績指標をはるかに越える広い考察が必要になるということに，必然的に思い至るのである。

　教育は時系列的にその変化を調査する必要があり，したがって，さまざまな次元からの研究が望まれる。たとえば，全国および地方の教育政策，初等段階での学校教育の構造，ひいてはその結果として現れる初等学校の校舎や教室の

物理的環境，所与のカリキュラムと教員の役割，カリキュラムの実践と教員・子どもの実際の経験，などの次元である。互いに交差し影響しあうこれらの次元と，これを分析するにあたり重要であると考えられる事項によって，何が資料として必要かが決まるのだ。

カリキュラム史は，バーチナフとブラムウェル（Birchnough and Bramwell）の研究にまでその系譜をたどることができるが，近年，カリキュラムそれ自体が何を意味するかからカリキュラムがいかに実行に移されてきたかにその研究関心が移った[5]。オーラルヒストリーの興隆が児童生徒の生の声[6]や教員のそれ[7]を表に出す道を開いたのである。ディペプ（Depaepe）らは教室の歴史研究に教員用の雑誌を好んで使い，専門誌がギアツのいうところの「厚い記述」（thick description）を可能にするということを論じている。「専門誌によって教室運営の舞台裏を見ることができる上，教育的道徳的実践の裏の戦略や隠された動機，懸念や隠れた意味などを窺い知ることができるのだ」[8]。専門誌は，教育上の問題や一般的な社会問題と同時に実践上の問題をも扱っており，その2つのつながりを歴史家のために再現してくれるのである。教室での活動の歴史に迫るもう一つの方法はより考古学的で，図像証拠や機器・道具類から史実を描くものである[9]。このアプローチにはさまざまな利点があるが，なかでも，ともすれば驚くほど見過ごされてしまうテクノロジー面に注目する利点は大きい[10]。幻灯機やスライド映写機，ラジオ，フィルム映写機，テレビやコンピュータを通した初等教育のカリキュラムや教授法のテクノロジーは，空間としての教室に，また教授と学習に，計り知れないインパクトを与えてきた。ラタリー国立カリキュラムセンター（Latterly National Curriculum Centre）の記録部が初等教育の教室に整理キャビネットを持ち込んだことで，読み書き能力や基本的計算能力のための教育法が開発され，「大型本」や白板やオーバーヘッド・プロジェクタが使われるようになった。教員用の雑誌には，メーカーや流通業者の広告の中にも，また重要な議論の中にも，歴史的資料が豊かに含まれている。

1900年の状況

「初等」学校は,革命期フランスにおいて字義通り「第一の,最も重要な(primary)」学校であると明示され,1828年にウエブスター英語辞典に登場した際にもそのように書かれている。しかし,イギリスとウェールズにおいて国民全員の就学が導入された時の法律では,「エレメンタリー（基礎：elementary)」という表現が好ましい名称として使われた。公立のエレメンタリー（elementary)スクールはこの法制上の定義を1944年まで保持し,この名称はその後も広く使われることになった。そのうち「初等」(primary)という用語が,19世紀後半以降急速に専門的な文書において使われるようになり,1926年および1931年の教育委員会の諮問委員会による報告（ハドウ報告）において正式に承認された[11]。

1900年前後には基礎教育（elementary education）に関する文献が非常に多く出版されたので,教育の目的や望ましい教育方法を記した記録を十二分に活用することができる。学校運営委員会（School Board）(1870年から1902年の間,地区の初等学校を運営した地方納税者たち)時代[12]からの現存する建物や,全国の教室博物館に残る備品や道具類など,目に見える証拠が豊富にあったことにより,19世紀に入ろうとするその前後の初等教育を,筆者らはよりよく理解することができた。とりわけこの時期は,写真が日常的になり通信メディアになった時期と重なるため,各地方の文書館は学校や教室の写真で満ちているのである。込み合った窮屈な教室の中の,笑わない子どもたちの姿を実際に目で見ると,その当時の初等教育の経験がどのようなものであったかの手がかりが多く得られる。フレーベルの「恩物」などの器具が教えるために置かれ,同じような線で描かれた絵などの子どもたちの作品が張り出され,壁には王や女王,あるいはキリストの絵が額に入れられて飾ってある。これらは,当時のカリキュラムの詳細な証拠を提供している。書かれた資料に負けず劣らず豊かであってかつ信頼できないものではあるが,学校を写した写真は多層的な読みや解釈を提供してくれる[13]。

1900年ごろのエレメンタリー・スクールは,そこで教えたり学んだりした人

びとが出版した回顧録の中に今でも息づいている。スペンサー（F. H. Spencer）は，1890年代に教員として教えた若かりし頃を振り返っている。彼は，ティーンエージャーの上級生学級を主に教えていたが，学校の中では，

> 算数と英語（文法，作文，読解，聞き取り，綴り方—いまだにこれらは別々の教科だと考えられているのだ），地理と歴史，訓練（体育の形式のみである，とはいえ兵舎庭での体操訓練にまで発展したが，これまたずいぶん前に忘れ去られた形式のものだ），いつも成功するとは限らない実験を伴う科学，そして図画（この学校でも私の赴任時期の終わりの方に始まった。茶色の用紙に色つきチョークで描くものである），聖書，歌唱（とはいえ私はトニックソルファ記譜法をマスターことができなかったが。これは多くの同僚の功績である）—実際のところ，これらすべてが仕事である。ミドル・スクールでは，能力がまちまちの5,60人の男の子を相手にするわけで，これは大変で骨の折れる仕事である…よくできる子どもなどは，すでに学んだところを授業でやっていると，その間中だらだらしているのである[14]。

スペンサーはまた，少なからず体罰やむち打ちを与え，「それほど非道ではないがある程度強く耳を殴」ったりしていた。とはいえ，だからといってエレメンタリー・スクールの教員が残酷で冷酷であるとみなすのは間違いだと彼は書いている[15]。

変動と連続性

スペンサーによる学校の背景描写に相反して，教育委員会はエレメンタリー・スクールに対する一連の法律を1904年に公布した。この法律は，自由主義的な目的と手段的な目的を同時に伝達するものであった。公立のエレメンタリー・スクールの目的は，子どもの人格を「形成・確立させ」，また子どもの「知能を発達させる」ことであり，「男子と女子の異なるニーズに従って，

実際面でも知的な面でも自分に合った生活を送れるように」男子と女子の両方を支えること，とされた。この使命において，学校は，「子どもが人間として全面的な発達を遂げるためだけではなく，共同体の公正で有益な成員となるために」両親や家庭が子どもに関心をもち協力して，子どもを援助してくれることを目標とせねばならなくなった。機械的で，はるかに複雑で，「出来高払い」型を助長していた以前のカリキュラムからみると，目標の幅が広がり首尾一貫していることは，かなり大きな転換であった。しかしさらに建設的であったのは，『公立エレメンタリー・スクール の仕事において，教員とその他の人びとが考慮すべきことに関する提案』(Suggestion for the Consideration of Teachers and others concerned in the work of Public Elementary Schools) のハンドブック（『教員用学習指導手引書』と訳されている場合もある—訳者注）の出版によって，この広い目標をより向上させようとしたことである。この『提案』(Suggestions) は，初等教育において子ども中心主義アプローチがさらなる公的承認を獲得したという点においても，エレメンタリー・スクールの教員がより独立した役割をもつことを国家が認識したという点においても，画期的な出来事として頻繁に引用されてきた。

> 教員は子どもを知る必要があり，子どもに共感し理解しあわなければならない。なぜならそれが教育の本質であるからである。教員の精神は児童の精神に触れなければならない…そして教員が影響を与え得るのは児童の人生のほんのわずかの時期においてでしかないが，人間が最も感受性の高い時であり，良い影響を受ければ最も効を奏する時期なのである[16]。

『学校の世界』(School World) 誌上では，専門家からの歓迎の記事がある。「この本は申し分のない作品であり，全体を通して高い水準が保たれている……この提案書でイギリスの初等教育の教員のために述べられていることは，それを発言すること自体が新しく立派なことである」[17]。初等学校教育（primary schooling）は，人格の養成が中心であり，子どもはそれを通して，それぞれの

発達状態に応じた成長を遂げるのがよい，という考え方は広く受け入れられている。しかしこの全体的な歓迎の中にも懸念がまったくないわけではない。教員が現場で観察しているように，いくつかの批判は初等学校の問題を示している。世論は若者の身体を保護することが国家の責任であると単に気付かせたにすぎず，教員の仕事にとって重要なのは子どもの身体に関する知識である，と『学校の世界』(School World) は論じている。体育は，政治家が子弟を送る私立の初等学校では十分に提供されていたのだが，公立のエレメンタリー・スクールでは痛ましいほど軽んじられていた。『学校の世界』(School World) はまた，教員の地位や定員超過学級などの労働条件の悪さなどへの配慮が欠けていると指摘し，その結果，初等教育で教えるという仕事が「いまだに人気がなく，どちらかというと中身のない仕事のままである……初等教育のすべてに関わる最も重要なことであるにもかかわらず，この問題について『提案』(Suggestions) は何も触れていない」[18]と書いている。

　バーチナフ (Birchnough) は，20世紀の最初の10年を「すばらしい，実り豊かな活動期」であったと振り返る。この10年間に主な関心事が，目配りと統制のある知性へと，想像し共感するという質へと，正当な市民性の基礎である健全な人間性へと移ったのである[19]。デューイだけでなく，ペスタロッチやヘルバルトの教育思想の中で，関連するもの，具体性のあるもの，関心が向けられているものなどが取り入れられ，より統合的で子ども中心主義のカリキュラムの本質を形作った。そのカリキュラムには，基礎理科 (elementary science) での調べ学習，自然観察学習への動き，新しい目的をもった工作などが組み込まれた[20]。初等教育の役割をめぐる新しいディスコースは，給食と学校医療サービスを始めるという1906年と1907年に自由党の改革によってより強化された。この改革によって，国家全体から見るとエレメンタリー・スクールは国家の健康と栄養状態を改善するための手段となり，単なる教育を施す施設以上のものになったのである。

　1927年には教育委員会により改訂版『提案のハンドブック』(Handbook of Suggestions) が出版され，バーチナフは20年前に出たものよりも「全体的に

より高い専門的水準に引き上げられた」と称賛した[21]。この版では，より自由主義的な歴史観や科学観，勉強や図画，音楽，工作における美的実際的側面などの点で，カリキュラムに対する考え方が大きく前進している。カリキュラムを重要視することになった背景には，学校環境の質への危惧があったが，そこには教育委員会の政務次官であったアトル侯爵夫人（Duchess of Atholl）の影響があった[22]。また，新しいテクノロジーは教室内で視覚教育への関心を作ろうとする態度と並行して進んでいった。教員の機関紙では，かなりの紙面が「美しい教室」に割かれている[23]。写真や絵図がより容易く入手可能になりその質も向上していったので，教室でも視覚に訴える教材がより増えていった。1927年の1月には，『教員の世界』（Teachers World）の出版社であるエヴァンス・ブラザーズが，教室の壁に貼れる大型で高品質の写真を提供する『写真による教育』（Pictorial Education）の出版を開始し，その後同じ年に，教育委員会も学校での写真使用に関する報告をまとめている[24]。1927年の新しい『提案のハンドブック』（Handbook of Suggestions）は「健全で自由主義的な声明書」として専門誌に迎えられた。つまり，「最高レベルの，また最も熟練した教員によって」なされうる，そしてこれまでにもなされてきた仕事が書かれており，それが前提とする専門家としての自律性が歓迎されたのである。『提案のハンドブック』（Handbook of Suggestions）は「これまでの独立した思考への挑戦」であった。技術革新への期待を強調しており，挑戦であると同時に，その教育スタイルがゆえにより理解されやすいと考えられた。『教員の世界』（Teachers World）上で，ある評者が「われわれの教育方法は時代遅れなのか？　もしそうなら，今は終わりの始まりだ。進歩を続けるこの世界においては，時代遅れであることは危険なことである」と書いているが，冷笑的な見方はここに一切含まれていない[25]。

　1920年代，学校は，地域での学校開放日や教育週間を通して，社会全体にとってより見えるものになった。教育計画を立てるにあたって市民との協議をもつことが法的に義務付けられたことと市民のプライドが相乗効果をなし，地方教育当局を学校の宣伝にかりたてたケースもいくつかあった。ウェストハム

市では1922年に,「市内で行われているありとあらゆる教育の,大変興味深く多種多様な教育の成果が,とても魅力的で楽しい展示を通して見られる特別週間」と謳った「市民教育祭」が開かれた[26]。多くの教員が自分たちの時間を割き,計画を立てて実現するに到った。幼い子どもたち自体がより「見える」ようになり,子どもたちの感情的知的成長が,フロイトの精神分析的視点からもピアジェの発達心理学からも,科学的研究の対象として理解され表現されるようになった。イギリスの初等教育におけるこれらの動きに関する代表的な主導者はスーザン・アイザックス(Susan Isaacs)であったが,その著作が広く読まれ版を重ねるのみならず,彼女自身も公的なルートを通して影響を及ぼしていた[27]。

10年しか経っていないにもかかわらず,1937年には『提案』(Suggestions)の実質的な改訂版が必要となった。これは,教育に関するディスコースの変化の速さと度合がこの時代にいかに早くなったかを示す一つの証左である[28]。今回は「教授よりも教育に,つまり,教える科目よりも子どもそのものの研究」に重点がおかれた。幼児(infants)教育を特徴づけるとみられる良い実践(good practice)を行う下級学校(junior schools)の取り組みを取り入れようと特に注目があつまり,新しい視覚補助教材や学校放送,本の使用法に多くの努力が払われた。「理想主義と献身的な努力」を反映して,「学校生活の豊かさが最も高い水準で現れた」。バーチナフは,それが当時の基礎教育(elementary education)の特徴となったと考えていた[29]。

専門誌の記述は,1937年までに,教育への新しいアプローチがどんどんと確立され受け入れられていったことを証明しているが,それをめぐって論争がなかったわけではない。『男性教員と女性教員のための新聞』(The Schoolmaster and Woman Teacher's Chronicle)(以下『教員』(The Schoolmaster)と略する)では,『提案のハンドブック』(The Handbook of Suggestions)は単なる理念の説明以上のものとなっているが「変化した状況への必要な回答」であり「自由主義的で高貴である」と同時に「現実的で実践的」であると歓迎されている[30]。教育委員会の委員長は新しい『ハンドブック』(Handbook)に関する個人的な

推薦文を寄せ，科目よりも子どもに主眼を置くこと，成長や発達の訓練ではなく監督指導を教員の仕事とすること，精神的身体的成長を促す環境を準備すること，の3つのテーマに焦点を当てている[31]。『教育ジャーナル』(The Journal of Education) 誌は，新しい『ハンドブック』(Handbook) を「指導というよりも大部分が提案である」としたが，「この書を教育上のバイブルとみなそうとする傾向が部分的にみられる」と書き，「過度に美化された展望」や「いくらか自己満足的な論評」に対しては懸念を示している[32]。

『教員』(The Schoolmaster) は，概して進歩主義的路線をとっており，実際「進歩主義」も，全体的な教育の進歩の原因を内包しているようであった[33]。教育ジャーナリズムの大半において，教育において変化が不可避であるという感覚は，迫りくる世界的危機に対する感覚と同様に強いものであった。1937年4月，全英教員組合（National Union of Teachers = NUT）の組合長挨拶は，学校においてまた教育の進展において拡大した自由が，この25年間の知識の増加と統制の増大とともに去ってしまった過程を説明するものだった[34]。ロンドン州議会（LCC）の主任教育視学官であったF. H. スペンサーは，1902年からの進歩を観察して，「今日の子どもはより注意深く，より機知に富み，より独創的で，より教養があり，そして圧倒的に幸せである」と報告している[35]。この現象は，経済的文化的な変化の産物として見なされたが，新しい教育が単にその益を受けただけでなくその変化の一翼を担ったのである。新しい教育法への過度の幸福感は，その反面，定員超過クラスや不適当で劣悪な教材や環境などを含む物理的な問題を見えにくくしてしまった[36]。不適当な設備は，改善のための主な妨げとなった。教育委員会が作った，建物に欠陥がある学校の公式の「ブラック・リスト」には999校もが挙げられており，その後も評価に変化がなかったことなどはその一例である[37]。また，『提案のハンドブック』(Handbook of Suggestions)[38]の著者たちが行ってきた教室での教育実践経験の広さに疑問を呈した教員が手紙を出したように，また『教員』(The Schoolmaster) の投書欄で「離れ業と流行だけしか取り上げられていない」と書かれたように，冷笑的な見方もあった[39]。『教員』(The Schoolmaster) には「事実が重

要だ：古い教育方法への賛美の言葉」という大見出しの巻頭記事まで掲載された[40]。西区教育委員会の議長で近く退任することになっていたパーシー・ジャクソン卿（Sir Percy Jackson）は，教職を大きな権力を行使する職業だと認識していたが[41]，その一方，教育委員会会長のオリバー・スタンリー（Oliver Stanley）は民主主義的な教育の必要性を強調し，学校は「確実に人びとに尊重され愛着をもたれ続けている」と主張していた[42]。『教員』（The Schoolmaster）の判断では，1937年版の新しい『提案のハンドブック』（Handbook of Suggestions）は自由主義的な理想主義の標榜ではなく，強まってきた国際的な緊張に対する戦略的な対応であった。人びとを適合させ健全に保つことに加え，独裁主義国家と対照をなす自由の精神を維持するために，教員の役割をことさらに明示したのである[43]。また別の政治的な視点から見ると，労働組合会議（Trades Union Congress = TUC）の出版物である『教育と民主主義』（Education and Democracy）が，現代の教育の主たる目的は自由を拡大することであり，この目的は教育方法とカリキュラムにも適用されねばならないと論じている。

1930年代，学校は，全英教員組合の機関紙である『学校の取り組み』（The Schools at Work）などを通してより広く一般社会にとって目に見えるものになっていった[44]。この二つ折りの新聞は52ものセピア写真を掲載しており，これらは，

> 学校とその教育方法がそのために変わろうとする目的自体を非常によく表している。ここに見られるように，今日の状況と比べると，50年前の学校が置かれた状況とは驚くべき差があることを，この写真は示している[45]。

ある見開き記事には幼児学校（infant school）での一日のさまざまな活動が掲載されており，戸外での学習，寸劇や打楽器の合奏などを通した学習なども含まれている。後期初等学校の児童の紹介では，「3Rs（読み書き算）」がより目立つが，美術や工作もある。そのいくつかの活動は特別教室で行われている

が，基本的には列に並んだ机に児童が並んで座る形態の教室でのものであった。写真と文章で同様に強調されているのは児童中心主義であり，教員の専門性であり，そして教員がもつ国へのプライド，教育，そして教育における自由である。これらは「われわれの国の物語のなかで最も特徴的なエピソードである」[46]。社会に供される学校イメージの中でこれよりは自己満足の程度が少ないものでは，1930年代後半にガス会社の出資で作られた，社会派の一連のドキュメンタリー映画の一つが挙げられる。ベージル・ライト（Basil Wright）による『学校での子ども』（*Children at School*, 1937）は，全国の多くの初等学校において環境が劣悪であることを痛烈に批判したものである[47]。戦争が始まったことにより，社会の学校を見る目は変わり，子どもたちが大都市から避難してきたかのように映った。子どもは教員に世話をされ，整然と集団行動をとるといったイメージである[48]。

　1950年代と1960年代の初等教育に起こったもっとも顕著な変化は，現在も学校の建物の様式という目に見える形で存続している。戦後の最重要課題は中等学校を増設して収容人数を上げることであった。以前と同様に，使われていない初等教育学校の校舎を無視しているという批判の声も上がった。しかし，新しい初等教育学校の建物が，その建築様式を通して教員と子どもの変わりつつあった関係と変わりつつあったカリキュラムを非常によく表現していた。ハートフォードシャーなど，新しい建築をいち早く取り入れた州では，この時期の学校はすでに半世紀以上も使用され続け，現在の基準では高い暖房費と維持費が必要であるにもかかわらず，今でも使用されており，採光と空間デザインによって創造的でおおらかな環境を提供している[49]。教室はより柔軟性をもつようになり，創造的活動，科学的調査や実験，図書館での調査などのグループワークや特別活動を行いやすくなった。伝統的な廊下など移動のための空間も学習空間の一部としてデザインされたのである。教育学の文献や教育専門雑誌などにはより多くの図や写真が掲載され，より統合されたカリキュラム下で行われるさまざまな活動に子どもたちがインフォーマルに取り組んでいる姿を示す写真などが見られる。歴史家はこの資料の代表性を確かめる必要があ

るが，それは写真うつりのよい場所がもっとも写真を撮られたからである。他方では，多くの子どもたちは伝統的な教室でより形式的な教育方法によって，11歳時試験でトップの成績を取るべく学習を続けていたのである。とはいえ，進歩主義が表れた形をこのように目で見ると，進歩主義というものが初等教育への新しい期待を生みだすディスコースを内包していることがわかる。

戦前の『提案のハンドブック』(Handbook of Suggestions) は1960年代の終わりまで改訂されることがなかった。その後改訂されて出版された新しいハンドブックは教育的な側面を全面的に認め，それを直截に「初等教育」というタイトルに込めた。進歩的な実践にはやはり異議が唱えられ，新しいハンドブックでも初等教育での実践に関する見解の対立に折り合う姿勢が多々見られたものの，新しい初等教育学校においてそれまでに発展してきた学習活動の方法に公的な承認を与えている[50]。『教員の世界』(Teachers World) は，この新しい指導を「画期的な動き」とし，初等教育が「自律した」ことを示すものだと書いている——「初等教育それ自身の生命と哲学を持って教育する段階に入った」のだと[51]。しかしながら，「伝統的」「進歩的」教授方法を巡る専門誌による討論の記録には，さまざまな実践方法例への疑問が挙げられている。

> われわれは自らに誇りを持っており，自らの教育活動において行使できる，教育するという大いなる自由を世界に対して誇っている。[しかし] …問題の一つは，多くの教員が，自分たちがなぜこれらの教育スタイルや方法を取っているのかを良く知らないことである。このような方法を若い時に使ったのかもしれないし，上司からそう言われたのかもしれない，また本を読んだり講演を聞いたりして使い始めたのかもしれない。あるいはこの仕組みにおける教育上の根拠を確かに承知している人から，あるいは承知していない人から聞いたのかもしれない。あるいは，このような方法に偶然出会い，使い始めたかもしれないのだ[52]。

当時の初等教育は，増大する豊かさと生活水準の向上というより広い文化的

な文脈の中にあった。テクノロジーは児童の教育経験を生き生きとしたものにすることができ，専門誌の紙面で魅惑的に宣伝された。G. B. 映像文庫は，後期小学校向けの自然学習の映像教材を全面広告で出し，子どもを取り巻く自然界への興味を引き出すと約束している。インターバル撮影された四季の植物相や動物相，秒分割で撮影されて鮮明に見える顕微鏡写真などが盛り込まれている。後期小学校の工作，歴史や科学模型には模型用バルサ材を使うことによって，「自然の木材がもつ柔軟性や限界を教えるのに最適であり，三次元の思考を促す」，「計測の練習をすることで，手と目の訓練になり，手先を使う技術を向上させる」と同時に，「達成感」を与えることができる，とある。画材，工作用粘土，陶器製作設備，舞台照明などは，豊かで創造的なカリキュラムモデルにとって魅力的であり，実際は設備がそれほど揃っていない学校で仕事をしている読者にとっても魅力的なものである。子ども向けの本や教科書の出版社は，図を増やしたり魅力的に印刷したりすることで，出版ブームの時代に入った。レディバード社や A&C ブラック社などの出版社が出す学習書のシリーズなどは大いに宣伝され，学期初めには『教員』（*The Schoolmaster*）が，全国図書連盟に加盟する書店協会の若者向け図書出版グループによって開催された「子どものための本の展示会」を紹介している[53]。

　ロンドンのオリンピア展示会場で全英教員組合（NUT）によって開催された全国教育博覧会は，教員用の専門誌で惜しみなく報告された。博覧会は，「理想の住宅」「自動車ショー」のような消費主義的な展覧会のように華やかなものであった。この博覧会は，整いつつあった初等教育カリキュラムを一般に公開するための舞台で，実際に行われている広範囲にわたる活動，新しい教育方法，テクノロジーなどを教員や一般社会に公開し，印象付けようとしたのである[54]。『教員の世界』（*Teachers World*）は教員組合へのいらだちを示しながら，博覧会で紹介された初等教育の範囲に，真偽はともかくとしても，偏りがあると不平を述べている[55]。

　1963年までに初等教育が高い到達目標を達成したことにより，教育大臣もようやく主要な調査をすることに同意し，教育に関する中央諮問委員会にも新

しい権限を与えた。その目的を達成するために，ブリジット・プロウデン（Bridget Plowden）が諮問委員会の議長を務めていた。3年を超える調査と議論の後に，『子どもと子どもの初等学校』（Children and their Primary Schools）という意味のあるタイトルで，巨大な報告が出版された。子どもに関する調査から始まり，子どもの身体的・知的発達，家庭生活と地域の環境などが，学校やカリキュラムなどの組織についての記述に先んじて掲載されている。プロウデンは，ここで初等教育の知名度と可視性を非常に高めた。白黒やカラーの写真を多く掲載して，初等教育学校の教室がこれまでになかったほどに可視化され見た目にも美しくなったことを，報告そのものは喜んでいる[56]。長期にわたったこの調査は，公共放送の第二チャンネルがカラーで開始された時期と重なっており，社会一般での初等教育の認知度を上げるためにテレビ放送をも効果的に使用された。初等教育に関する映画，『私は学校に行きたい―働き遊ぶ子どもたち』（I Want to Go to School―Children at Work and Play）は全英教員組合（NUT）によって制作され，1960年に3回にわたってテレビで放映された[57]。社会の関心は高まったが，その一部は，11歳時試験に関して懸念や論争が増えたことから来ている。特に，総合中学校を設置することで政府がこれらの懸念に応えようとし始めた時期に重なっている。

　初等教育を可視化する努力は，間もなく不測の事態を招くことになった。1970年代半ばにウイリアム・ティンダル校（William Tyndale School）での学校騒動がメディアで大きく取り上げられたのである。1960年代の若者の反乱は，キャンパスの不安が続く中で，プロウデン報告の翌年にピークを迎えた。この一連の出来事により，評論家たちはティンダル校と若者の反乱の間に，ありもしない関連を探し出して強引に結びつけようとしたのである。すべての段階の教育機関，新設大学，新しい総合制中等学校，そして今や初等学校までが，この文化的騒動の原因を探そうとするジャーナリスト達の猟場となり，テレビはその調査報道をドラマチックに演出する媒体となった。無秩序状態であったウイリアム・ティンダル校では，当然ながら両親が不安になり，学校の経営陣と地方教育当局との間に軋轢が生まれ，これがさらに抗議行動やデモ，ストライ

キなどを引き起こし，テレビで頻繁に放送された。ロビン・オールド質保証部 (Robin Auld QC) は，内ロンドン地方教育当局 (Inner London Education Authority = ILEA) に関する調査を行っていたが，それが引き伸ばされてしまったためにこれらの出来事が1976年全般にわたってメディアの関心を引きつけた原因となった。教育に総理大臣が介入したという滅多にない事態に対して，この調査の遅れが，理由の説明というよりは弁解に使われたのである。ジェームズ・キャラハン (James Callaghan) 首相が，あの大げさなラスキン・カレッジ演説を行ったのは，その年の10月である。

　もう一つの種類の可視性とは，第一のものとは関係がないのだが，経験的調査の興隆によってもたらされた。社会科学的調査の対象としての初等教育分野は，ブライス (Blyth) による1963年の研究によって確立した。プロウデン報告に対する批判の一つは，教室での実践研究が不十分で部分的であり，初等教育の教員が教育法に関する知識を欠いているとする報告に端を発して教育方法上の議論が起こったことである。数ある大学の教育学部それぞれに在籍する研究者たちは，初等教育の教室の観察を通してこの「知識の欠如」を研究し始め，当時ランカスター大学のネヴィル・ベネット (Neville Bennett) によって1976年に出版された研究成果や，その後のレスター大学ORACLE研究チームによる研究などは，社会全体の議論に火をつけた形になった[58]。大学を拠点とした調査研究が成長したことは，大学院や研究科でのトレーニングや実地研修が初等教員の資格として必要となり，初等教員に対する要求水準や職業上の地位などが上ったこととも関連している。

　政府もまた調査を独自に行うことにしたが，政府視学官 (Her Majesty's Inspectors = HMI) が行った『イギリスにおける初等教育』(*Primary Education in England*, 1978) もその一つである[59]。国務大臣のシャーリー・ウイリアムズ (Shirley Williams) は，この調査が，伝統に則って詳細に調査し，かつ統計のテクニックを駆使した，最新で客観的な専門的な分析であると絶賛した[60]。1978年にこの調査が出版されたのを歓迎して，タイムズ紙の社説は以下のように観察している。初等教育の問題はこれまで個人の印象や政治的偏見，また

文脈から切り離された統計に基づいて議論されてきた部分が大きいが，それらは今回，政府視学官（HMI）による，包み隠すところのない，たんたんとした，そして経験に基づいた分析に委ねられることになった，と。調査の結果はよく言われていたように厳しいものではなかった。教員と子どもの関係が良く，かつ読み書きと計算に力を入れた教育がなされた場合では，1955年から1976年の間に読解力の水準が徐々に上がっていたというものだった。これに先んじて1972年に出版された，読解力の停滞を指摘する全英教育調査財団（National Foundation for Educational Research = NFER）による報告とは正反対の見解である。政府視学官による報告は，質の良い広域カリキュラムの中に基本スキル教育が埋め込まれていれば基本スキルはより確実に習得されると結論付け，この目的を達するには，教室の定員を下げるよりも専門家による教育により力を入れるべきだと述べている。その上，教員は最も能力のある子ども，特に移民の子どもや貧困家庭の子どもの能力を過小評価し，うまく伸ばすことができないと思われていた[61]。実際，「賢い児童たちの開花しない資質」というタイムズ紙のトップ記事のタイトルは後者を意識したもので，記事には「基本的スキルを除くと，初等学校で教えられる多くの科目の水準は低い」とある。全英教員組合（NUT）の反応は，読み書き算に多大な努力が投入された結果とその証拠が示されることで，これまで学校が耐えなければならなかった非難が止むことを望む，というものだった[62]。『ロンドン・タイムズ　教育版』（*Times Educational Supplement = TES*）は，この初等教育調査と，キャラハン首相のラスキン・カレッジ講演のために2年前にまとめられた教育科学省（*Department of Education and Science = DES*）の『黄書』（*Yellow Book*）が非常に異なっていると比較している。『黄書』（*Yellow Book*）（「教育黒書」のテーマと対応する）では，「インフォーマルな教育方法が批判なく受け入れられ」，「体系性が欠如し」，そして主要科目，特に数学において水準を満たす結果が出せなかったことが書かれている。政府視学官による『イギリスにおける初等教育』（*Primary Education in England*）では対照的に，教員の75％が「主に講義形式で」授業をしており，授業の20％でのみ複数の教育方法が望ましく組み合わされてい

ると書いている。つまりそれは，インフォーマルな教育方法が，考えられていたよりもはるかに下回った程度しか使われていなかったことを示している。教えるときは「説明が主」であった教員のうち20％の児童の成績は，読解と算数においては明らかに低かった[63]。

　1986年，下院内の教育科学芸術審議会（Education, Science and Art Committee）は，3年にわたる調査と51の学校訪問を終えた後，初等教育の状況を報告した。その報告は『初等学校の成果』（*Achievement in Primary Schools*）[64]というタイトルで，プロウデン報告とは一線を画する意図が見える。重点は今や「子ども」から「成果」（achievement）へと移ったのだ。審議会はまた，経済不況，雇用の不安定，社会からの要求の増加，公的予算の削減，権威の全体的な失墜など，この20年で経済的政治的文脈がプロウデン報告の時代からは変わったとして，プロウデン報告の歴史的文脈から距離を取っている[65]。報告は，プロウデンの哲学がその時代の風潮を反映していると書いているが，それは，社会には社会全体を改善していく力があるという楽観主義であり，技術の進歩が生活水準を上げ続けると見込む楽観主義である。しかし，世界市場における競争の激化，水準をめぐる議論，そして説明責任を求める意識が，楽観主義的な風潮を変えた。その上経済的不利益，社会の衰弱を示す指標が失業者数とともに上昇してきたのである。失業者数は4倍に増え（1971年には75万人であったのが1986年には325万人になった），離婚件数はおよそ2倍に増えた（1971年には8万件であったものが1986年には15万8千件になった）。また全英児童虐待防止協会（National Society for the Prevention of Cruelty to Children = NSPCC）は，1980年代から児童虐待の割合が急激に増えたとしている[66]。審議会は，初等教育が子どもの未来への態度や業績（achievement）の基礎をつくる上で実質的・決定的な重要性をもっていることを再確認し，幼児教育および初等教育の教員の仕事が複雑で専門的な技術を要求されることを強調して，教員の地位も教育設備や財源も未だに過少評価されていることに抗議している。歴史的文脈の変化は，この審議会の長であるウィリアム・ヴァン・ストラウベンゼ（William van Straubenzee）によっても強調され，彼はこの報告を次

のように始めている。「このテーマは非常に重要であるので、国家はこの問題を直視する必要がある。前の時代に適当であったと考えられていたものは、今日ではそうではない」[67]。

『ロンドン・タイムズ教育版』(TES) が言うには、初等教育に関しては「我慢するか黙っていろ」と言われつづけ、教育の水準を上げる唯一の方法は今よりも多くの金を使うことであると言われ続けていたという点で、政治家と一般社会は似ている。初等学校はより多くの教員を必要としており（一クラスに教員一人では不十分であった）、初等学校の教員は中等学校の教員と同等の給料が支払われるべきで、学校にももっと資金を投入して設備と環境を整える必要があったのである。この記事によれば、審議会は「初等教育の状態についての有用なハンドブックを提供し、また国が児童と初等教育の教員をより大切にするべきだという主張を強く」発している[68]。『教員』(The Teacher) 誌は、この記事を追い風と感じている。「下院議員は、初等学校が全英教員組合の方針を支持する活動をしているのを見て満足している」。組合の特別会議は「盤石な基礎―イギリスの初等学校」と題され、国務大臣であるケネス・ベーカー (Kenneth Baker) によって招集され、初等教育はこれまでしばしば見過ごされてきたが今は最重要課題である、という旨の講演も行われた。『ロンドン・タイムズ』(The Times) 紙が報じたように、ベーカーの講演はそれほど喜ばしい調子ではなく、むしろ、政府視学官がすでに懸念をもっていたカリキュラムの弱さ、表面的な科学の学習、能力のある子どもを伸ばせないという失敗に再びふれて、自己満足を戒めるものであった[69]。この会議に出席した教員はより多くの教職員、時間と資金が必要だとし、また、教員は指示されないと仕事ができないと政府が考えていることに憤りを表明した[70]。

しかしながら、初等教育に関する社会の言説には矛盾したメッセージが含まれていた。英国科学振興学会 (British Association for the Advancement of Science) の年次学会では、説明的カリキュラム (explanatory curriculum) が思わぬところから支持された。技術審議会 (Engineering Council) の産業部門の長であるグラハム・アンソニー (Graham Anthony) は、トピック学習や児童中

心主義プロジェクト，答えが決まっていない学習，カリキュラムを横断するアプローチなどを支持し，「これはエンジニアリングそのものである—カリキュラムのさまざまなところからアイデアを引き出し，そしてそれを総合して答えを出すからだ」と述べた。したがって初等教育の教員は，効果的に「科学とテクノロジーの挑戦に応えることで，イギリスの産業と商業の未来を守らねばならない」[71]。

　1978年に「全体的カリキュラム」（the 'whole curriculum'）が心配され，1986年に「達成水準」が懸念された状況にもかかわらず，全国共通カリキュラム（the National Curriculum）が1988年に導入された。避けられないことだったと後で言い訳をしているが，このような言い訳はタブーであるという声も強く残ることになった。全国共通カリキュラムの，劇的であり根本的であるその特徴は，「コア科目」（core subjects）と「基礎科目」（foundation subjects）に子どもの学習を分けてデザインしたことの中に表れている。「コア科目」を英語，算数，理科とし，人文，創作芸術，体育を「基礎科目」といくらかあいまいに定義しているが，明らかに後者は重要性が低いとみなされている。しかし，初等教育の教室において，明らかで目に見える影響は，全国共通カリキュラムが金の卵をその中に置いた，教育の出版界のエネルギッシュな活動によってもたらされた。あらゆる類の魅力的な教材，補助教材，色とりどりのポスターや書籍など，ドーリング・キンダースレイ出版の革命的出版物の数々，結果的にこれらのもので装飾された教室の壁や棚は政府の意図したとおりであり，そして全国の教室は似たり寄ったりのものになった。教員は事務仕事に忙殺されるようになり，子どもたちの作品を壁に飾るような時間は相対的に少なくなっていった。十年前までは子どもたちの作品を飾ることは非常に重要であると考えられてきたが，今では教室は魅力的でかつ教育的な空間であるべきであるとの原則を満たすために，印刷された教材が子どもの作品にとってかわるようになったのである。

　説明責任（accountability）とは，初等教育にとって新たな種類の可視性を意味した。それは1993年，教育水準局（オフステッド）（Office for Standards in

Education ＝ Ofsted）が先頭に立って始まった視察の時代の非友好的なまなざしを意味し，学校ランキングの公表によって初等学校が世間の目にさらされることであった。1990年代，政府はさらに，「基本に帰れ」といった三文的キャッチフレーズや，幼児学校（infant schools）の職員増員のために無資格補助員を採用する「母親教員軍」（Mums' Army）提案などを通して，引き続き初等教育の教員に圧力をかけ，教員の専門に対する信用を侵し続けた。さらなる手段は識字能力と計算能力を上げるための「国家戦略」の開発で，1990年代半ばの保守党政府のもとで首尾よく導入され，1997年からの労働党新政権の下で，初等教育に関する政策がすぐに転換されると同時に実施された。これらの戦略は，カリキュラムだけでなく教育方法の点においても，その力関係を教員から国家にさらにシフトさせるものであったが，これも今は監視の対象となった。この戦略は，それぞれの内容をどのように教えるかを事細かに指示するものだったのである。教員の自律性に対するさらなる侵害は基本的に不快なものではあったが，教員らは，教案や教材をかなりの水準をもってデザインするまでになった。監査が頻繁に行われるプレッシャーの下では，言うまでもなく指示された方法に従うことが無難であり，教案づくりの負担が減ることは，評価や記録，報告などの業務に組み込まれている事務的な仕事の負担がいくらか減ることでもあった[72]。

結　論

　この百年を通して，初等教育ははっきりと区別され，高度に可視化された。中等学校よりも初等学校の方が，両親は学校により接触しやすく，担任教員とより近い関係をもつことができる。子どもを育て教えるという意味での学校と家庭のパートナーシップは，1950年の『提案』（*Suggestions*）にすでに盛り込まれていたように家庭＝学校の協力の奨励に対応しており，今では文化規範となっているし，政府による単なる政策よりもはるかに深いレベルで定着している。将来の「成功」のためには，最初の数年間にわたる子どもの発達が決定的であるという認識によって，政策のスポットライトが初等学校に当たるように

なった。近い将来には就学前教育により強い関心が向けられるかもしれないが，それは初等学校が，排他的というにはほど遠いにもかかわらず，子どもの教育を左右するものであるからである。早い段階での教育は，子どもの家族や国家にとっても重要な投資と考えられている。テクノロジーが情報や学習に及ぼすインパクトはこれからも教育を変えていくであろうし，初等教育における教室の外観もこれを反映して変化を続けるであろう。テクノロジーは，初等教育のあり方を変える文化変容の一面であって，初等教育の変化は他の社会的な機関の変化とも並行している。健康状態，生活水準や家族構造など，その他の社会的文化的変化は，20世紀を通じて初等学校に重要な影響を与えてきたし，21世紀にも影響を与え続けるであろう。11歳の子どもは今までよりも早く成長し早く成熟するようになり，知識の世界はより複雑さを増しているが，これは年長の学年を教える初等教育の教員たちにより多くの要求を突きつけている。伝統的で特徴的な初等教育のモデルであった，多角的に才能を発揮する担任教員たちは，このような新しい局面では適応できなくなってきている。

　カリキュラムおよび教育方法をめぐって，専門がもつ自律性と国家の裁量の緊張関係がいかに解決されていくのかは明らかでない。成果の測定，ひいてはテストと監査の浸透力は，説明責任の結果として避けられないものになったように見えるが，その目的はまったく見えないままである。教員の人材供給に失敗したのは，説明責任がもつ官僚的なメカニズムが，初等教育の教員になろうと思わせる魅力であった利他精神と創造性を殺したからである[73]。年少の子どもは多くの可能性をもつ教員に興味を示すものであり，したがって，教員の不足は初等教育よりも中等教育でのほうが深刻である。しかし，現在の児童＝教員割合は，私立の初等学校よりも公立でのほうがはるかに良いため，教員の募集ができないのかもしれず，学校の有効性を否定するように見えるのかもしれない。21世紀の初等学校はすでに教員補助などの補助的労働者を求めており，個々の教室における組織的な専制君主制は崩壊しつつある。

　初等教育の全国的な重要性が認識されていること，そして教員の専門性とカリキュラムや教育方法における国の統制の葛藤が続いていることによって，初

等教育の高度な可視性がこれからも保たれることは疑いないであろう。

Key Reading

この章で触れた1959年版までの一連の『提案のハンドブック』(Handbooks of Suggestions)と，その後に出版された学校審議会（School Council），政府視学官，共通カリキュラム審議会（National Curriculum Council = NCC），学校カリキュラム・評価機構（School Curriculum and Assessment Authority = SCAA）と資格・カリキュラム機構（Qualifications and Curriculum Authority = QCA）による解説書は，初等教育カリキュラムと教育方法に対する公的機関がもっていた目標についての洞察を提供している。初等教育教員へのガイダンス本は教育者や教員養成従事者によって書かれており，その時代の実践よりも理想が表に出ているものの，政策よりも原理に基づいて書かれている。ウェルトン（J. Welton）の著書『教授の原理と方法』(Principles and Methods of Teaching, London, W. B. Clive, 1906)は，1912年と1924年に新版が出ている。スタートとオークデン（M. Sturt and E. Oakden）の著書『教育における課題と方法』(Matter and Method in Education, London, Kegan and Paul, Trench, Trubner, 1928, 2nd edn, 1931)，ダニエル（M. V. Daniel）の著書『初等学校における活動』(Activity in the Primary School, Oxford, Blackwell, 1947)，マーシュ（L. Marsh）の著書『初等学校の中で子どもに寄り添う』(Alongside the Child in the Primary School, London, A. & C. Black, 1970)，ポラード（A. Pollard）の著書『初等学校における反省的教授』(Reflective Teaching in the Primary School, London, Cassell, 3rd edn, 1997)などが挙げられる。教員の専門誌は，初等教育の教室を教員の視点から見ており，示唆に富む情報源である。特に『教員の世界』(Teachers World)（1913年から1976年まで），『下級学校の教育』(Junior Education)（1976年以来継続），そして『子どもの教育』(Child Education)（1924年以降継続）などが挙げられる。『教員』(The Schoolmaster)（全英教員組合の機関誌で1962年より『教員』(The Teacher)に改称された）と『ロンドン・タイムズ教育版』(the Times Educational Supplement)の今世紀後半での発行分は，特にプラウデン報

告（*The Plowden Report*）以降の時期以降に初等教育に関する内容が急速に充実していった。

　教育者による論評は20世紀初頭から書かれているが，その後大学で研究している教育学者が記すものも多くなり，実際の教育に関する重要な記録となっている。ヘイワード（F. H. Hayward）の著書『初等教育のカリキュラム』（*The Primary Curriculum*, London, Ralph Holland, 1909），リッチモンド（W. K. Richmond）の著書『下級小学校の目的』（*Purpose in the Junior School*, London, Alvin Redman, 1949），ブライス（W. A. L. Blyth）の著書『イングランドの初等教育―社会学的描写―』（*English Primary Education : a sociological description*, London, Routledge and Kegan Paul, 1965），ガルトン，サイモンとクロール（M. Galton, B. Simon and P. Croll）の著書『初等学校の教室の中で』（*Inside the Primary Classroom*, London, Routledge and Kegan and Paul, 1980），モーティモア他（P. Mortimore and others）の著書『重要な学校―下級学年―』（*School Matters : the junior years*, Wells, Open Books, 1988）などがある。政府視学官による公的報告や調査は上の著作を補うものである。

　子どもや教員たちの伝記や自伝などの資料も，当時の初等教育で個人が生きた経験をよく伝えるものである。ベル（V. Bell）の著書『ドードー』（*The Dodo*, London, Faber and Faber, 1950）や，ホームズ（G. Holmes）の著書『まぬけな教員』（*The Idiot Teacher*, London, Faber and Faber, 1952）などがある。これらの研究はその後民俗学的研究によって展開された。たとえば，アームストロング（M. Armstrong）の著書『近くで見る子ども―ある初等学校の教室の日記―』（*Closely Observed Children : the diary of a primary classroom*, Richmond, Writers and Readers, 1980）がある。20世紀後半に撮られたフィルムやビデオ資料も遠からず多く発見されるであろうし，教員や子どもが記憶していることは，すぐにでも語りえる資料となるであろう。

　初期の歴史的研究には次のようなものがある。レイモント（T. Raymont）の著書『幼い子どもの教育の歴史』（*History of the Education of Young Children*, London, Longmans, 1937）や，バーチナフ（C. Birchenough）の著書『イングラ

ンドとウェールズの基礎教育の歴史』(*History of Elementary Education in England and Wales*, London, University Tutorial Press, 3rd edn, 1938) など。子ども中心主義的アプローチをよりカリキュラムに反映させようとする試みは，セレック (R. J. W. Selleck) の著書『1914年から1939年における初等教育とその改革者たち』(*Primary Education and the Progressives 1914-1939*, London, routledge and Kegan Paul, 1972)，カニンガム (P. Cunningham) の著書『1945年以降の初等学校におけるカリキュラムの変遷』(*Curriculum Change in the Primary School since 1945*, London, Falmer, 1988) によって試みられてきた。ロウ (R. Lowe) の編著『変わる初等学校』(*The Changing Primary School*, London, Falmer, 1987) は，1945年以降の学校運営，両親との関係，学校建築などのさまざまな視点から歴史的分析を行っている。一方で，トーマス (N. Thomas) の著書『プロウデンから1900年代までの初等教育』(*Primary Education from Plowden to the 1990s*, London, Falmer, 1990) は，政策とカリキュラムに特化して分析を行っている。リチャーズとテイラー (C. Richards and P. Taylor) の編著『子どもをいかに教えるべきか？　初等教育とその未来』(*How Shall We School Our Children? Primary education and its future*, London, Falmer, 1998) は，教育の提供者，参加者と彼らの手続きや行動を分析し，アレクサンダー (R. Alexander) の著書『文化と教育方法―初等教育の国際比較―』(*Culture and Pedagogy : International Comparisons in Primary Education*, Oxford, Blacksell, 2000) は，最近の歴史的文化的な文脈の中で，イギリスの初等教育を国際的に分析している。

〈注記〉
(1)　Department of Education and Employment, *Schools : Building on Success*, London, February 2001, p.28.
(2)　たとえば，仕事に幻滅した幼児学校の教員の発言がある。H. Wilce, 'I Quit', *Times Educational Supplement*, 9 March 2001.
(3)　*Times Educational Supplement*, 23 March 2001.
(4)　Board of Education, *Report of the Consultative Committee on the Primary School*, London, HMSO, 1931; Board of Education, *Report of the Consultative*

Committee on Infant and Nursery Schools, London, HMSO, 1933.
(5) C. Birchnough, *History of Elementary Education in England and Wales*, London, University Tutorial Press, 3rd edn, 1938; R. D. Bramwell, *Elementary School Work 1900-1925*, Durham, University of Durham Institute of Education, 1961; I. Goodson and S. Ball (eds.) *Defining the Curriculum : Histories and Ethnographies*, London, Falmer, 1984.
(6) S. Humphries, *Hooligans or Rebels?*, Oxford, Blackwell, 1981. より最近では, 子どもの知覚が研究され記録されるようになっている。A. Pollard, D. Thiessen and A. Filer (eds.) *Children and their Curriculum : the Perspectives of Primary and Elementary School Children*, London, Falmer, 1997.
(7) P. Cunningham and P. Gardner, *Becoming Teachers : Text and Testimonies 1907-1950*, London, Woburn Press, 2003; P. Cunningham, *Being a Primary Teacher in the Twentieth Century*, CREPE Occasional Papers no. 13, Warwick, Centre for Research in Elementary and Primary Education, University of Warwick, 2000.
(8) M. Depaepe et al., *Order in Progress : Everyday Education Practice in Primary Schools — Belgium, 1880-1970*, Leuven, Leuven University Press, 2000, p.40.
(9) I. Grosvenor, M. Lawn and K. Rousmaniere, *Silences and Images : The Social History of the Classroom*, New York, Peter Lang, 1999.
(10) ローンデス (Lowndes) の研究は古典的だが, 教室内のテクノロジーの諸側面に関して詳細な情報を提供しており, 有益である。G. A. N. Lowndes, *The Silent Social Revolution*, Oxford, Oxford University Press, 2nd edn, 1969, p.134.
(11) Matthew Arnold (1861) と T. Huxley (1877) は, 共に *Oxford English Dictionary* を引用している。F. H. Hayward (ed.) *The Primary Curriculum*, London Ralph Holland, 1909.
(12) M. Seaborne, *Primary School Design*, London, Routledge and Kegan Paul, 1971; M. Seaborne and R. Lowe, *The English School : Its Architecture and Organisation*, vol.2, 1870-1970, London, Routledge and Kegan Paul, 1977.
(13) I. Grosvenor, 'On visualising past classrooms', in Grosvenor, Lawn and Rousmaniere, 前掲書; M. Banks, 'Visual anthoropology : image, object and photographic evidence', in J. Prosser (ed.) *Image-Based Research : A Sourcebook for Qualitative Researchers*, London, Falmer, 1998.
(14) F. H. Spencer, *An Inspector's Testament, London*, English Universities Press, 1938, p.192.
(15) 同書, pp.192-3.

(16) Board of Education, *Handbook of Suggestions for the Consideration of Teachers and Others Concerned in the Work of Public Elementary Schools*, [Cd.2638] London, HMSO, 1905, pp.14-15.
(17) *School World*, October 1905, pp.371-3.
(18) *School World*, October 1905, p.371.
(19) Birchnough, 前掲書, p.177.
(20) Birchnough, 前掲書, p.448.
(21) Birchnough, 前掲書, p.449.
(22) ロイヤル音楽カレッジの卒業生と，女性下院議員の先駆者。R. Betts, 'Parliamentary women : women Ministers of Education, 1924-1974', in J. Goodman and S. Harrop (eds.) *Women, Educational Policy-Making and Administration in England*, London, Routledge, 2000, pp.175-80.
(23) ハリエット・フィンレイ=ジョンソン（Harriet Finlay-Johnson）の作品の中にこの種の関心が見られる。しかしこの時代の『教員の世界』（*Teachers World*）では解説者がサミュエル・クレッグ（Samuel Clegg）であった（アレック・クレッグ（Alec Clegg）の父親で，後にウェスト・ライディングの教育長となった。美的な魅力のある学校内環境を熱心に推進した）。*Teachers World*, 2 September 1927, Special Supplement; また, *Journal of Education*, April 1927, p.239, および October 1927, p.726 を参照のこと。
(24) *Journal of Education*, February 1927, p.142; *Teachers World*, 4 January 1928, title page.
(25) *Teachers World*, 22 June 1927; 1 July 1927, p.734.
(26) West Ham LEA, '*Forward West Ham : An Educational Handbook for Parents and Citizens, and Programme of the West Ham Education Week, June, 1922*, London, 1922, pp.30-1; Teachers World, 28 September 1927, p.1290; 5 October 1927, p.6.
(27) S. Isaacs, *Intellectual Growth in Young Children*, London, Routledge and Kegan Paul, 1930; S. Isaacs, *Social Development in Young Children : A Study of Beginnings*, London, Routledge and Kegan Paul, 1933; Board of Education, 前掲書, 1931; Board of Education, 前掲書, 1933.
(28) Birchnough, 前掲書, p.450.
(29) 同書。
(30) *The Schoolmaster and Woman Teacher's Chronicle*, 15 April 1937, title page, p.758.
(31) *The Schoolmaster*, 22 April 1937, p.782.
(32) *Journal of Education*, June 1937, p.383.
(33) *The Schoolmaster*, 20 May 1937, p.966.

(34) *The Schoolmaster*, 2 April 1937, p.611.
(35) *Journal of Education*, July 1937, p.465.
(36) *The Schoolmaster*, 2 April 1937, p.632, 6 May 1937, p.913.
(37) *The Schoolmaster*, 29 July 1937, p.171.
(38) *The Schoolmaster*, 6 May 1937, p.913.
(39) *The Schoolmaster*, 4 February 1937, p.232, 4 March 1937, p.448.
(40) *The Schoolmaster*, 12 August 1937. エッセイストでありソーシャル・コメンテーターであるロバート・リンド（Robert Lynd）によるスティーブン・ポッター（Stephen Potter）の好著, *The Muse in Chains* の批判的レビュー。
(41) *The Schoolmaster*, 14 January 1937, p.47.
(42) *The Schoolmaster*, 21 January 1937, p.94.
(43) *The Schoolmaster*, 15 April 1937, title page and p.758.
(44) NUT, *The Schools at Work, being a pictorial survey of national education in England and Wales*, London, Evans Brothers, Ltd, n.d. [1931]
(45) 同書, p.5.
(46) 同書, p.7.
(47) P. Cunningham, 'Moving images：propaganda film and British education, 1940-45', *Paedagogica Historica*, 2000, vol.36, no.1, pp.389-406.
(48) 同書; P. Cunningham and P. Gardner, '"Saving the nation's children"：teachers, wartime evacuation in England and Wales and the construction of national identity', *History of Education*, 1999, vol.28, no.3, pp.327-37.
(49) S. Maclure, *Educational Development and School Building：Aspects of Public Policy 1945-1973*, Harlow, Longman, 1984; M. Seaborne, 'The post war revolution in primary school design', in R. Lowe (ed.) *The Changing Primary School*, London, Falmer, 1987; P. Cunningham, 'Open plan schooling：last stand of the progressives?', in Lowe, 同書.; A. Saint, *Towards a Social Architecture：the role of school-building in post-war England*, London, Yale University Press, 1987.
(50) C. Richards, 'Yet another "crisis" in primary education?', *British Journal of Educational Studies*, 2001, vol.49, no.1, pp.4-25.
(51) *Teachers World* (Primary Edition), 27 November 1959, p.1.
(52) *Teachers World* (Primary Edition), 13 May 1959, p.1.
(53) *The Schoolmaster*, 9 October 1959.
(54) *The Schoolmaster*, May and June 1959, passim.
(55) *Teachers World* (Primary Edition), 5 June 1959, p.1.
(56) R. Aldrich, 'The Plowden Report, 1967：a visual study in primary school location, space and learning', unpublished conference paper, ISCHE XX, Kor-

trijk, Belgium, 1998.
(57) P. Cunningham, *Curriculum Change in the Primary School since 1945 : Dissemination of the Progressive Ideal*, London, Falmer, 1988, p.173.
(58) W. A. L. Blyth, *English Primary Education : a sociological description*, London, Routledge and Keagan Paul, 1965 ; P. Ashton and others, *The Aims of Primary Education : A Study of Teachers' Opinions* (Final report from the Schools Council Aims of Primary Education Project 1969-72 based at the University of Birmingham School of Education), London, Macmillan, 1975. The Observational, Research and Classroom Learning Evaluation (ORACLE) project reported in 1980.
(59) Department of Education and Science, *Primary Education in England : A Survey by HM Inspectors of Schools*, London, HMSO, 1978（下級学年の児童は含まれているが幼児は含まれていない）.
(60) *The Teacher*, 29 September 1978, p.1.
(61) *The Times*, 27 September 1978.
(62) 同書.
(63) *Times Educational Supplement*, 29 September 1978. *The Teacher* は，500以上の学校を対象とした調査は1975年から1977年のイースターの間に行われたが，調査の開始は1976年11月に始まった「大議論」(the Great Debate) 以前であったことを記している。*The Teacher*, 22 September 1978, p.11.
(64) House of Commons Education, Science and Art Committee, *Achievement in Primary Schools*, HC 1985-86, 40-1.
(65) 同書, para.1.7.
(66) 同書, paras 3.3, 3.4, 3.5, 3.25.
(67) *The Teacher*, 29 September 1986, p.1.
(68) *Times Educational Supplement*, 26 September 1986.
(69) *The Times*, 2 October 1986.
(70) *The Teacher*, 6 October 1986, p.1.
(71) *The Teacher*, 8 September 1986, p.6. 英国科学振興学会（British Association）は有名な学会だが，そこでカリキュラムをめぐる世論や議論が取り上げられた。1937年にエレメンタリー・スクールのカリキュラムを現代化しようとするラディカルな意見をめぐっての大騒ぎはウェルズ（H. G. Wells）が発端をつくったことなどはその一例である。*The Schoolmaster*, 9 September 1937, p.362; *Jounal of Education*, October 1937, pp.675-82.
(72) 教員の教育上の役割と自律性を修正するメカニズムは，資格・カリキュラム機構（Qualifications and Curriculum Authority : QCA）の「基礎科目」カリキュラムガイダンスによって準備された。基本（basics）の集中をはかるため

基礎科目のカリキュラム条件が一時的に保留されたため，1998年以降，モデルとなった枠組みが教員を支援するために出版された。今一度，教員は，この良くデザインされた指導書が便利であることを知っていたことは理解できるが，やはり指導書は「横柄な」ものでもあった。

(73) P. Cunningham, *Being a Primary Teacher in the Twentieth Century*, CREPE Occasional Papers no.13, Warwick, Centre for Research in Elementary and Primary Education, University of Warwick, 2000.

第2章 中等教育

ゲーリー・マクロッホ（Gary McCulloch）

加藤 善子 訳

2000年の状況

　20世紀の終わりには，中等教育は，11歳から16歳までのすべての子どもにとって義務となっており，18歳でもその人口の半分以上が中等教育に在籍するまでになっていた。中等教育はすべての能力と適性を育くもうと努力し，同時に，全国のすべての学校で同一の教育プログラムが行われることを保証する全国共通カリキュラム（national curriculum）と試験制度を推進してきた。しかし，中等教育は，危機的状態にあると広く認識されていた。頻繁に繰り返された批判は，税金によって運営されるが教育を受ける時点では無償の大多数の中等教育学校と，国家から独立して父母が払う授業料のみによって運営される7％の中等教育学校とが社会的に分断されているというものである[1]。

　アドニスとポラード（Adonis and Pollard）の両コメンテーターは，イングランドの学校システムが，西洋のどこよりも公立学校と私立学校（いわゆる「パブリック・スクール」）が分断していることに則った制度であり，特権と富が公立学校ではなく主に私立学校に配分されていると最近訴えた。保守党の政治家であるジョージ・ウォールデン（George Walden）は，この分断を「ベルリンの壁」と呼んでおり，「国が2つあるかのごとき教育システム」をつくる基になっていると言っている[2]。『ガーディアン』（*The Guardian*）紙の記者ニック・デイヴィース（Nick Davies）もやはりこの公立学校と私立学校の違いを，「危機にある学校」という辛辣な連載記事で強調して書いている。ブライトン（イングランド南部の東エセックス州に位置する—訳者注）にある細長い地区を境

にして，南海岸には私立ローディーン校があり，その生徒はほとんどすべてが，16歳で受験する中等教育修了一般資格（General Certificate of Secondary Education = GCSE）で5科目以上Aの成績を取っている（最高10科目まで受験できる―訳者注）。一方，スタンリー・ディーソン中等学校で，同じ成績をとるのはわずか10%の生徒だけである[3]。エドワードⅥ世校はバーミンガムに2つあるが，そこでは年間の授業料が4,900ポンド（2010年時点で約64万円，2000年時点では約80〜85万円―訳者注）であり，新しいデザインセンター，新しい言語・コンピューター演習室，屋根付きプールと，教員=生徒比が1:12であることを誇りにしている。同じくバーミンガムにある公立学校のボーデスリー・グリーン校では，反対に，「多くのコンクリートと窓とすきま風」があり，生徒1人あたり2,232ポンドの補助金を公付されて，教員=生徒比は1:16である[4]。私立学校の中でも第一級の学校であるイートン校は，13歳から18歳までの男子寄宿学校だが，1995年の時点で年間12,000ポンドの授業料（1995年時点で約180〜190万円―訳者注）が課されていた。ロンドンの公立学校に通う生徒がイートン校で1週間過ごした際には，新聞は「バッシュ通りの悪童ども（Bash Street Kids）」と「貴族のお坊ちゃんとご学友（Lord Snooty and his pals）」の交流を非常に喜ばしいと報道した[5]。

　公立セクターの中でも多くの社会的差異があり，特に経済的に豊かな郊外にある学校と都市の内部にある学校との違いは大きい。この国の貧しい地域においては，学校が立ちゆかなくなるなど悲惨なケースがあるが，それも珍しいことではなくなった。ウェスト・ヨークシャーのハリファックスにあるライディングス校は，教員に対する生徒の暴力事件のために，1996年に一時的な閉校に追い込まれた。『インディペンデント』（The Independent）紙によると，16歳の生徒のクラスでは，テーブルの絵を描き，その下に「テーブル」とフランス語で書くだけのためにフランス語の授業一時間全部を使い，宗教の授業は教会の絵を描くことで占められ，ひどい時には4分の3の生徒が授業に出席していなかった。とはいえ，「これとはまったく違う学校もある。混沌が支配している教室の横で，秩序だってうまく教えられている授業もある」[6]。ロン

ドンのハックニー・ダウンズ校は、見るからに手に負えない問題のために完全な閉校に追い込まれたもう一つの例である[7]。

　他の学校は、トップニュースにこそならないものの、古くなり使えなくなった設備などの慢性的な問題に苦しんでおり、それは新しい労働党政府が今世紀の終わりに当たって表明するのを憚る課題でもあった[8]。社会的な差異と不平等は、同一市内の複数の中等学校の間でもすでに明白になっており、その結果、多くの両親は自分の子どもたちに最もふさわしい学校を選ぼうと即座に行動するようになった。それと同時に、同じような子どもの集団を受け入れる似た地域の学校を比べた場合、試験の成績に大きな差が出ていたことも事実である。多くの場合、それぞれの学校では、生徒の学習活動に関して年々改善が見られると報告していたが、子どもたちが置かれている環境はまったく無視していたのである[9]。多くの批評家は中等教育を、その貧しい水準と不適切な設備のために「多くの子どもを必然的に失敗させるシステム」と評したが[10]、それでも目を見張る成功例もあった[11]。中等教育は一世紀をかけて発達したが、その目的、性質、役割をめぐる根本的な問題に関して、いまだに激しく議論が続いているのである。

1900年の状況

　中等教育に内在するこれらの矛盾は、中等教育が確立されたころからあるのだが、その起源はどの程度突き止められるものなのだろう。1900年、イングランドの近代的な公立中等教育システムは今後の在り方を決めるもっとも重要な段階にあった。この転換期において議論された問題の性質と、それらがいかに解決されたかを今一度考察することがもっとも有効であろう。当時なされた決定により、地域と自発性に依拠していた教育から決別して、国家が中等教育に関して中心的に役割を果たすことが表明され、中央および地方の行政組織がその他の多種雑多な組織と一線を画すことが表明され、中等教育と初等教育と技術教育（technical provision）が、重複することなく明確に区別されることが表明された。

「中等教育」という言葉は19世紀を通じて通用していたが，元々はフランスから輸入された言葉であり[12]，イングランドは19世紀の最後の10年になってやっと中等教育を定義し系統的に組織化することに成功したのであった。1890年代の中ごろ，中等教育はジェームズ・ブライス（James Bryce）が長を務めた王立委員会（Royal Commission）の議題となり，「イングランドの中等教育システムを，現在ある問題点も視野に入れた上で，適切に組織されたシステムにする最も良い方法は何か」を考案することが求められた[13]。ブライス報告（*The Bryce Report*）は1895年に出版され，中等教育用の土地（the ground of secondary education）は「建物によってほとんど実質的に覆われているため，新しく組織立った一連の建物を建てるために，今あるものを更地にする負担は到底考えることができない」と記されている。それと同時に，「存在する建物はまったく誤って配置されているために，したがって使い勝手も悪いために，ある程度の建て替えを考えることは不可避である」と認めている[14]（後で判明するが，groundは「土地」と「基盤・すでにある状態」という意味をかけている。「建物」は「既存の制度や学校体系」を意味する―訳者注）。委員会が直面していた課題は，彼ら自身の視点では，「イングランドの教育システムを完成させるためにもっとも重要なものだが，エレメンタリー・スクールを一つの極とし大学をその対極とする間にあって中等教育は明らかに不完全であり，堅固で柔軟な組織を作り上げる必要がある」というものだった[15]。この目的をもって，委員会は，幅広く包括的な中等教育の定義を，具体的な指針をも含むものとして作成した。ブライス報告によると，中等教育は，

　　今学んでいる原理原則を応用することができるように，また応用することによって原理原則を学べるように，あるいは今教えられている道具を使えるようになるように，男子を（ママ―訳者注）教えるものである。たとえばそれを使って何かをしたり，生産したり，文学や科学を理解したり，絵を描いたり本を作ったり，図画工作を練習したり，陪審員や議員を説得したり，作家の翻訳をしたり注釈をつけたり，羊毛を染めたり，布を織った

り，機械をデザインしたり作ったり，船を操縦したり，軍隊を統率したりすることなどである(16)。

　したがって，最終的には，中等教育は「専門的職業を持って人生を送るという想定のもとで行われる教育であり，個人が専門的職業を選ぶことをはっきりと目的に定めたもの」として記述されていたといえよう(17)。これは大そうな理想であって，実現できればどんなに素晴らしいかと思うしかないものにとどまっている。

　ブライス報告で述べられていた既存の「建物」には，社会的なエリート学校であるイートン校，ハロー校，ラグビー校やウインチェスター校などの「パブリック・スクール」が含まれている。「パブリック・スクール」は，独立した私立学校で授業料を支払う必要があり，多くが寄宿学校であって，ヴィクトリア朝の時代に権力と特権の絶頂期にあった。その他にも地方には多くの基金立学校（endowed），職業訓練学校（proprietary），そして私立学校があり，その水準も授業料もさまざまであった。責任をもって基礎教育（elementary education）を担当していた学校運営委員会のいくつかは，エレメンタリー・スクールに「上級学年」（higher grade）を設置したが，多くの場合，中等教育に代わる教育を都市の職人・労働者階級と下層中産階級に提供するものであった。いくつかの機関は，これらの多種多様な学校に対して資金提供や視察をしたり試験を実施したりしていた。ブライス報告は，中等教育全体に責任をもつ中央当局をつくるべきだと提案したが，それは「国の中等教育を管理するためではなく監督指導するためであり，地方の活動を踏みつぶしたり取って代わったりするためではなく，さまざまな組織の活動を引き出してまとめる努力をするためである。真摯にそのような努力をすることで，教育が今求めている調和と協力が得られるのである」(18)。そうしていくつもの地方当局が作られたが，それは中央当局が作る責任を負ったわけである。さらにまた，中等学校に三学年設置することが決定され，上級学年の設置された高等エレメンタリー・スクールも第三学年のみの中等学校（secondary schools of the third grade）として認めら

れた。

　国家の中等教育に総合制システム (comprehensive system) を導入しようという試みをめぐる政治的議論は，ブライスの提案としてその一部は実現したが，その他は捨象されることになった。1900年に設置された教育委員会 (The Board of Education：「教育院」という訳語もある—訳者注) が，上で述べられている中央当局となったのである。地方教育当局は1902年教育法によって導入され，学校運営委員会 (school boards) に代わって，それぞれの地方の中等教育に責任をもって担当することになった。しかし，上級学年が設置された高等エレメンタリー・スクール (the higher grade school) の実験はここで頓挫し，国家の庇護のもとにある中等教育は，基本的にアカデミックな性格をもつものとして間もなく再定義された。リーダー (Reeder) は，全体的にみると「1897年から1904年の時期に官僚と議会が介入した結果，高等エレメンタリー・スクール（技術学校を含む）セクターと中等教育セクターを区別する教育システムがそのまま継続されることになった。その区別は，単に行政による管轄の違いだけでなく，それぞれで提供されるカリキュラムの種類，生徒の受け入れや卒業後の職業などの違いにまでわたるのである」と論じている。中等教育は，少数のエリート集団に限定されたものにとどまることになった。授業料を払って中等教育に進学するか，あるいは競争の激しい奨学金を得てエレメンタリー・スクールから中等教育に進学するかのどちらかであったのだ[19]。

　1904年に公布された中等学校規則 (Regulations for Secondary Schools) の序文では，新しい政権下での中等教育の性質と目的が明確にされている。そこでは「中等学校」を「通学学校，寄宿学校を問わず，16歳以下の生徒と17歳以上の生徒に，体育，知育，道徳教育などの一般教育を施す学校であるが，エレメンタリー・スクールよりも幅広い視野とより高度な水準をもって，教授し成績評価をする教育課程をもつ学校」と定義した[20]。このような学校においては，教えられるものはその性質上一般教育であり，所与の領域における専門教育は，一般教育が上級段階に到達するところまで完了して初めて認められるものであった。教育課程は16歳までに学ぶ必要のある異なる分野において，あ

らゆる面が扱われている必要があった。イングランド関連の科目（英語と文学，地理と歴史），言語（古典語と現代語），数学と科学については，一週間あたりの最低授業時間も指定された。

20世紀初頭は，したがって，イングランドにおいて中等教育の近代が成立した時代であった。中等教育はこの時期，さまざまな組織や利害関係が対立する中で激しく議論されていた。振り返ればまた，これらの改革の結果は，新しいシステムがその結果直面することになった問題の原因でもあった。特にサイモン（Simon）は，1902年教育法の方向転換は誤りであったと考え，基礎教育（elementary education）と中等教育の間の社会的断絶をやすやすとさらに強めることになったと述べている[21]。ヴラミンケ（Vlaeminke）は，高等エレメンタリー・スクール（higher grade schools）が廃止されたことによる「失われた機会」を深刻なものと考えている[22]。これらのシステムは，いくばくかの社会的進歩をもたらしはしたが，確かに，社会的な差異をさらに拡大したかもしれない。ブライスの考えは高尚であり，1904年の中等学校規則は確かな見込みをもっていたにもかかわらず，その結果，20世紀の終わりには中等教育の問題は手に負えなくなるほどに悪化の道をたどることになった。その経緯を，これから究明していくことにしよう。

変動と連続性

20世紀を全体として見ると，イングランドの中等教育において支配的であった特徴はいくつかあった。もっとも際立っている傾向は，生徒数，学校数，そして就学年数の増加である。この傾向は，社会的緊張の増加と，当然ながら教育をめぐる緊張の増加によってさらに顕著になっていったのだが，これらの緊張関係は20世紀の当初から明らかなものであり，社会的文脈の急激な変化と教育システム改革のために決定されたさまざまな試みにも反して持続することになった。中等教育におけるアカデミックな伝統は引き続き支配的であり，この世紀を通じて他に類例を見ないほど強くなったアセスメントと試験という構造的基盤によって支えられたのである。社会的エリートおよびアカデミック・

エリートの教育と，同一年齢集団の大多数を構成するエリート以外の教育の間には大きな緊張関係があった。同時に，私立学校である「パブリック・スクール」は別個のシステムとして生き残り，さらに繁栄したのである。また，これらの恒常的な緊張関係が，中等教育のありかたについての議論を触発し持続させたのだが，完全に解決を見ることはなかった。

　これらの特徴がどのように起こり展開してきたのかをこれより詳細に検討していくが，中等教育の発達において，20世紀を3つの重要な段階に分割すると分かりやすい。第一の段階は，国家の中等教育が確立された1902年教育法から，11歳から15歳までのすべての生徒に無償で中等教育を提供し始めた1944年教育法までの時期である。第二の段階は1944年から1965年までであり，異なるタイプの中等教育が併存するいわゆる「三分岐システム」(tripartite system) の試行導入の末に，ただ一種類の学校によってあらゆる能力と適性に対する教育を提供するという学校モデルを設置するという結果に至った時期である。この学校こそが，総合制中等学校であった (the comprehensive school)。最後の段階は1965年から2000年までの時期である。総合制中等学校のシステムが確立されたが，同時に機能不全が目立ちはじめ，異なる生徒集団の教育機会改善を意図してさまざまな試みが新たになされるようになった時期である。

(a) 1902-1944

　補助金による中等学校運営モデルは，1902年教育法と1904年の中等学校規則の10年後に定着した。中等学校に入学する生徒数は増加し始め，1906年以降の自由党政権下ではそれが特に顕著であった。1907年より無償学籍が提供されるようになり，入学試験に合格した生徒のうち，最高で4分の1に無償学籍が確保された。1911年までに，中等学校に入学した生徒は82,000人を超えたが，入学者の60％がかつてエレメンタリー・スクールに通っており，入学者の3分の1が無償で中等教育を受けた[23]。しかし，社会の大多数の人びとに中等教育への進学機会が提供されたかという点では強い疑問が残っていた。1914年に第一次世界大戦が始まった時点では，エレメンタリー・スクールに

通っていた 10 歳～11 歳の生徒 1000 人のうち，中等学校に進学したのはわずか 56 人しかいなかった。歴史家ブライアン・サイモン（Brian Simon）はこの状況を見て，一般の子どもが中等教育を無償で受けられる確率はわずか 40 分の 1 しかなかったと結論付けている[24]。

　20 世紀の最初の 10 年間で労働者階級の子どもの教育機会は実際に低下し，そのことに対して強く抗議する人びとも大勢いたことも事実である。1907 年には，たとえば，ロッチデールで働いていた教員の一人であるブリテン（J. H. Brittain）はこう問うている。「労働者は献身的に働くが，その子どもたちは，10 年前と比べると，エレメンタリー・スクールよりも高い教育を受けられるようになったのだろうか？」。ブリテンは自身が 1890 年代に高等エレメンタリー・スクール（higher grade school）で教鞭を取っていたが，そこはしばしば男子を直接大学に進学させるところであった。彼は嘆いている，「さて，よくも悪くも，私はこの 10 年の教育行政の下では，立派な学校運営委員会（school boards）は素晴らしい事業をして労働者階級の人間のための施設を整えたが，それは結局みせかけでしかなかったように思えるのだ」と[25]。

　第一次世界大戦中，教育改革をめぐる社会的・政治的関心は高まっていき，1918 年教育法に結実することになった。しかし 1920 年代初めの経済的・産業的な問題によって，教育費削減の時代が始まった。このような文脈の中で，保守党の最大の対抗勢力として台頭してきた労働党は，すべての子どもに中等教育を提供するべく急進的で新しい政策を出そうとしていた。この政策のポイントとなる表現は，『すべての子どもに中等教育を』であり，影響力をもった歴史家タウニー（R. H. Tawney）によって作成された報告のタイトルであった。この報告は，中等教育はすべての人びとの権利としてみなされるべきだと宣言し，「中等教育は若者のための教育であり，初等教育は中等教育を受けるための準備教育である」と謳っている[26]。基礎教育（elementary education）と中等教育の間の分断は，報告によると，「不健全で有害なものである」[27]。報告はまた一方で，中等学校は複数種類必要であると認識し，「地方が主導権をもって試みること」が推奨されている。したがって，報告はこう続ける。

ランカシャーやウェスト・ライディングで上手く行くことが同様にロンドンやグローチェスターシャーやコーンウォールで上手く行く見込みは全くない。もし教育が機械ではなくインスピレーションであるべきならば，教育は，さまざまな地方のさまざまな社会的伝統，道徳的な環境，経済的状況を反映したものであるべきである。そして各地の中等教育システムにおいて，学校のタイプは一つだけでなく複数必要である(28)。

　このアプローチは，中等教育が，特定の種類のカリキュラムや理念のもとで定義されるべきではないが，社会的差異があまり顕著に反映されないようにする必要があり，生徒の年齢分布はそのまま反映させる必要があると提唱したのである。

　中等教育のありかたと意義の再検討は，『若者のための教育』(The Education of the Adolescent) と題された教育委員会の諮問委員会 (the Consultative Committee of the Board of Education) による報告 (ハドウ報告 (the Hadow Report)) の出版により，1926年を通して続いた。この報告では，中等教育が不当に狭き道となっていると考えられていることを認めている。そして，「エレメンタリー」スクールという言葉を使うのを止め，「プライマリー」(primary) スクールという名称を使うことを提案し，「中等」(secondary) 教育という名称は「初等学校の上に続く教育の期間」に対して使われるべきだとした(29)。その時点で中等学校と呼ばれていた学校はグラマー・スクールという名前で，それよりも新しい形態の中等学校はモダン・スクールという名前で，呼ばれるべきものだった。したがって，報告はこう締めくくっている。「この枠組みにおいては，初等と中等の二種類の教育が存在する。そして中等教育は2つのグループに分けられる。グラマー・スクールに類するものとモダン・スクールに類するものである」(30)。報告は，このような変化によって考え方や態度に根本的な転換が起こるだろうと認めている。「われわれは現在，非常に難しい状況の中を進んでいることを自覚している。そしてわれわれの進む道は脆弱で，その下には火が燃え盛っているのである」(31)。しかしながら，報告が提案してい

る現実的な成果ははっきりとしていた。

> 11歳から（可能ならば）15歳までの子どもで，現在の狭義的な意味での「中等教育」に進学しなかったこの国のすべての子どもは，より真実で広義的な意味での中等教育には，我々の考えでは，進学するようになる。初等学校において5年の学校生活を送った後，さらに3年か4年，設備が整い，良い教職員のいるモダン・スクール（あるいはその他の形態の中等教育学校）で過ごし，実践的な作業と現実的な勉強をする。また同時に，自由で広い一般教育と人文教育を受けるが，そこでは，手作業が行われるならば音楽が忘れられてはならないし，自然科学が称揚されるならば言語や文学面の学習も大切にされねばならない[32]。

この見解では，中等教育は，ある特定範囲の年齢の子どものための教育であると簡潔に定義されているようである。しかし，異なったニーズを満たすため，さまざまな種類の中等教育も想定されていた。

このような改革が引き起こすであろう結果に警鐘を鳴らす人びともいた。その中の一人がシリル・ノーウッド博士（Dr Cyril Norwood）である。彼は1902年教育法後の，新しいタイプの中等学校の指導的な校長の一人であった。ブリストル・グラマー・スクールの校長を1906年から1916年まで務めていた間に，彼は学校の運命を変え，その後マルボロー・カレッジとハロー校の，有名な2つのパブリック・スクールの校長になった。1920年代には，中等学校試験評議会の議長でもあり，教育委員会（the Board）に試験関係の事柄を報告していた。彼はその報告の中で，補助金を交付されている中等学校は，1904年～1905年には100,000校であったのが1925年には400,000校に増加したと記している。これがさらに増加し，補助金を得ている学校のカリキュラムを変えよという圧力がかかったとしたら，「この25年間で中等教育の成立を成し遂げられたのに，これから中等教育の健全な伝統を作っていくという偉大な仕事」が浸食されるだろうと述べている[33]。これは，現状の中等教育から恩恵を受

けている生徒たちのために，この中等教育の特徴的なかたちを存続させることを決定するきっかけとなった。報告ではその反面，他の形態の中等教育により適性のある生徒をどのように区別するか，また種々の形態の中等教育が目標を等しく達成することができるのか，といった難しい課題が挙げられている。それらが「我々の進む道は脆弱で，その下に燃え盛っている火」であり，ハドウ報告はそれを強く自覚していたにもかかわらず，火を鎮めることができなかった。

　1930年代を通じて中等教育の改革はほとんどなされなかったが，一部は経済的な問題のため，一部は政府と教育委員会が共に保守的な性質をもっていたためであった。しかしながら，すでに始まっていた中等教育の特徴をめぐる議論が落ち着くことはなく，むしろ議論の中心領域になったのである。マイケル・サドラー卿（Sir Michael Sadler）は20世紀前半に新しい中等教育を設計した中心人物の一人で，「社会の中に新しい成層が隆起し，中等教育の丘になった」と観察したが，「共通の利益を満たすこととエリートを教育すること」の間の緊張が増加するだろうとも予測していた[34]。教育委員会の諮問委員会はこの緊張を解決しようと，中等教育に関する大部の報告（スペンズ報告（the Spens Report））を1938年に出版した。この報告は，ハドウ報告が提案したようなグラマー・スクールとモダン・スクールの二種だけでは中等教育には不十分であるとし，「技術高等学校」（technical high school）も中等教育を提供しているとみなす必要があると提案した。加えて，新旧の中等学校の形態にある不均等と差異は調整される必要があり，そうすれば両者の「地位の平等」が達成されるであろうと述べる。またスペンズ報告は，「われわれが取り除こうと努力している異なるタイプの中等教育の間のバリアは，それぞれの学校自体が行っているさまざまな教育と，われわれ自身がもつ学校の社会的イメージの遺産なのである」[35]。これはつまり，それぞれの条件のもとで運営を行っていた学校がその条件を均一化することを意味しており，また，新しい中等教育規約（Secondary Code）にはグラマー・スクールと技術高校と同様，モダン・スクールを含むようにする必要があったことを意味している。「『中等』には法的定義

がない。したがって,『中等』という言葉の意味は,公式の規定を含むところまで拡大されるべきである。その一部には,『公立のエレメンタリー・スクール』と同様にさまざまな形態の『高等教育』の法的定義に今のところ当てはまるものがある」[36]。しかし,すでに懐疑的な見方は教育委員会の内部を含めて多くあり,そのような「平等」が現実的か否かについては,スペンサー報告は,第二次世界大戦が注意を他にそらす以前にすでに静かに棚上げされてしまった[37]。

1941年までに,戦争それ自体が,戦後社会の改革案への関心を刺激していた。この新しい状況で,中等教育は教育システムの大規模再建をめぐるアジテーションの中心となった。1940年9月に,タウニー(Tawney)はすでに「教育の種類や方法においてさまざまに異なる学校を包括し,しかし教育の質は同じになるという,中等教育を統一するシステム」を作ることを可能にするかもしれない「新しく実り多い可能性」を構想していた[38]。これこそは,1943年7月に発行されることになる白書『教育の再建』(*Educational Reconstruction*)の主たる信条であった。この白書によれば,教育システムは初等,中等,そしてそれ以降の教育段階が継続してつながるように改編されることになっていた。11歳になれば「さまざまな種別の,しかし,そのよって立つところは同じである中等教育が,すべての子どもに提供され」,中等学校の「その収容能力と設備の水準は,最高水準の学校のものに確実に近付いていく」[39]。提案はさらに続き,11歳の子どもは,さまざまな種類の学校に振り分けられるが,それは「競争的テスト」によってではなく,学校での成績に知能テストや両親の希望を加味して決定される。もちろん,子どもの興味がもっとも重要視されることは明らかであった。「この新しいシステムの根本的思想は,子どもが教育の中心であり,人道的に可能な限り,子ども自身に最も適した種別の教育が受けられるということである」[40]。白書はまた「アカデミックな訓練」が中等教育の特徴となっており,それは大多数の生徒にとって不適当であるとも論じている[41]。

新しい枠組みが何を内包するのか白書では明らかではなかったが,翌月に発

行された他の報告の中の説明図に詳細に描き出された。これは中等教育のカリキュラムと試験制度に関する教育委員会の報告で，シリル・ノーウッド（現在は卿）(Sir Cyril Norwood) 議長の職下にある委員会によって作成された。この機会に，報告では，中等教育に関してノーウッドが過去40年以上作り上げてきた考えをさらに発展させている。この報告の第1部第1章，「中等教育の性質」では，中等教育の一般的な目的およびその中のさまざまな種別の目的の，古典的説明が示されている。ノーウッド報告によると，中等教育の仕事は「第一に，もし初等段階でそれがなされていなければ，特別な配置をもつ子どもの精神に，自らを明らかにする機会を提供することであり，第二に，カリキュラムと目的達成のために緻密に計算された学校生活によって，専門への興味と適性を全面的に発達させることである」[42]。そのような専門への興味と適性を育むために，報告は3つの「大まかな集団」を挙げている。まず，「学習それ自体」が好きな子どもがいるが，この子どもたちはグラマー・スクールのアカデミックなカリキュラムにもっとも適している。次に，「応用科学や応用技術」に興味をもち適性をもった子どもたちがおり，これらの子どもたちは技術学校に振り分けられる。最後に，抽象的な考えよりも具体的な事柄を扱うことが得意な多くの子どもである。これらの子どもは特にモダン・スクールに適している[43]。全体として，報告は以下のように締めくくっている。「このような組織では，すべての子どもが自分に適した教育を受ける機会を得る。さまざまな種類の学校があり，その学校の中でもさまざまな課程があることは，最低限の中等教育システムに必要不可欠なものである」。3つのタイプの学校は，さらに，「条件が均等」(parity of conditions) になるが，「目標の均等」(parity of esteem) に向けて努力する必要が出てくる。生徒はしたがって，「機会の均等」(equivalence of opportunity) を与えられるが，それは「それぞれの生徒にとってもっとも適した教育を受ける機会であり，その時代にその時点において，個人にもっとも有益である教育なのである」[44]。このような厳しい制限の下で，「すべての子どもに中等教育を」がようやく達成された，あるいはそう見えるまでになったのである。

この間私立学校は，中等教育をめぐる議論からほとんど何も痛手を受けずに生き延びた。より大きい意味での社会的文化的変化により，パブリック・スクールに権威を与えてきたリーダーシップ教育の理想が疑われるようになり，それによって，パブリック・スクールは非難を受けるようになったのである[45]。また財政問題に苦しむパブリック・スクールも多かった。第二次世界大戦下での改革への多大な期待感の中で，多くの批評家はパブリック・スクールが完全に廃止されるべきか，あるいは少なくとも国家の教育システムに組み入れられるべきだと力説していた[46]。大戦末期に至っても，それにもかかわらず，パブリック・スクールはやはり独立したシステムとして存続し，両親が払う授業料によって運営される教育というまったく別の教育形態を作り上げていた。パブリック・スクールは高い社会的地位を確立していたので，多くの人びとにとって魅力的であったのである。1944年教育法は，私立学校に何の介入もしなかった。国の法的システムの中にいる生徒にとっては，しかしながら，中等教育は「年長生徒に求められるものとしてふさわしいフルタイムの教育」としてみなされ，すべての人びとに無償で提供されるものであった。そしてすべての地域で学校は，

*　十分な数があり，十分な特性をもち，十分に整った設備があって，すべての生徒に教育の機会を与え，異なる年齢段階，能力や適性，そして学校にとどまる期間の違いを考慮した上で，望ましいさまざまな指導と訓練が提供される。それぞれのニーズにとって適当な実践的な指導と訓練も，それに含まれるのである[47]。*

　1944年教育法は，公立学校以外の種類の学校には触れず，「目標の均等」にも触れていないのだが，ここで注意が払われなかった問題は，すべての人びとが中等教育を受ける時代の，根本的な問題となっていく。

(b) 1944-1965

　1944年教育法の施行から少なくとも10年間は，そこで決定されたとおり，グラマー・スクール，テクニカル・スクール，モダン・スクールの三種類の学校を基本とする「三分岐システム」(tripartite system) 実施のための努力がなされた。教育省は，1944年教育法により教育院（The Board）を引き継ぎ，地方教育当局（LEA）はそれぞれ見解が異なっていたにもかかわらず，どの地方にもこの3つの学校区分を推し進めようとした。1945年から51年までのクレメント・アトリー（Clement Attlee）首相の下での労働党政権と，その後のウィンストン・チャーチル（Winston Churchill）首相の下の保守党政権は，共にこの方針を強く支持した。両者ともこの方針を維持することを好み，すべての能力と適性のためにデザインされた異なる3課程以上を含む総合制学校を作ろうという案については，この時期に頻繁に議論されるようになったにもかかわらず，採用されなかった。それにもかかわらず，実際を見る限りこの「三分岐システム」(tripartite system) が成功とは言い難いことは，1950年代までに広く明らかになり，新しい解決策を求めて新たに議論が起こった。1964年，狭量の多数派によって選出された新しい労働党政権が地方教育当局（LEA）に中等学校を総合制教育システムに再編するよう奨励することを決めたことによって，このジレンマは一時的には解決した。

　『新しい中等教育』(*The New Secondary Education*) は1947年に教育省によって出されたパンフレットで，1940年代後半および1950年代を通しておそらくこの分野でのもっとも重要な政策声明であり，ここでは中等教育の今後の発展についていかなる懸念もない。「中等教育の新しい概念は，イングランドとウェールズの教育を革命的に変える」と，自信をみなぎらせている[48]。「ここで初めて」とパンフレットは謳う，「真の中等教育」がすべての12歳以上の子どもに提供されるのである。それは「すべての子どもの権利であり，少数の子どもがもつ特権ではないのである」[49]。しかしながら，教育省の内部からも疑義はすぐに生まれた。中等学校担当の主任視学官（chief inspector）であったチャールズ（R. H. Charles）は，「ノーウッド報告にあるように，子どもたちが

3つのカテゴリに振り分けられている状況は実際に理論分野と職業分野への振り分けであり，それが煉瓦とモルタルと法規に凝縮され翻訳されるのであれば，それはそれで幸せな社会的効果以外の何ものでもない」と，1945年秋という早い時期に私文書に記している[50]。『学校と生活』(School and Life) 報告にはその懸念が非常に強く反映されている[51]。この報告は，以前に教育委員会の諮問委員会 (Consultative Committee) であった中央教育諮問会議 (Central Advisory Council for Education) が作成したものである。

　グラマー・スクール自身，その地位に危機が迫っていることを強く意識していた。1946年に，校長合同組合 (the Incorporated Association of Head Masters) は，自らの責任において「グラマー・スクールへの脅威」を公に警告し，画一性 (uniformity) と平等性 (equality) の概念の混同が，このような学校のこれまでの功績と発展の可能性を危機にさらすのであると主張した[52]。マンチェスター・グラマー・スクールの校長エリック・ジェームズ (Eric James) は，この不確実な文脈において，グラマー・スクールを擁護しようとし，グラマー・スクールの再定義を試みた。彼は，1902年教育法が機会の均等の新しいかたちを実現し，いかなる社会的背景からもマイノリティがさらなる教育にアクセスできるようにしたので，生まれや富によるのではなく能力や「メリット」によって社会的，政治的エリートが選ばれるようになったことを，功績として讃えている[53]。この見方は，マイケル・ヤング (Michael Young) の『メリトクラシー』(The Rise of Meritocracy) の中では，1950年代後半に必死に努力されたと揶揄された見方である[54]。ワットフォード・グラマー・スクールの校長であったハリー・レー (Harry Rée) によると，グラマー・スクールを貶めるのはただ「無知なる行為」のみであり，「グラマー・スクールの貢献は本質的なものであり，未来の教育と社会の発展に寄与することができる状態にある」[55]。しかしながら，グラマー・スクールの地位は間もなく非常に不安定なものになっていった。

　異なる学校が異なった「タイプ」の生徒にどのように提供されるのがよいか，教育省は細かい指導を出さなかったが，グラマー・スクールとテクニカル・ス

クールの両方で当該年齢人口の 20〜25％を占めるべきだということは具体的に示した。実際には，中等テクニカル・スクール（Secondary Technical School = STS）は期待されていたよりもはるかに少ない数しかできなかった。1955 年までに，公立中等学校および補助金の交付されている中等学校に通う生徒の僅か 4.4％だけが，中等テクニカル・スクールに通った。地方では，83 の行政区のうち 76 の地方教育当局（LEA）が一つ以上の中等テクニカル・スクールを残していたが，そこに通う生徒の分布は，地域によって極めてまちまちであった[56]。1950 年代の終わりには地方教育当局（LEA）の 40％以上が中等テクニカル・スクールをもたないことに決め，廃校にしている[57]。存在していた中等テクニカル・スクールはその性質もさまざまであり，以前のジュニア・テクニカル・スクールが戦間期に行っていたように 13 歳から入学を認めるものから，グラマー・スクールを真似していきなりアカデミックな教育を始めたものまで存在した。多くは適切な収容施設も収入もなく，両親にテクニカル・スクールはグラマー・スクールと対等ではないという疑念をもたせることになった。1959 年に出版されたクラウザー報告『15 歳から 18 歳まで』（*15 to 18*）では，中等テクニカル・スクールは，「グラマー・スクールと大学を刺激し，グラマー・スクールに埋め込まれているアカデミックな伝統」とは一線を画すと同時に相互補完関係にある，いわゆる「もうひとつの進路」として中心的に発達することができると強く論じている[58]。しかしながら，中等テクニカル・スクールを別個の学校として見るよう世論を変えるには，時はすでに遅かった。

　中等テクニカル・スクールの失敗は，三分岐システムとして発展することを望まれていたものが，実は多くの地域ではグラマー・スクールとモダン・スクールの二分岐システムであって，そちらのほうが機能的であったということを意味していた。セカンダリー・モダン・スクール（Secondary Modern School = SMS）もまた，望んでいたほどの広い支持は得られなかった。セカンダリー・モダン・スクールは，中等教育に通う最低離学年齢までの生徒のうち 4 分の 3 のニーズに応えるはずであった。最低離学年齢は 1947 年に 14 歳から

15歳に引き上げられていた。セカンダリー・モダン・スクールには試験なしで入学できることになっていた。生徒らは在学中も試験に縛られないと考えられていたので，カリキュラムは独自の方法で開発されて生徒の特別なニーズにこたえられるはずであった。1960年代の初頭，セカンダリー・モダン・スクールはイングランドとウェールズに4,000校近くあり，150万人の生徒が在籍していた。これらは，グラマー・スクールとテクニカル・スクールの試験に11歳で落ちた生徒たちである。セカンダリー・モダン・スクールは成功したように見えたが，しかしそれでも恒常的に存在する問題がさまざまあった。都市の内部にある学校の多くは「『中等』とは名ばかり」であり，「敗者の受託所―成績のつかなかった子どもを放り込むボロ入れ袋」になってしまった[59]。マージーサイドなどの地域にある学校では，「中等教育という用語がもつ本来の意味において，真の中等教育を提供してはいけない，あるいはしたとしても不可能」であり，「息をのむほどの，そして橋渡ししようもないほどの亀裂」によってグラマー・スクールから切り離されていた[60]。一方で，豊かな郊外にあったセカンダリー・モダン・スクールのいくつかはグラマー・スクールの伝統を模倣し，試験を導入し始めた[61]。

　一方にグラマー・スクールによって提供される教育があり，もう一方にモダン・スクールによる教育があるが，両者の一目瞭然の違いは，11歳時試験という最初の選抜手段に大きなプレッシャーが置かれているかどうかである。文部大臣だったデイビッド・エクルズ卿（Sir David Eccles）は個人的見解として，「教育におけるもっとも政治的な問題は，11歳時試験と，それを廃止して中等学校をすべて総合制学校にしてしまおうという社会主義的な提案である」と認めている[62]。同時に，中等教育の意義をめぐる議論が再び起こり，今回は，「すべての者に中等教育を」という目標の前提となる学習意欲を，すべての子どもがもっているわけではないという事実を確認するものになった。この向上心の問題については，能力が平均的あるいは平均以下の子どもに関するニューソム報告（the Newsom Report）が1963年に出版され，このような子どもにとって「意味があり納得できる教育」というのはその性質上，実践的，実際的，職業

的であり，何が求められているのかについて範囲が明瞭に設定されるものである，と提案されている。どのような種類の学校に在籍しようと，アカデミックな志向性をもっていない大多数の子どもたちにはまったく別のカリキュラムを用意するのが妥当であると，この報告の見解は暗に示している(63)。

労働党が 1964 年に政権を取り返したのは，このような問題が中等教育を取り囲んでいた時期であった。新しい政府はこの機会を逃さずとらえ，保守党政府が長く恐れていた，総合制教育（comprehensive education）を全国政策として推進しようとした。しかし，政府はこれを，地方教育当局（LEA）に総合制を基本として再組織するよう回覧文書 10/65 上で求めることで推進し，法規制によってそれを強制する方法はとらなかった(64)。政府の方針は，下のとおり 1965 年 1 月にすでに下院で可決されている。

> 下院は，すべての段階で教育水準を上げる必要があることを認識しており，3つの異なる中等学校に子どもが振分けられることにより，この目的の実現が遅れたことを悔いるものである。したがって下院は，地方教育当局が総合制の教育課程の上に中等教育を再組織し，グラマー・スクールでのすばらしい教育をそのまま維持し，それをより多くの子どもがそれを享受できるようになることを承認する。下院はまた，それぞれの地域でのニーズが満たされるためには再組織の方法やタイミングもさまざまであろうことも承知しているが，機は熟したと信じ，この方針を全国的に宣言するものである(65)。

学業成績による選別を批判し，あらゆる意味で総合制システムを望んでいた批評家たちからは，この方法はあきらかに臆病であり，好機を逸したと見なされた(66)。しかし，両親が全国各地の有名グラマー・スクールを強く支持し続けていることは反映されている。この間にもパブリック・スクールはまったく侵されないままであり，1960 年代のさらに無駄な調査の対象となるのだが(67)，社会的エリートたちに特権的な教育を提供しつづけ，国の中等教育の在り方に

不満を抱く両親たちへの信号標識として振る舞い続けていた。

(c) 1965-2000

1965年から20世紀末までの時期は，総合制学校がイングランドとウェールズの中心的な中等教育形態として確立した時期であった。またこの時期は，中等教育への批判が常にあって実際に激しくなっていった時期であり，総合制自体を傷つける結果になるような，新種の批判アプローチも現れた。改革は実行され，この時期を通じて拡大されたにもかかわらず，中等教育の在り方と目的についての議論は結局解決されることがなかった[68]。

1960年代の終わりまでには，総合制への再編はうまく進んでいた。総合制学校は1300を超えて中等学校に通う生徒の3分の1近くを擁するまでになり，さらに総合制への改編を予定している学校が多くあった。保守党が1970年に政権を奪取し，回覧文書10/70の公布をもって回覧文書10/65を撤回したが，総合制への移行それ自体を撤回することはできなかった。グラマー・スクールの多くは，異なる地方教育当局管轄の地方に移転し，あるいは1944年教育法の第13項に定められた，特定の学校再編にかかる地方教育当局の提案に異議申し立てができるという権限の行使によって，閉校や総合制学校への吸収合併の危機から「救済」された。とはいえ，回覧文書10/65の発行から30年の間に90％以上の中等学校学齢年齢にあたる生徒が総合制学校で教育を受けたのである[69]。

この大きな発展の背後には，さまざまな難題が残されており，それらがすべて議論されたわけでもなかった。争点の中でも大きなものとして，生徒の学業達成という点であれ社会的な受け入れ状況という点であれ，中等学校の間で明白な差異がいまだに存続していた事実が挙げられる。労働党の教育大臣であったマイケル・スチュワート（Michael Stewart）は，「すぐれた学業成績を誇る学校にはすぐれた設備が整っているが」，総合制システムでは「いかなる子どもも，設備が整っていない学校に送られることが最初から決まっている状況にあってはならない」と1960年代に主張している[70]。しかし，多くの地方教育

当局（LEA）および新しい教育科学省（Department of Education and Science = DES）の職員は，総合制学校は生徒をその地区ベースで受け入れており，したがって「中間階級地区」が「貧しく，社会的に恵まれない地区」と異なる傾向があることをはっきりと承知していた[71]。1960年代には大都市中心部に移民の住居地区ができたことにより，階級という点でもエスニシティという点でも中等学校の間の差異は強調された。セカンダリー・モダン・スクールから総合制学校に変わった学校では，モダン・スクールからの性質が変わらずに存在するのはすでに明白であった。グラマー・スクールが残された地域では，このような総合制学校は，それは外見上だけのことであり，中身はセカンダリー・モダン・スクールであった。総合制学校の性質は，一部にはそれが以前グラマー・スクールであったかセカンダリー・モダン・スクールであったかに依存し，また一部には，管轄する地方教育当局（LEA）が労働者の多く居住する地域かそうでないかに依存し，また一部には，その総合制学校がシックスズ・フォーム課程をもつか否かに依存していた[72]。

　以前の三分岐システムによる教育からの連続性は，カリキュラムとアセスメントの関係に特に強く表れている。総合制学校は，学業に秀でた者のために，中等教育修了資格（General Certificate of Education = GSE）の一般（O）と上級（A）レベル試験を提供することを踏襲し，それ以下の者のためには中等学校修了資格（Certificate of Secondary Education = CSE）を与えることを踏襲している。これらの別個の試験は異なる教育課程それぞれに対応して用意されたもので，その教育課程は以前のグラマー・スクールとセカンダリー・モダン・スクールの区別に対応している。グッドソン（Goodson）はこのように観察している。

　　　三分岐システムでそうであったように，総合制システムでもアカデミックな科目は優秀な生徒のためのものであり，もっとも高い地位と富に結びついている。アカデミックな科目，アカデミックな試験，優秀な生徒の三者同盟により，総合制学校も，それ以前の学校システムと同様の成功・失敗

パターンを必然的に作りだすことになってしまうのである[73]。

　男女共学の総合制学校に関するボール（Ball）の研究,『ビーチサイドの総合制学校』（*Beachside Comprehensive*）によって1980年代初頭に見出された究極の効果は,労働者階級の生徒の一部において,成績が低いまま変化しないパターンが見られることであった。ボールはまた,能力別学級編成は,教育機会の差異をさらに拡大させることも発見した[74]。
　これらの継続している問題は,総合制が広がっていく当初から存在しており,1970年代の経済的産業的葛藤の文脈の中で悪化した。総合制教育は,低下していると言われている教育水準に責任があり,また他方では,「職業の世界」で求められている技術をもった現代的労働力を輩出していないと非難された。当時労働党の首相であったジェームズ・キャラハン（James Callaghan）は,1976年10月,オックスフォード大学のラスキン・カレッジでの演説において,激しい口調でこのような懸念を表明した[75]。首相による教育への介入により,中等教育のありかたと目的に関する根深く不確実なこの問題が掘り起こされ,教育についての自称「大議論」（Great Debate）が横行する結果になった。たとえば,1978年11月,学校カリキュラム・試験評議会（the Schools Council for the Curriculum and Examinations）の議長であったジョン・トムリンソン（John Tomlinson）は,「すべての者に中等教育をという政治的約束」は1944年には成就にはほど遠く,今も「未解決の難問である」と指摘している。彼は続けて,中等教育は「秀才のみが教え,秀才のみに」提供されるものではなく,それはもう40年も前のことであると言っている。1972～3年に法定離学年齢が16歳に引き上げられたが,トムリンソン（Tomlinson）によると,16歳までの子どもをすべて教育する新しいアプローチが必要であった。そのアプローチには,より「現実的な経験」を取り入れられる必要があり,考えることと同様作り出すことを奨励する必要があった[76]。
　1979年,マーガレット・サッチャー（Margaret Thatcher）の下で政権に戻った保守党政権は,これらの問題に活気と決意を新たにして臨んだ。技術・職業

教育試行 (Technical and Vocational Education Initiatives = TVEI) は,もともとは1983年にパイロット案として始まったものだったが,特にアカデミックではない課程に適している生徒が大半を占める中等学校において,14歳から18歳までのカリキュラムの内容を多様化しようとする試みであった。しかし,この試行に対して,総合制学校の中にある分断をさらに強くするものであるという強い批判が教育関係集団から集中した[77]。技術・職業教育試行が学校内で定着していくにつれ,このような根本的な懸念はしばらく棚上げされていたが,それもシティ・テクノロジー・カレッジ (city technology colleges = CTC) を新しい中等教育段階として設置する試行が模索され始めるまでであった。シティ・テクノロジー・カレッジ (CTC) は,教育担当国務大臣 (Secretary of State for Education) であったケネス・ベーカーによって1986年に公表され,地方教育当局 (LEA) の影響外におかれ,カリキュラムには技術的要素が強く組み込まれた「学校の新しい選択肢」を提供するため特にデザインされた,新しい中等学校になることを見込まれていた[78]。シティ・テクノロジー・カレッジ (CTC) のインパクトは,一時的で限定的なものに終わったが,それは特に財源確保の難しさと新しい種類の中等学校の設立計画の難しさに起因する。より重要なのは,政府の政策の全体的な目的である。中等学校の一つのモデルから離れて,さまざまな種類の学校の中での「選択」と「競争」をより強調する方向に向かったことに表れている。やはりベーカーによって導入された1988年教育改革法での全体的な方針でもこの傾向は続いた。1992年に保守党が4期続けて選出された直後,白書『選択と多様性』(*Choice and Diversity*) が出版され,教育改革法はここで非常に好意的に評価された。白書では,補助金と自治によって運営されるが,中央機関から直接資金が公布される学校が将来普及することを見込んでいた[79]。

 1990年代半ば,保守党政権の最後の数年間は,したがって,総合制学校の業績をめぐって,また,総合制学校が維持されるべきか,改善されるべきか,あるいは廃止されるべきかについて,掘り下げた,辛辣な議論によって占められることになった。一方では,多くの批評家が総合制学校は結果を出すことが

できなかったと述べている。デイビッド・ブランケット（David Blunkett）は，対抗する労働党の，教育と雇用担当スポークスマンさながら，1996年2月，社会市場経済財団（Social Market Foundation）のための公演の中で，総合制学校はこの30年間，次の世代の生徒を教育することに失敗したため，変わる必要があると論じた。ブランケットによると，「50年にわたって中等教育は全国で統一的な地位が与えられ，総合制教育には30年間の歴史があるにもかかわらず，トップレベルの学校の優秀さは一定であり，底辺校は変わらず成績が悪いままである」[80]。また他方では，多くの批評家が総合制学校の業績を擁護し，その役割を引き続き果たさせようと模索していた[81]。

以上の議論が累積して1997年の総選挙に反映されることになった。ジョン・メージャー（John Major）首相は，選択と多様性がこれまでになく整っていることのメリットを強調して選挙運動を戦った。彼は，学問優秀の核としてグラマー・スクールを復権させると掲げた。この見解は，「グラマー・スクールをすべての町に」という彼の希望に示されている。これとは対照的に，労働党のリーダーであったトニー・ブレア（Tony Blair）は，グラマー・スクールの復活は，11歳時試験制度，およびグラマー・スクールとモダン・スクールの二段階制度に逆戻りすることであるとして，この考えを強く非難した。彼は総合制学校を「精錬し再定義する」ことに熱心だったが，セカンダリー・モダン・スクールを復活させる考えは否定した[82]。選挙運動の間に，保守党は3億6千ポンドかかるプログラムを紹介し，最高720の中等学校が生徒を適性と成績によって選別できるようにする提案を出したが，その提案によって議論が紛糾し，それに巻き込まれてしまった[83]。保守党は新しいグラマー・スクールの発展を奨励しており，これがまたセカンダリー・モダン・スクールの亡霊に世間の注目をすぐさま集めることになった。したがって，20世紀最後の総選挙は，労働党が結果的に前例のない大勝を収めたのだが，なんとも超現実的な流儀で中等教育をめぐる議論が繰り返された中での勝利だった。その議論は，この50年間，あるいは100年間繰り返されてきたが，明確な答えは何ら出なかったものなのである。

結　論

　20世紀の間に，中等教育はエリート教育から変形され，社会の大多数の経験から切り離され，義務となり，統一され，すべての家族と生活にとって身近で重要な一部となった。多くの人びとにとって中等教育は学校教育の最終段階のことであったが，一方で，一部の人びとにとっては初等教育と高等教育の間の中間段階であって，そうした人びとも増えつつあった。この一世紀を通して，中等教育はそれ自身の権利が注目の対象であり，教育者，政策立案者や社会全体の中で，しばしば議論の的となった。中等教育は首尾よく普及し確立したが，徐々に議論が広がっていき，20世紀末には，中等教育は結局失敗した，あるいは少なくとも深刻な欠点をもつプロジェクトである，と考える人が増えるまでになってしまった。このような不満が起こった原因は，中等教育がそもそもエリート教育に起源をもっていることと，社会全体と中等教育との関係が，世紀が進むにつれて変化していったことの両方の中にある。

　したがって，20世紀全体からみると，1926年のハドウ報告が歩んだ脆弱な道は燃えてなくなってしまったのである。20世紀の終わりには，ブライスが描いた中等教育の理想像である「専門的職業をもって人生を送るという想定のもとで行われる教育であり，個人が専門的職業を選ぶことをはっきりと目的に定めたもの」は，百年前と同様に今でも実現不可能である。「すべての者に中等教育を」という理想は，1944年に達成したかに見えたが，これも完全に実現することはかなわなかった。

　しかし，中等教育をめぐる議論は繰り返し起こり，その情熱はついえぬまま21世紀が始まった。労働党政府の公式スポークスマンが「総合制学校は余計なものの何もない標準そのもの」であるが「成功を築いている」と表現したことを無視して，2001年には労働党政府は新しい試行を始め，専門学校，教会学校，都市部の私立中等学校，企業，宗派，慈善団体が出資する学校，財団学校，コミュニティ・スクール，グラマー・スクール，セカンダリー・モダン・スクールをさらに設置していった。政府発行の政策書である緑書『成功の上に築く』(*Building on Success*) は，2001年2月に発行され，それぞれの中等学校

が独自の精神を打ち立て，生徒個人のニーズに応える教育を個人に合わせて仕立てていく「ポスト総合制学校」の時代を待望している[84]。過去100年間の経験は，中等教育が掲げていた初期の理想をその結果の中に見ることを事実上不可能にしてしまい，そして未来へ進むためまごうことのない道を遺すこともできなかったように見えるが，改革者の熱意を消すことはできなかったのは明らかである。21世紀には道が開かれて，20世紀が残した課題が完遂されることが望まれる。

Key Reading

ブライアン・サイモン（Brian Simon）の4巻の大著，『教育史の研究』（*Studies in the History of Education*）は，特に中等教育史が充実している。第2巻，第3巻，第4巻はすべて1990年までの20世紀における教育の発達を知るのに役立つ。ジョン・ローチ（John Roach）の，19世紀中等教育に関する2巻にわたる研究は中等教育の初期の発展を知るのに重要である。『1870年から1902年のイングランドにおける中等教育の歴史』（*A History of Secondary Education in England, 1870-1902*, London, Routledge, 1991）。ゲーリー・マクロッホ（Gary McCulloch）による20世紀の中等教育における三分岐システムの諸側面の研究は3巻編成で，パブリック・スクールとグラマー・スクールの歴史と「リーダーシップ」の理想を分析している。『哲学者と王―近代イングランドにおけるリーダーシップ教育―』（*Philosophers and Kings : Education for Leadership in Modern England*, Cambridge, Cambridge University Press, 1991）。中等テクニカル・スクールの展開と失敗については，『中等テクニカル・スクール―便利な過去？』（*The Secondary Technical School : A Usable Past?*, London, Falmer, 1989）を，労働者階級の中等教育の歴史，特にセカンダリー・モダン・スクールにおける歴史については，『普通の子どもを失敗させる？　労働者階級の中等教育の理論と実際』（*Failing the Ordinary Child? The Theory and Practice of Working-Class Secondary Education*, Buckingham, Open University Press, 1998）を参照するとよい。20世紀の中等教育に関する古典的な研究には，ハリー・ジャッジ

(Harry Judge) の著作『学校教育の時代』(*A Generation of Schooling*, Oxford, Oxford University Press, 1984) や，カザミアス (A. M. Kazamias) の著作，『イングランドの政治，社会，中等教育』(*Politics, Society and Secondary Education in England*, Philadelphia, University of Pennsylvania Press, 1966)，バンクス (O. Banks) の著作『イングランドの中等教育における均一性と特権』(*Parity and Prestige in English Secondary Education*, London, Routledge and Kegan Paul, 1955)，デント (H. Dent) の著作『すべての者に中等教育を』(*Secondary Education For All*, London, Routledge and Kegan Paul, 1949) などがある。これらの一般的な研究に加え，リース・エドワーズ (Reese Edwards) による中等テクニカル・スクール研究『中等テクニカル・スクール』(*The Secondary Technical School*, London, University of London Press, 1960) や，セカンダリー・モダン・スクールに関するウィリアム・テイラー (William Taylor) の研究『セカンダリー・モダン・スクール』(*The Secondary Modern School*, London, Faber and Faber, 1963) や，グラマー・スクールに関するフランシス・スティーヴンス (Frances Stevens) の研究『生きている伝統』(*The Living Tradition*, London, Hutchinson, 1960)，そしてパブリック・スクールに関するマック (E. C. Mack) の研究『1860年以降のパブリック・スクールとイギリスの考え』(*Public Schools and British Opinion since 1860*, New York, Columbia University Press, 1941) が挙げられる。1960年代以降の総合制学校の展開に関する専門的研究の中には，スティーヴン・ベル (Stephen Ball) の民族誌的研究『ビーチサイドの総合制学校』(*Beachside Comprehensive*, Cambridge, Cambridge University Press, 1981) が含まれる。また，アラン・カーックホフ他 (Alan Kerckhoff et al.) の著作『イングランドとウェールズで総合制学校に行くということ』(*Going Comprehensive in England and Wales*, London, Woburn Press, 1996) や，カロリーヌ・ベンとクライド・チティ (Caroline Benn and Clyde Chitty) による著作『30年後』(*Thirty Years On*, London, Penguin, 1997)，そしてリチャード・プリングとジェフリー・ワルフォード (Richard Pring and Geoffrey Walford) 編著『総合制の理想を肯定する』(*Affirming the Comprehensive Ideal*, London, Falmer,

1997）がある。

〈注記〉
　リーバヒューム・トラスト（Leverhulme Trust）の研究支援に感謝する。この章は，「シリル・ノーウッド卿の生涯と教育経歴」（The life and educational career of Sir Cyril Norwood, F118AU）および「教育と労働者階級」（Education and the working class, F118AB）の研究プロジェクトの一部に基づいているが，この両研究プロジェクトは，リーバヒューム・トラストによる支援を受けて行われたものである。

（ 1 ） この時期の中等教育に関する他の一般調査については，たとえば以下を参照のこと。R. Lowe, 'New perspectives on the evolution of secondary school education in the UK', in B. Moon, S. Brown and M. Ben-Peretz (eds.) *Routledge International Companion to Education*, London, Routledge, 2000, pp.642-52; B. Simon, *Education and the Social Order, 1940-1990*, London, Lawrence and Wishart, 1991; H. Judge, *A Generation of Schooling : English Secondary Schools since 1944*, Oxford, Oxford University Press, 1984; A. Kazamias, *Politics, Society and Secondary Education in England*, Philadelphia, University of Pennsylvania Press, 1966 ; O. Banks, *Parity and Prestige in English Secondary Education : A Study in Educational Sociology*, London, Routledge and Kegan Paul, 1955 ; H. Dent, *Secondary Education For All : Origins and Development in England*, London, Routledge and Kegan Paul, 1949.
（ 2 ） A. Adonis and S. Pollard, *A Class Act : The Myth of Britain's Classless Society*, London, Penguin, 1998, chapter 2 ; G. Walden, 'The school wall won't fall down', *The Independent*, 31 July 1995 ; G. Walden, *We Should Know Better : Solving The Education Crisis*, London, Fourth Estate, 1995 も参照のこと。
（ 3 ） N. Davies, 'Education-the great divide', *The Guardian*, 6 March 2000.
（ 4 ） A. Adonis and M. Bright, 'So you thought all schools were equal', *The Observer*, 1 February 1998.
（ 5 ） 'Brains, beaks and tailcoats', *The Independent*, 5 September 1995.
（ 6 ） J. Judd, 'School that was a lesson in failure', *The Independent*, 7 November 1996.
（ 7 ） たとえば，Maureen O'Connor, Elizabeth Hales, Jeffrey Davies and Sally Tomlinson, *Hackney Downs : The School That Dared To Fight*, London, Cassell, 1999 を参照のこと。

(8)　たとえば, M. Narayan, 'Schools of shame', *The Observer*, 3 March 1996 ; D. Blunkett, 'Damaging youngsters', *The Guardian*, 13 July 2000 を参照のこと。
(9)　たとえば, C. Hymas and F. Nelson, 'Life at the bottom', *The Sunday Times*, 22 November 1992 ; 'Reprieved school heads A-level table', *The Independent*, 18 August 1995 を参照のこと。
(10)　'Comprehensively catastrophic', *Times Educational Supplement*, 12 January 2001. Melanie Phillips, *All Must Have Prizes*, London, Warner Books, 1996 も参照のこと。
(11)　'Tomlinson to kick off with good news', *Times Educational Supplement*, 19 January 2001.
(12)　19世紀イングランドにおける中等教育の展開に関する議論はすべて, John Roach による 2 巻にわたる研究, *A History of Secondary Education in England, 1800-1870*, London, Longman, 1986 と *Secondary Education in England 1870-1902 : Public Activity and Private Enterprise*, London, Routledge, 1991 を参照のこと。
(13)　Royal Commission on Secondary Education, *Report of the Commissioners* (Bryce Report), London, HMSO, 1895, vol.1, p.xxvi.
(14)　同書, p.1.
(15)　同書, p.2.
(16)　同書, p.136.
(17)　同書.
(18)　同書, p.257.
(19)　David Reeder, 'The reconstruction of secondary education in England, 1869-1920', in D. Muller, F. Ringer and B. Simon (eds.) *The Rise of the Educational System*, Cambridge, Cambridge University Press, 1987, p.150. さらに詳細な展開については, N. Daglish, *Education Policy-Making In England and Wales : The Crucible Years, 1895-1911*, London, Woburn Press, 1996 を参照のこと。
(20)　Board of Education, Prefatory memorandum to the Regulations for Secondary Schools, 1904 [Cd.2128].
(21)　B. Simon, *Education and the Labour Movement, 1870-1920*, London, Lawrence and Wishart, 1974, 特に p.246 を参照のこと。
(22)　M. Vlaeminke, *The Higher Grade Schools : A Lost Opportunity?*, London, Woburn Press, 2000.
(23)　W. B. Stephens, *Education in Britain 1750-1914*, London, Macmillan, 1998, p.104.
(24)　B. Simon, *Education and the Labour Movement, 1870-1920*, London, Law-

(25) J. H. Brittain to Albert Mansbridge, 28 April 1907 (Mansbridge papers, British Library Add. Mss. 65346).
(26) Labour Party, *Secondary Education For All : A Policy For Labour*, London, Labour Party, 1922, p.7.
(27) 同書, p.11.
(28) 同書, p.29.
(29) Board of Education, *Report of the Consultative Committee on the Education of the Adolescent* (Hadow Report), London, HMSO, 1926, p.xxi.
(30) 同書, pp.xxi-xxii.
(31) 同書, p.xxii.
(32) 同書, p.xxiii.
(33) Cyril Norwood, memo, The School Certificate (n.d.; January 1928?) (Board of Education papers, Public Record Office, ED.12/255). また、たとえば、C. Norwood and A. Hope (eds.) *The Higher Education of Boys in England*, London, John Murray, 1909 ; and C. Norwood, *The English Tradition of Education*, London, John Murray, 1929 も参照のこと。
(34) M. Sadler, *The Outlook in Secondary Education*, New York, Teachers College, Columbia University, 1930, pp.8, 16.
(35) Board of Education, *Secondary Education With Special Reference To Grammar Schools And Technical High Schools* (Spens Report), London, HMSO, 1938, p.293.
(36) 同書, p.314.
(37) G. McCulloch, 'The power of three : "parity of esteem" and the social history of tripartism', in E. Jenkins (ed.) *Studies in the History of Education*, Leeds, University of Leeds Press, 1995, pp.113-32 を参照のこと。
(38) R. H. Tawney to F. Clarke, 30 September 1940 (Tawney papers, Institute of Education, London).
(39) Board of Education, *Educational Reconstruction*, [Cmd. 6458], London, HMSO, 1942, para.2.
(40) 同書, para. 27.
(41) 同書, para. 28.
(42) Board of Education, *Curriculum and Examinations in Secondary Schools* (Norwood Report), London, HMSO, 1943, p.2.
(43) 同書, pp.2-4.
(44) 同書, p.24.
(45) G. McCulloch, *Philosophers and Kings : Education for Leadership in Modern*

　　　　England, Cambridge, Cambridge University Press, 1991, 特に第2 - 第3章を参照のこと。
(46) たとえば，T. C. Worsley, *Barbarians and Philistines : Democracy and the Public Schools*, London, Robert Hale Ltd, 1940 と T. C. Worsley, *The End Of The 'Old School Tie'*, London, Secker and Warburg, 1941 を，また，E. C. Mack, *Public Schools and British Opinion since 1860 : The Relationship between Contemporary Ideas and the Evolution of an English Institution*, New York, Columbia University Press, 1941 を参照のこと。
(47) Education Act, 1944, Section 8 (1)(b).
(48) Ministry of Education, *The New Secondary Education*, London, HMSO, 1947, p.8.
(49) 同書, p.7.
(50) R. H. Charles, memorandum, 12 September 1945 (Ministry of Education papers, Public Record Office, ED. 146/13).
(51) Ministry of Education, *School and Life*, London, HMSO, 1947. また G. McCulloch, *Failing the Ordinary Child? The Theory and Practice of Working Class Secondary Education*, Buckingham, Open University Press, 1998, pp.66-71. を参照のこと。
(52) Incorporated Association of Head Masters, *The Threat to the Grammar Schools*, London, IAHM, 1946.
(53) E. James, *Education and Leadership*, London, George Harrap and Co., 1951.
(54) M. Young, *The Rise of the Meritocracy, 1870-2033 : An Essay on Education and Equality*, Harmondsworth, Penguin, 1958. また G. McCulloch, *Philosophers and Kings : Education for Leadership in Modern England*, Cambridge, Cambridge University Press, 1991, 第5章を参照のこと。
(55) H. Rée, *The Essential Grammar School*, London, Harrap, 1956, p.84. また F. Stevens, *The Living Tradition : The Social and Educational Assumptions of the Grammar School*, London, Hutchinson, 1960. を参照のこと。
(56) T. R. Weaver, note, 'Secondary technical schools', 14 January 1955 (Ministry of Education papers, Public Record Office, ED.147/207).
(57) G. McCulloch, *The Secondary Technical School : A Usable Past?*, London, Falmer, 1989, 特に第4章を参照のこと。また，R. Edwards, *The Secondary Technical School*, London, University of London Press, 1960.
(58) Ministry of Education, *15 to 18* (Crowther Report), London, HMSO, p.391.
(59) M. P. Carter, *Home, School and Work*, Oxford, Pergamon Press, 1962, p.4.
(60) J. B. Mays, *Education and the Urban Child*, Liverpool, Liverpool University Press, 1962, pp.155-6.

(61) 中等モダン・スクールの詳細については，G. McCulloch, *Failing the Ordinary Child? The Theory and Practice of Working Class Secondary Education*, Buckingham, Open University Press, 1998 ; W. Taylor, *The Secondary Modern School*, London, Faber and Faber, 1963 ; H. Dent, *Secondary Modern Schools : An Interim Report*, London, Routledge and Kegan Paul, 1958 を参照のこと。

(62) Sir David Eccles to Sir Anthony Eden, 14 April 1955 (Ministry of Education papers, Public Record Office, ED.136/861).

(63) Ministry of Education, *Half our Future* (Newsom Report), London, HMSO, 1963.

(64) Department of Education and Science, 'The organization of secondary education', (Circular 10/65), 12 July 1965. また，McCulloch, 前掲書, 1998, 第9章も参照のこと。

(65) McCulloch, 前掲書, 1998, p.1.

(66) たとえば，B. Simon, 'The politics of comprehensive reorganization : a retrospective analysis', *History of Education*, 1992, vol.21, no.4, pp.355-62 を参照のこと。

(67) Public Schools Commission, *First Report* (Newsom Report), London, HMSO, 1968.

(68) C. Benn and B. Simon, *Half Way There*, Harmondsworth, Penguin, 2nd edn, 1972, p.101.

(69) C. Benn and C. Chitty, *Thirty Years On : Is Comprehensive Education Alive and Well or Struggling to Survive?*, London, Penguin, 1997.

(70) *Hansard*, House of Commons, 27 November 1965, col.1781.

(71) Miss W. Harte, 'Comments on Secretary of State's draft paper on comprehensive education dated 29.12.64 (Department of Education and Science papers, Public Record Office, ED.147/827A).

(72) A. Kerckhoff, K. Fogelman, D. Crook, and D. Reeder, *Going Comprehensive in England and Wales : A Study of Uneven Change*, London, Woburn Press, 1996, p.210.

(73) I. Goodson, *The Making of Curriculum*, London, Falmer, 2nd edn, 1992, pp.140-1.

(74) S. Ball, *Beachside Comprehensive*, Cambridge, Cambridge University Press, 1981, p.34.

(75) 'What the PM said', *Times Educational Supplement*, 22 October 1976.

(76) J. R. G. Tomlinson, Chairman's Address, Schools Council Convocation, Wembley Conference Centre, report of 1st meeting, 14 November 1978 (Schools

Council papers, Public Record Office, EJ13/4).
(77) たとえば，G. McCulloch, 'History and policy : the politics of the TVEI', in D. Gleeson (ed.) *TVEI and Secondary Education*, Milton Keynes, Open University Press, 1987, pp.13-37 を参照のこと。
(78) G. McCulloch, 'City technology colleges : and old choice of school?', *British Jounal of Educational Studies*, 1989, vol.37, no.1, pp.30-43.
(79) Department for Education, *Choice and Diversity : A New Framework for Schools* [Cm.2021], London, HMSO, 1992.
(80) 'Schools have failed says Blunkett : Labour to rewrite its comprehensive policy', *The Independent*, 28 February 1996.
(81) たとえば，R. Pring and G. Walford (eds.) *Affirming the Comprehensive Ideal*, London, Falmer, 1997 を参照のこと。
(82) T. Blair, 'Don't give idealism a bad name', *Times Educational Supplement*, 14 June 1996.
(83) '"Go grammar" lure for schools', *The Independent*, 14 April 1997.
(84) Department for Education and Employment, *Building on Success*, London, The Stationery Office, 2001 ; 'Are you a bog-standard secondary?' *Times Educational Supplement*, 16 February 2001.

第3章 高等教育

ロイ・ロウ（Roy Lowe）
山内 乾史 訳

2000年の状況

　一般的に高等教育は，大学あるいは高等教育カレッジのいずれかにおいて，あるいはその支援を受けて行われる教育であると理解されており，どのような年齢であれ，中等教育修了資格（General Certificate of Education = GCE）（現在は中等教育修了一般資格 General Certificate of Secondary Education = GCSE）の上級レベル＝Aレベル（Advanced level）を超えて学ぼうとする学生を取り込んでいる。20世紀末の時点で，連合王国には114の大学がある―もし，連合体的機関（ロンドン大学とウエールズ大学）の個々のカレッジを別べつに数えるならば―。これらの大学は枢密院（Privy Council）によって学位授与権を与えられている。現在では，これら諸機関の教育水準を保証するために高等教育質保証機構（Quality Assurance Agency = QAA）が利用されている。大学と並列して，その規模，機能，歴史においてあまりにも多様な高等教育カレッジが存在する。これらは，地方教育当局（Local Education Authority = LEA）によって創設されその統制下におかれていたのだが，1988年教育改革法によって独立させられ，これらのカレッジはすべて自治を享受している。同じ高等教育段階内で大学とカレッジとを分かつ鍵となるものは，大学には独自の学位授与権が与えられているのに対して，高等教育カレッジには大学かあるいは他の認証団体かによって認証された学位・資格を有することが義務づけられている点にある。

　連合王国における高等教育の規模は，国家経済における重要な要素を構成す

るほどのものである。人口の約3人に1人が，18歳以降にフル・タイムの高等教育を求めて進学している。ほとんどの学生が学校かシックスズ・フォーム・カレッジから直接に（あるいは最近ますます増えているのだが，「ギャップ」イヤーを経た後で間接に）大学へ進学しているが，キャリア転換を容易にすべく大学やカレッジを用いる成人学生が高等教育の世界の中で数を増やしている。多様な高等教育機関が，総計で約12万人のアカデミック・スタッフを雇用している。連合王国における高等教育の総収入は，年120億ポンドであり，この3分の2は連合王国政府か欧州連合かのいずれかから入ってくる。権限移譲の結果，イングランド，北アイルランド，スコットランド，ウエールズには，それぞれ別々の基金団体があるということになっている。これらの高等教育財政審議会（Higher Education Funding Councils = HEFC）は，それぞれの国でかなり異なる文脈で作動している。その結果，21世紀最初の時点において，各フル・タイム学生の基金リソースの単位が各国で大きく異なるということになった。2000学年度では，中央政府からイングランドの各大学に与えられる学生一人あたり支援金は年5,360ポンドである。ウエールズでは5,138ポンド，スコットランドでは6,744ポンドである。この不平等の源は，各国での支出パターンの歴史的差違にあり，また1978年に導入されたバーネット公式にある[1]。これらのかなりの差違を「除去する」ための最近数年間の試みは，現在までのところ失敗している。実際に，2000年にイングランドとウエールズでそれぞれに課せられた資金削減は，これらの差違を拡大しているようである。1998〜1999学年度以降，イングランドとウエールズでフル・タイムの高等教育課程で学ぶすべての欧州連合居住者は年1,000ポンドも課程の経費を払わねばならなくなった。しかしながら，スコットランド学生援護会による支援を受けた，スコットランド議会による強固な支持のため，スコットランドではこのような額は支払い不可能であるという結論に至った。したがって，スコットランドと連合王国の他の地域間の財政的不均衡が強調されることとなった。家庭により近いところで学ぶことを選ぶ学生の数が増大したため，この「なみなみとつがれた」授業料のインパクトは学生リクルートのパターンをもゆがめ

たことになる。地方大学の存在がその地方の経済と雇用パターンに大きなインパクトをもつこれらの諸地方では、このことはとりわけ経済的に重要な意味をもっている。

　大多数の学生が，高等教育において第一学位コース，そして学士学位スキームから全国高等ディプロマ（Higher National Diploma），全国高等サーティフィケート（Higher National Certificate）にいたるさまざまな学位取得を目指す。そのうちのいくつかは3年の典型的な学士課程よりも短い期間で修了することができる。ますます英国の大学はセメスター制へと切り替え，規格化したコースを提供する方向に向かっている。このことによって英国の大学は，欧州大陸での展開と協調するようになり，かつてよりもずっと機関間の学生移動がしやすくなる。同時に，3時間にわたるその場限りの試験用紙による「つじつまを合わせる」評価から継続的な評価への移行によって，学士課程のコース化へと向かっている途上であるが，抵抗もあるし，十分に実行されているとはいえない面を残している。高等教育内で利用できる大学院課程についても，あまりにも多様である。そのうちのあるものは，教育学大学院サーティフィケート（Post-Graduate Certificate in Education = PGCE）のような職業志向の強い学位・資格を出しているが，多くの学生は修士学位（そのうちいくつかは本質的には職業的なものでもある）取得へ向けて始動し，博士学位取得へ向けての数年間にわたる集中的な個々の調査・研究をする必要があるという伝統がまだそのまま無傷で残っている。1997年デアリング報告において推奨されたものの一つから登場してきた高等教育質保証機構（QAA）は，高等教育内部における教育活動のあらゆる側面の監督機能をますます強めている[2]。

　英国における大学は長年研究にコミットしてきたのだし，いまもって自らを研究機関と考えている。英国の大学における研究を支援するために利用可能な全資金は，年あたり25億ポンド近くにもなる。しかし，それは公平に配分されているわけではない。いわゆる大学の「ラッセル」グループ（ロンドンのラッセル・ホテルで開かれた予備的な会合にちなんでそう呼ばれている）は，研究に最も強くコミットしている大学であることを主張した。このことが，彼らが受け

取る不釣り合いな資金量に反映されているのである。この資金の多くは6つの研究評議会によって個々の機関と個別のプロジェクトに配分される。6つの評議会とは生物工学 (biotechnology)・生命科学評議会，工学・物理学研究評議会，経済社会研究評議会，医学研究評議会，自然環境研究評議会，素粒子物理学・天文学研究評議会である。1998年に設立された新たな芸術・人文学研究委員会もこれに加わった。この委員会は芸術・人文学のテーマについて同様の役割を果たすのである。さらに，大学に隣接した50以上もの連合王国のサイエンス・パークがあり，ここでは，高等教育機関と地域産業との間にコラボレーションが起きている。これらには1,300以上の小企業が含まれるし，25,000人以上の人が雇われている。この，高等教育機関内部での研究の質は5年ごとの研究評価の実施によってモニターされ，大学研究評価委員会 (Research Assessment Exercise = RAE) の70の専門テーマ委員会によってなされる判定が，これらの政府特殊法人によって提供される資金と支援のパターンに影響を及ぼすように用いられるのである。

さらに，1999年に設立された高等教育学習＝教授機構 (the Institute for Learning and Teaching) が，学校教員によって享受されている「質の高い教員」という地位に類似した，高等教育内部の教員認証パターンを確立しようとした。高等教育内部のこの組織にはさまざまな抵抗があった。この組織が生き残り繁栄するか，初期段階で滅びるかという問題は未解決のまま残っているようだ。高等教育内部の戦略的計画立案に責任を負う数多くの審議会 (agency) があるが，おそらくそれらのうちもっとも重要なものは，大学学長委員会 (Committee of Vice-Chancellors and Principals = CVCP) であった。この委員会は2000年の12月に「University UK」という称号に変わった[3]。

1900年の状況

おそらく，1900年の状況と2000年の状況との間のもっとも大きな類似点は，いずれの時点においても連合王国の高等教育が劇的な拡大の途上にあったことである。他のほとんどすべての点では，状況においてほとんど対照できるもの

はない。1900年の大学については，数がずっと少なく，小規模で，20世紀中に変化したその役割に関してかなり異なる。イングランドでは，1900年以前に存在していたのはオックスフォード大学，ケンブリッジ大学，ダラム大学，ロンドン大学しかなかった。スコットランドでは，アバディーン大学，エディンバラ大学，グラスゴー大学，セント・アンドリュース大学が300年以上にわたって他に頼ることなく大学として存在していた。1881年に設立されたダンディーの小規模なユニバーシティ・カレッジはセント・アンドリュース大学に附属し，また，グラスゴーに一つ，エディンバラに一つ，計2つの小さな工科大学の原型が存在した。グラスゴーのアンダーソン校は1976年に設立され，1828年以降はアンダーソン大学として知られるようになる。エディンバラのワット校は19世紀中に設立され，1890年以降はエディンバラ技芸学校として知られるようになる。ウエールズでは，20世紀になるまでに連合大学がその近代的な形態を整えた。ユニバーシティ・カレッジはアバリィストゥイス (1872)，バンガー (1884)，カーディフ (1883) にすでに存在したが，1892年に大学はカーディフで学籍簿をもつようになり，学位授与権を認められた。スコットランド同様に，1866年には工科大学の原型がすでに存在した。1890年以降，テクニカル・スクールとして知られるカーディフ技芸学校である。このことは別としても，特にイングランド中には（スコットランドとウエールズで知られていないわけではなかったが），数多くの地域の工具教習所（Mechanics Institutions）があり，これらは教育の効率性という点では多様であった。また，かなりの数の大学のエクステンション・センターがあり，認証された大学から派遣されたチューターが，高等教育への他のアクセス手段をもたない学生たち相手に夜間講義をしていた。

　これらの諸機関はすべて19世紀後半に拡大を経験したが，今日の基準でみれば微小なものにとどまっていた。たとえばオックスフォード大学とケンブリッジ大学では，それぞれ，1900年の時点では約3,000人の学生を教えていた。同時期に，ロンドン大学は1,000人以下，ダラム大学は250人だった[4]。19世紀後半にイングランドの産業都市のいくつかに登場したユニバーシティ・カ

レッジは,もっと大きな規模の学生を在学させていたが,これらの学生の大多数はパート・タイムで,学位授与レベルの教育を受けている者はほとんどいなかった。たとえば,バーミンガムのメイソン・カレッジは1892年の時点で,わずか700人の学生のうち14名がロンドン大学の学位を授与されたに過ぎないのだが,これと同じパターンが各地で観察されたのである。興味深いことに,比較的低いステイタスなのだけれども,これらの地方カレッジは設立当初から女子学生に門戸を開いていた。1901年に,バーミンガムでは,男子学生よりも多くの女子学生が登録されていた(男子学生368名に対して女子学生381名)。これは例外的ではあるのだが,他のユニバーシティ・カレッジもまたこの時期に無視できない数の女子学生を有していた。

　この状況において,20世紀の鍵となる重要な問題 (issues) のいくつかの種がすでに芽を出している。既存の大学は,20世紀の初めの時点では,古典教育を圧倒的に優越させることにひどく執着していた。それに対して新しく参入した諸機関はすべて,時代に合った新しい知識のさまざまなバージョンを教えることを基盤にして設立された。石油化学産業,電気産業,工学系の産業を含む,第二の産業革命によって,かつての産業界よりもずっと,より高度な訓練を受けた労働力が必要とされるようになった。そして,英国のあちこちに登場したユニバーシティ・カレッジと技術教育機関は適切な訓練を行い始めた。一方では,主たる専門職と,それよりはより少ない程度にこれらの新たな諸産業の管理職とがすべて,大学の守備範囲内に組み込まれてきたが,それでも古典教育の優越性は維持された。19世紀の終わりまでには,上級公務員とほとんどの主要な専門職が,伝統的大学 (ancient universities) の,名声を長きにわたって保っている学部からリクルートされた[5]。このことによって,20世紀をとおして感じられる,高等教育内部の二重の緊張が生じた。第一に,特定の教科,特定のカリキュラム経路が,より強力な専門職的地位のいくつかへの道筋と考えられるようになり,したがって,知識のハイアラーキーに対する認知が発達し,20世紀の最初にははっきりしたものとなった。これと並んで,この時にあった緊張とは,高等教育が拡大していく経済の中で特定の地位に雇用される

ために訓練と特別なスキルを提供したりするなど，どの程度職業的であるべきか，また他方，学問そのものあるいは，分析と推論の転移可能なスキル——一般教育から導き出されると主張する人もいる——をどの程度追い求めるべきかという問題に帰着する[6]。

　世紀の初めまでにすでに明らかになった第二の主要な問題は，この拡大する高等教育システムが女性にどの程度機会を提供するのかということである[7]。世紀の変わり目の前にオックスフォード大学とケンブリッジ大学には女性カレッジが登場した。この登場は，新たな市民ユニバーシティ・カレッジ（new civic university colleges）に女子学生の大群が登場したのと軌を一にしているが，高等教育は，それによって20世紀の社会的，経済的，政治的生活に十分に参加するために女性が真の機会を与えられるような機関であるべきという示唆と受け取ることができるだろう。反対に，高等教育を通じたより威信の高い地位への経路を男性が独占する傾向は続いており，大学自身が重要な要因の一つ——それによって，「ガラスの天井」（glass ceiling）が20世紀を通じて強力なものであり続ける——になるに違いないことをそれは示唆しているだろう。

　最後に，1900年と2000年の間に，少数のエリート高等教育から「マルチバーシティ」（multiversity）へ，マス高等教育システムへのシフトをわれわれは描くので，20世紀を通して，高度に階層化した社会，鋭い社会階級意識などの諸要素のどれが高等教育の効果に帰属させることができるのかを問うことは重要である[8]。20世紀末においては，貧困はいまだに排除されてはいない。社会階級間，男女間にかなりの不均衡が残っているのだ。英国の地域間格差は，1900年の状況と比べて，より大きくなったということではないにせよ，大きいままである。健康，生活への期待，ライフスタイルの格差は持続している。われらが発展しつつある高等教育システムが，これらの慢性的諸問題にどれぐらい焦点を当てるのに役立ったのか，また，さまざまな方法でそれをどれぐらい維持したのか？　これらが，20世紀間の高等教育の発展に対するこの説明の中核にある興味深い問題である。

変動と連続性

1900年と1939年の間に起きた高等教育の大きな拡大は，大部分，新たな大学が参入したことの結果であった。新たな大学が，枢密院によってすでに認められていた大学のリストに加えられて，これら新しい大学でも既存の大学でも新たな教科が教授された。さらに，セクター全体としての成長を監督する（最終的には計画立案もする）審議会がこの時代に初めて登場した。

最も劇的な参入の兆候は，ユニバーシティ・カレッジの昇格であった。第一次世界大戦勃発までには，バーミンガム大学（1900年），リバプール大学（1903年），マンチェスター大学（1903年），リーズ大学（1904年），シェフィールド大学（1905年），ブリストル大学（1909年）がすべて，れっきとした大学（いわゆる「赤レンガ大学」(the Redbricks)）になった。また，新たなユニバーシティ・カレッジがニューキャッスル，レディング，サウスハンプトンで認可されていた[9]。これらの諸機関は結局のところ，直ちに変容を迫られることとなった。これらの機関は規模において成長した。すなわち，これらの機関は，フル・タイムの学生が増加すると同時に学位レベルのコースへとシフトしたのである。皮肉なことに地域の雇用を供給するというもともとの目的は，可能な限り「適切な」大学のように見えるものの一つになることへと，いつのまにか移り変わっていたので，それぞれの場合において，大学という地位を獲得することは，教養学部が迅速に拡大することを意味した。教養学部は，かなりの女性の参加を可能にし，これら諸機関の一つの重要な機能が地域の教員教育センターとして—特に急激に増大していた中等学校の—活動することを保証した。これらの機関では3年間の学士課程のあと，教育学科での1年の教員訓練があった。

一方では，地域レベルでの技術教育に対する需要が続いており，それは，これらの新しい大学の応用科学部の拡大によってのみではなく，新しい地方教育当局（LEA）による技術カレッジの創設によっても満たされた。これらの技術カレッジにおいては，さまざまな手工業と商売に対する，一種の補助的な徒弟制として夜間労働（evening work）が，新しい大学がこの種の人材供給から撤

退したちょうどそのときも続いていた。これらの技術カレッジがますます学問的な方向へと野心を燃やすようになることを可能にしたものは，ロンドン大学・学外学位の存在であった。これは学位授与審議会（CNAA）に先立ち，連合王国で断然最大の学位授与団体になっていた。それらは，また学生数の増加に対する「安全弁」ともなった。それらは，大学が満たすことができない，あるいは満たすことができないであろう需要を吸収しながら，さまざまな種類の職業学位スキームを開始した。このようにして，システムの拡大のこの特別な側面によって，学問的ハイアラーキーが当初から組み込まれることが可能になり，20世紀の大半を支えることができるようになったのである。システムの計画化に含まれるこれらのものは，これらのハイアラーキーをよく自覚するようになり，それらを維持することに反対ではなかった。たとえば，戦後の拡大パターンを計画した数多くの文書の一つである，1945年の高等工業教育に関するパーシー報告では，「研究と開発の双方に関わる科学者の訓練に関しては，産業界は主に大学に目を向けている。技術助手と職工に関しては，主に技術カレッジに注目しなければならない」。このようにしてファスト・トラックの高等教育がファスト・トラックの雇用に結び付くこととなったのである。このことは，階層化した雇用市場の仲介者として20世紀の間，大学がとても重要な役割を占めるようになるにつれて，かなり広範に当てはまることとなった。

　1939年までにはフル・タイムの中等後教育に50,000人の学生が在籍することになったのだが，この高等教育の拡大はかなりの犠牲を払うことになった。中央政府による連合王国の高等教育への資金提供は，1889年に財務省による大学とユニバーシティ・カレッジへの毎年の補助金が導入されたことをもって開始された。補助金助言委員会（An Advisory Committee on Grants）は，この大きくなる重荷を管理執行するために，1906年に設立された。これは大学補助金委員会（University Grants Committee = UGC）の前身である。大学補助金委員会は1919年に設立され，半世紀にわたって，いまでは誰もほとんど記憶していない5年ごとの計画という，贅沢なゆとりを大学に与えていた。

　政府の教育当局と地方教育当局の気前良さによって，不況の影響はあったけ

れども，戦間期のさらなる堅実な拡大が可能になった。エクセター，ハル，レスターはユニバーシティ・カレッジとして認識され，比較的繁栄していたエドワード期の場合よりもずっと緩やかではあったが，学生数はとどまることなく伸び続けた。しかし，それは第二次世界大戦の余波であった。第二次世界大戦は，大学の本質とカリキュラムに関する，また高等教育システムの構造についての自己分析を助長したのである。これは，公的生活のあらゆる側面において計画がその場にふさわしいものであった，歴史的瞬間でもあった。1946年には重要なことに，UGCの委任事項が「補助金の適用について政府に助言すること」を認めるよう拡大された。このようにして，戦後期の拡大パターンが偶然の産物ではなく，計画されたものとなった。1944年教育法において中等教育が普遍化の方向へ向かい，1950年代に経済発展を成し遂げたので，ますます多くの人がフル・タイムの高等教育を希望できるようになった。成果は，ほとんど革命ともいうべきもので，本質的に非常に多彩であるので，意味のある歴史的判定を下すにはまだ早すぎるかもしれない（このように熟慮しても，数多くの時事問題解説者を思いとどまらせることはないだろうし，また現代の作家が着手するのを遅らせることもないであろう）。

　パーシー報告に続いて，科学マンパワーに関する1946年のバロー報告は，大学の役割におけるある実験と同様，重大な拡大を予見した。バロー報告は，2〜3の技術カレッジを「主要な大学機関」へと発展させようとするパーシー報告の要求を繰り返し，博士課程の研究レベルへと学生を導くことができる技術インスティテュートを求め続けた。このほとんど革命的な提案は，大学の目的と方法に関する大きな議論を引き起こし，同時にウォルター・モバリー（Walter Moberly）の『大学の危機』（1949）で最高潮に達することになるのだが，ほとんど予言的であったことがのちに判明した。

　要するに，第二次世界大戦後に実際に起こったことは，次の通りである。すなわち，大学増設に対する要求が予期せぬほど継続的で着実に増大していったことによって，第一にはもう一つ別の拡大，すなわち，いくつかの既存の機関の拡大を，第二には新たな設置を求める一連の要求を，第三には他の既存の機

関のさらなる昇格を求める一連の要求を推し進めたということである[10]。既存大学では，地域カレッジよりも，学生に対する地方当局（local authority）の管理補助金を利用できる範囲が拡大すること，通学区域が拡大すること，したがって，自律的に初めて国立機関になるということから利益を得ていた。同時に，それらの機関は着実に拡大し続けた。一つの興味深い点は，これらの市民大学（civic university）がオックスブリッジ・モデルという大学機関としての理想を完全に忘れることはなく，大学寮の拡大を支援するよう1950年代と1960年代の財務省に多大なプレッシャーをかけ，その結果，大学は個人指導の機能を発揮し続けることができたということである。これは，なぜ30の大学と40,000人の学生というアメリカ・モデルが，成長し続ける需要に対処する方法として英国で真剣に考慮されることがなかったのかを説明するのに役立つだろう。また，なぜ，実にさまざまな種類の高等教育機関の新設が，戦後かなり早い時点で必要であることがはっきりしたのかをも説明する。

　この危機への最初の反応は，新たな大学運動であった。1960年代初頭までに，キール，サセックス，イースト・アングリア，ランカスター，ウォーリック，ヨーク，ケント，エセックス，スターリングの各大学が，学習地図の全面的改訂に関わり設置された—ひとまとめにすると，シェークスピア劇の公爵役の配役リストのように聞こえるという事実が，ほとんど革命を思い起こさせるようなものではなく，作動中の価値システムを裏切るにもかかわらず—。各大学は，高等教育の過度な専門化に関する議論に反応しようとした。これらの議論においては，これまで取り組まれることのなかった教科のコンビネーションと，場合によっては，個別学問の境界を崩すことを含む新しいカリキュラム配当のことに，戦後年間多くの善良な心を夢中にした。開拓者的なキール大学が設立されてからほぼ50年間にわたって生き残ってきたという事実は，どの程度，これらの新しい機関が大学での学習にたいする一般の理解に不可逆的な大きな変化を示したかを反映している。同時に，この結果として来るべくして来た終焉は，これらの革新が結局のところ，過去から続く学問的同調性のしがらみにどれほど影響を受けやすいかを例示しているのだ。しかし，いかなる尺度

によっても，これらの「板ガラス」(plate glass) 大学は，高等教育収容能力の戦後の拡大を促進したのである。これもまた，需要を満足させるのに十分なものはほとんどどこにもないということがすぐに明らかになった。大都市中心部の過剰な需要を吸収するために，技術カレッジはロンドン大学の学外試験をますます用いるようになった。復員した退役軍人が利用できるより一層の教育と訓練への補助金が，これに対する一つの触媒となった。これらの地方カレッジ—ほとんど地方教育当局によって助成されている—は，中央政府によって助成された大学よりも，学生の需要における素早い変化により適応しやすいことがわかるにつれて，その結果，数は拡大し，学位レベルの研究へ向けてのシフトも進んだ。このほとんど偶発的なプロセスは，異なるバージョンの高等教育を提供する，2つの競合し差異化するセクターをもつ「バイナリー・システム」とほどなく名付けられることになるものの起源となった。1956年に，当時の政府は技術教育に関する白書でこのことを認識しはじめていた。その白書においては，上級技術カレッジ (Colleges of Advanced Technology = CATs) という名称で技術カレッジを認証していた。また，当時，工学学位授与審議会 (National Council for Technological Awards = NCTA) が設立され，工学の学位を授与する権限をもっていたが，それはこれらの機関における学位ではない。

　1963年のロビンス報告によって予期されたように，この状況に対する，より長期にわたる政府の反応は，振り返れば，正確に測定された戦略的計画をたててもいたが，同様にパニックを起こしがちでもあった。そこで起きてきたものは3倍化戦略であった。より高度に訓練された労働力への産業界の需要は，「ロビンス原則」によって満たされた。その原則とは，高等教育に進学する資格があり，進学することを望む18歳の者ならだれでも，機会を与えられるべきであるというものである。ジーン・フラウド (Jean Floud) とフェビアン協会 (Fabian Society) によってロビンス委員会に提出された根拠とこれは一致する。戦後すでに拡大が起こっていたにもかかわらず，まだ「未開拓な能力」の広大なプールが残っているということをロビンス委員会は示唆していたのである。この拡大は，2つの方法で促進されることになった。第一には，利用可能

な高等教育機関の種類をより一層増加させること，第二は学位授与審議会（CNAA）という新たな学位授与団体が非大学機関でなされた教育を認証することであった[11]。これはNCTAに代わって，ディプロマと同様学位を授与することができるという事実によって，高等教育機関が正当な認証を受けて学外コースを提供することを可能にした。さらにロビンス委員会は，予言的に，高等教育全体の発展を監督する唯一の拡大補助金委員会を要求した。これは，UGCにとって代わるものである。UGCの命令は大学よりもさらに効力をもたない。ロビンス報告は近代イギリスにおける高等教育システムの発展を調整しようとする最初の試みとして述べられてきたし，そういうものとして戦後計画の最高水位標を表している[12]。

　ロビンス報告に反応し，「熱烈な（white hot）技術革命」という選挙公約を果たすために，ハロルド・ウイルソン（Harold Wilson）労働党政権は，アストン，バース，ブラッドフォード，ブルネル，ヘリオット＝ワット，ラフバラ，サルフォード，ストラスクライドにある新設カレッジのいくつかを工科大学に昇格させた。同時に，カーディフ，エディンバラ，マンチェスターにおいて科学・工学インスティテュートが承認された。トビー・ウイーバー（Toby Weaver）のようなある種の公務員は，この大学の本質についての「事実上の」再定義を試みた。彼は，国庫に対して不吉な影響をもつ可能性のある大学セクターがほとんど無制限に拡大する見込みであることに抵抗した。最近，教育大臣に任命されたトニー・クロスランド（Tony Crosland）は1965年4月25日に，より一層の成長に向けて新たなテンプレートとして「バイナリー政策」を表明するために，賢明にも声の届く範囲内のジャーナリストたちをともなって，ウーリッチへと派遣された[13]。これからは，ポリテクニクとして既存の工科カレッジを発展させることによって，拡大は成し遂げられるはずであった。1966年5月に，約30のポリテクニクを指定することによって，白書はこの政策の輪郭をはっきりさせた。これらは1970年秋に作動し始めた。そして，少なくともしばらくの間，中央政府よりもむしろ，地域の納税者たちを犠牲にして，低めの国民一人当たり設立レートで進行した。このような経済的な急場をうけて

高度な政治原則は確立されたのである。

　これらのポリテクニクに関する特に興味深いことは，世紀の初めに市民大学内で起きた過程を，ポリテクニクが機能し始めるや否やほどなく再現しはじめたという事実である。エドワード期の市民大学が工学教育に集中する意図をもって設立されたのに，奇妙にもまもなくオックスフォード大学やケンブリッジ大学のようになってきたのとちょうど同じように，急速に芸術・人文系学部が拡大するにつれて，拡大への道は，まだ既存の大学を苦しめている芸術・人文学コースへの過大な需要を払拭することであるとポリテクニクが1970年代に発見したのである。1971年9月に刊行された『ロンドン・タイムズ紙　高等教育版』(*Times Higher Education Supplement*) の初版によると，その秋に連合王国中で，工学教育の1,962人の定員に対して総計1,240人の志願者がおり，理学教育の3,571人の定員に対しては2,700人の志願者がいた。しかし，その一方で，芸術・人文学，社会科学の2,200人の定員に対しては1万人を超える志願者がいたのだ。新設のポリテクニクの校長たちはこの利権を嗅ぎ取り(read this pieces)，舌なめずりしたに違いない。

　1960年代の高等教育に対する過大な需要を吸収するさらなる努力の一つは，オープン・ユニバーシティの設立であった。これはジェニー・リー (Jennie Lee) の独創的な産物であり，1969年に国王による設立勅許状 (ロイヤル・チャーター) を受けて，1971年に最初の学生を入学させた。瞬く間に最も重要な学位授与団体の一つになり，1980年までには6万人を超える学生を擁するようになった。

　したがって，1960年代は主に，高等教育政策の展開は「バッカリズム[14] (Butskellism：対立する政党が似たような政策を掲げている状況)」を反映していた。これは，高等教育の成長ペースがほぼ絶え間なく変化しているにもかかわらず，この10年ほとんどを通しての政治の特徴を表している。1960年代末にあった異議申し立ての声の一つは，ハリー・ファーンズ (Harry Ferns) の声だ。ファーンズは1969年に，フリー・ユニバーシティ創設を求めて陳情するため，マックス・ベロフ (Max Beloff) と経済問題研究所 (the Institute of

Economic Affairs = IEA）の助力を得た。この提案は，多くの観察者たちには異端的なアイディアと考えられたのだが，保守党右派の一派に支持され，1972年にバッキンガムのユニバーシティ・カレッジの創設に結実した。ベロフは学長（Principal Designated）になり，私立大学計画委員会（an Independent University Planning Board）の保護のもと，この大学機関の実現可能性を実証するべく努力がなされた。この機関は，他のすべての領域の高等教育の成長パターンを決定していた現在よく知られている国家の計画機構の完全に外にあり，独立することになった。学位認証はあからさまに1974年に却下されたけれども，独自の学位授与へとバッキンガム大学を駆り立てることになったので，首相としてマーガレット・サッチャー（Margaret Thatcher）は自由市場原則の具体化に承認を与えることを決定し，バッキンガム大学として国王による設立勅許状（ロイヤル・チャーター）によって適切に法人格が与えられた。

　高等教育内部での成長の初期は少なくとも，数年間の削減，整理統合に道を譲った。1960年代の爆発的な発展に関しておそらく注目すべきことは，現時点にまで衰えることなく続いている現在進行形の熱狂の先駆者に過ぎないことを証明したことである。20世紀の終わりには，ロビンス報告への労働党政府の無条件の反応以来続いている40年にわたる，高等教育における集中的な議論，ころころ変わる政策の変化，進行中の変容と成長を振り返ることができる。

　もっとも率直さを欠いた文書の一つ—より大きな変化がまだ来ることになっているときにその兆しとなる—は『教育：拡大へのフレームワーク』（*Education : a Framework for Expansion*）であった。これは1972年にマーガレット・サッチャーの教育大臣在職中によって導入された。この文書は1981年までには高等教育に参加する年齢層を22％（年あたり約20万人の新入生）と予見した。サッチャーは，かつてはまったく彼女自身の見解ではなかったような見解を反映して，下院にこう語った。

　　高等教育機会は，最初に国家の将来における高度な資格をもつ人びとへの需要の大まかな推計を参照することによって決められるべきではない。

…政府は高等教育進学を求める人びとの個人的発達に対する寄与という面で価値あるものと考えている。同時に，急速な社会変動期と工業の発展期において国家のヒューマン・タレントへの投資として，この継続する拡大を評価する(15)。

　いかなる立場の政治家によっても，これはロビンス報告に通底するイデオロギーを反映する，最後の公的宣言の一つとなるはずであった。
　現実に非常に早くこれに続いたものは，1970年代の教育科学省(the Department of Education and Science = DES) が一連の目標値の下方修正による出生率の低下と経済危機に反応したことであった。1970年には，計画では1981年までには高等教育に合計85万人の学生が在学することになっていたのだが，1977年までにはこれら一連の下方修正の五回目で最終的にはこの目標値が56万人に落ちると考えられていた。結局のところ，これはほとんど絶え間のない高等教育の成長に短い抑止をした程度の結果に終わった。フル・タイムの高等教育に入学する学生のパーセンテージは，1972年には空前の14.2％に達したが，1978年までには12.4％に下降した。
　しかし，2科目以上の中等教育修了資格（GCE）の「上級＝A」レベル合格を獲得する若者の数が増加し続け，同様に進学希望も増加し続けた。この根深い社会的傾向を長い間放置することはできなくなったので，政府は，少なくとも，より一層の成長が国庫から生み出されているだけでなく大学の経済状況を変えるという不可避の効果をももつような，需要に対する制限を確実なものにするという利点をもつ財源の削減をもって対応した。1975年には，大学が半世紀にわたり享受してきた五年単位の財政計画は終焉し，厳しい予算制限のついた毎年の財政が導入された。1978年2月に，高等教育担当大臣ゴードン・オークス（Gordon Oakes）は，諮問委員会の提出した文書『1990年代へ向けての高等教育』を公表した。この報告書は，さらなる虚飾を正当化するものとして低下している出生率と経済状況を指摘した。ほとんど予言的に，この提出された文書が示した一つの発展モデルが—それは，まったく成長を予期しないも

のであったが―，より多くの労働者階級，成人，パート・タイム学生を高等教育に巻き込むことによってなされ得ると予測していた。このようにして，「アクセス」の叫びが最初に聞かれることとなったのであった。世紀末までこれは鸚鵡返しに繰り返された。

　1970年代の緊縮財政が高等教育内部ではたらく人びとにとって好ましくないと思えたとしても，1979年以降のマーガレット・サッチャー政権によって導入された削減プログラムの厳しさとは比較にならない。1979年に保守党が選挙で掲げたマニフェストは，次のように，有権者に警告していた。「われわれの社会のバランスは，国家のためにますます傾いている。…この総選挙は，このプロセスを覆す最後のチャンスであろう」。サッチャーが勝利するや否や，大学は日々の政策に翻訳されたこれらの言葉の鋭利な効果を感じ始めたのだ。1979年の10月に，留学生への補助金が打ち切られ，たちまちにして学生の重要な供給源が切り捨てられてしまったのである。翌月には，大学に対する政府補助金が年額4億1,100万ポンド減額されることが白書によって公表された。さらに，支出について，白書では，UGCによって充当されるはずの厳しい経済状況が詳細に述べられていた。卒業生に対して劣悪な雇用状況しかみられないような機関にもっとも大きな削減を課すようにするなど，UGCは，選択的に重点化して，行動するよう指導されたのだ。これに応じて，UGCはオックスブリッジにはわずか5％の削減しか課さず，いくつかの新設工科大学には40％もの削減を課した―概して，これらの大学はとても感銘を与えるような卒業生の雇用統計を有するにもかかわらず―ことで（サルフォード大学は，その削減がこのレベルにあったと主張した）自身の死刑執行令状を書いたのだ。これは，長きにわたって確立された学究的生活という名の修道院に閉じこもってきた人びとが，計画化の過程に自身の価値システムを課する機会を得，安定した序列（pecking order）を熟考する機会を得た，最後の瞬間であったのだろう。

　これらすべては学生のリクルートメントに固定した上限が課され，アカデミック・スタッフの強制的リストラが避けられない見通しであることを意味していた。大学教員組合（Association of University Teachers ＝ AUT）は，1981

年11月にウエストミンスターで大規模なデモを行い，1983年春に国に請願書を提出したけれども，保守党政権が高等教育の財政的コントロールを強化しようと決定することは明らかになった。不可避的な結果の中には，スタッフ＝学生比率の半永久的な悪化，高等教育における学生の雇用状況の悪化などがあった。これらの政策に対するテスト・ケースとなったのは，ハル大学のエドガー・ペイジ（Edgar Page）のケースであった。ペイジは，1980年代半ばの強制的リストラに長きにわたり抵抗した後に，結局は復職請求権を喪失した。他大学はこのような強い行為から手を引こうとしたが，このケースによってAUTは多方面で弱体化した。

1985年3月までには，UGCと政府の間に袋小路に行き当たった何かがあることがはっきりした。UGC議長であるピーター＝スイナートン・ダイアー卿（Sir Peter-Swinnerton Dyer）は，CVCPの同僚たちにこう警告した。すなわち，水平的資源配分を求める卿の助言は大臣によって拒否され，個別学科同様に大学全体の閉鎖すら起こりかねない，ということである。これに対して，CVCP議長のモーリス・ショック（Maurice Shock）は，「1981年から1984年の唐突かつトラウマ的な削減に比べると，将来の財政的見通しは，長引き，かつ痛みに満ちた死に至る病だ」[16]とコメントした。政府の回答は，1989年にUGCに替えて大学財政審議会（the University Funding Council = UFC）を設置し，かつてよりもはるかに直接的な政府のコントロールに従わせるというもので，この種のレトリックに満ちたコメントに対してより開放的ではなくなった。そして1992年，ポリテクニクは自身の手で大学機関として再構成され，たちまちにして大学の数は2倍になり，きついコントロールと財政的制約に全システムを従わせる—1980年代にはこれをめざして努力を傾注してきたのだが—ことになったのである。

これらの事象にはより前向きな評価（positive spin）が与えられたので，世紀末までには，人口の3分の1がフル・タイムの高等教育を希望することができる状況が生まれる—エリート高等教育システムからマス高等教育システムへの移行がいまや簡単に起こり得る—というのはもっともなことである。しか

し，これは高等教育で起こる変容を犠牲にして達成されるものである。大学内部の固定的なテニュア取得者とパート・タイムのアカデミック・スタッフとの比率は鋭く増加しており，どちらかといえば，意欲ある女性の学者にとってアクセスしやすくなっているというよりもむしろ，アクセスしにくくなっているのである。最上層や次位の社会階級への学生の「歪んだ」取り込みがまだ見られる。それは特に，(1960年に地方教育当局に委任された) 学生奨学金の価値が急速に損なわれて，最終的には1990年代にローン・システムに取って代わられたからである。おそらくより重要なことには，1990年代には，大学はより説明責任を果たさねばならなくなった。財政上の手続きについて説明責任があるし，研究の質と範囲について説明責任があるし，また教育の質について説明責任がある。大学研究評価委員会 (RAE) と高等教育質保証機構 (QAA) の登場の意味するものは，一方では，公衆 (あるいは，いかに解釈するかによるが，消費者) が象牙の塔内部で進行していることについて安心できるが，他方，進行していることは不可逆的に変容されているということである。これは，20世紀の大学に対する国家の利害関心のどうしようもない高まりと大学の統制との皮肉な結果である。

結 論

要約すると，20世紀を通じて起きてきたこれらのトラウマ的な変動のより深い意義について考えることは興味深いことである。マイケル・サンダーソン (Michael Sanderson) のような，幾人かの評論家たちは，大学と商工業とのますます友好的になる関係を描写している。この結果，21世紀開始時の大学は，英国の経済発展に影響を及ぼし，相互作用し続けるのに格好の位置におかれることとなった[17]。ある意味で，これは認めざるを得ない。職業志向コースの数は英国の高等教育内部で，特に第二次世界大戦後，激増した。マス高等教育システムの発展は，疑いもなく，20世紀初頭には適切であると考えられていなかった範囲の応用研究の需要と組み込みという結果に帰着している。同時に，幅広い教養教育へのニーズをめぐる議論は，特にホロコーストの直接の余

波において流行し，ニュー・ユニバーシティのカリキュラムを形作ったのだが，近年さほど頻繁に聞かれなくなっている。A. D. リンゼイ（A. D. Lindsay）と彼の同僚が絶えず心配していたように，「過度の専門化」の危険に対する古くからの恐れは，戦間期のオックスブリッジにおける近代の偉大な古典（Modern Greats）の展開に帰着し，キール大学，サセックス大学，ヨーク大学，また少し狭い範囲で他のニュー・ユニバーシティの新しいカリキュラムに帰着した。近年，学生を雇用に向けて準備するという至上命令は，広い範囲に及ぶスキルに対するニーズを必然的に含意するものと考えられる。しかし，特定のコースによる「付加価値」の審査は，グローバル資本主義による全体主義の危機や世界の生態系（エコシステム）に課せられる脅威を理解することよりも，はるかに，情報工学（IT）スキルの展開に焦点づけられやすい。したがって，要するに，筆者が記述した形態におけるマス・システムの興隆の一つの含意は，20世紀初頭に議論した人のあったように社会的，経済的，政治的発展の批判を提供することよりも，むしろすばやく変化する労働市場での雇用にむけて学生＝受益者を準備させることが高等教育の仕事であるということである。

それにもかかわらず，これらの変化は広く認識されている英国大学の「序列」の解体を含んではいないし，20世紀の開始時には，ある学校は，高級官僚や主要専門職へと導くこれらのコースへのアクセスにおいて，ほとんど阻害要因以外の何物でもなかったけれども，それが20世紀の終わりにおいてなお，ほとんど真実でありつづけている。2000年において，オックスブリッジへの入学生のほとんど半数が私立セクター（学校で学ぶ人口の7％を教育している）出身であるという事実がまだみられる。これらの数字が，受理した応募パターンを反映しているというオックスブリッジの入試チューターによる弁明は，高校卒業者全体がなぜそのようにふるまうことを選ぶのかという疑問をむしろ求めているようだ。この問題の探求は，一連の根深い，本章で概説された包括的な社会変動を生き抜いていく前提，態度，アスピレーションを明らかにするだろう。

ジェンダーについても同様に，事態はすっきりというにはほど遠い状況で

あった。今や女性が，かつてとは比較にならないほど大きく，高等教育に参加する機会をもっていることは事実である。しかし，共通の教室やセミナーの教室の内部を一目見ると，そのパターンが不均整なものであることがばれてしまう。もっと深く調べてみると，学界のより上級の地位にはいまだに異常なことに，ほとんど女性がいないことがわかる（2000年の時点で学長職には二人しかいない）。また，女性により適切と一般人がいまだに考えているような雇用へと導くコースにおいては女子学生が主に見受けられる，ということもわかる。したがって，たとえば，中等教育レベルでの教職へと導くコースで男女がより均等に分布しているのに，初等教育レベルでの教えるコースにはほとんど男子学生がいない（コーホートの5％以下）。この不均整は，高等教育システム内のあらゆる部分で見受けられるのだが，より広い経済内の「ガラスの天井」が引き続き重要であることを反映している。そして高等教育内部で識別できるようなパターンは，ある程度引き継がれているものではあるが，しかし，他面ではより広い社会的傾向の反映でもあることを，このことはわれわれに思い出させるのである。

　同様に，これによって，20世紀の間，高等教育が社会移動を生成する過程についてさまざまな自省へとみちびかれる現代英国においては，貧困は慢性的問題である。地域格差は残っており，雇用率や収入レベルにみられる大きな差異にそれは反映されている。製造業中心の経済からサービス・セクター中心の経済への変容は，社会階級間格差を完全に一掃することなく進行している。実際に，ある点では，第二次世界大戦以降の期間，それらが強化されているのである。

　一方で，高等教育の拡大と変容は，これらの変動が起きることを可能にする要因の一つであった。しかし，そのような高等教育の拡大は，これらの慢性的社会問題にほとんどインパクトをもたないように見える。これは要するに，高等教育が（世紀の初めからそうであったように），第一世代学生（first generation students）の多くに出口を示し，上昇の道筋を示し続けているから，こうなっているように見える。南東部（訳注：ロンドンを中心とする裕福な地域）へ

の流れ，専門職と第三セクター経済への流れは，卒業者の階級の地理的移動に大きく依存している。彼らがキャリアの進展を促進するべく高等教育によって獲得した資格とスキルを用いることによって，これらの社会階級格差と社会問題が維持されることに，無意識のうちに寄与しているのである。何千という第一世代卒業生が第三セクター経済に参入することが，関連する専門職の大幅な拡大を意味することもまた，注目に値する。あらゆる場合において，拡大するにつれて，これら既成の専門職はそれ自身，よりハイアラーキカルになりながら，よりはっきりと指示された役割になりながら，自身内部でよりはっきりとしたキャリア・ルートをもつようになりながら，変容している。また，あらゆる場合において，自身内部の「序列」―これによって，より古い，よりよく認識されている大学の卒業生に優先権が与えられている―をともなっている。これが，今日に至るまで，20世紀英国の高等教育拡大における中心的な皮肉であり続けている。これは変動を促進するが，ある時点で，また同時に，これらの変動は既存の権力ハイアラーキーを強化する副作用をもっているのである。21世紀に先立つチャレンジは，高等教育の成果が，20世紀の成長の多くを特徴づけた排他性と競争性よりもむしろ，社会的包摂と社会的凝集性を高めるように，高等教育を工夫することであろう。

Key Reading

　何年もの間，アーミテイジ（W. H. G. Armytage）の著書『市民大学』（*Civic Universities,* London, Benn, 1955）は，このトピックに関する標準となる業績で，20世紀の経済と社会の近代化と大学がどのように相互作用するのかを生き生きと説明している。しかし，より近年，高等教育の発展とパースペクティブの多様性からそのインパクトを探索しようとする，より体系的かつよく整理された業績が登場している。第一に，第二次世界大戦後のニュー・ユニバーシティの到来は，それ自身の批判的歴史的文献を生み出している。ガリー（W. B. Gallie）の著書『ニュー・ユニバーシティ―A. D. リンゼイとキール大学の実験―』（*A New University : A. D. Lindsay and the Keele Experiment,* London, Chatto and Windus, 1960)はその嚆矢である。ほんの2～3年のうちに，ニュー・ユニバーシティは自身の大学史をもつようになるのであり，そのかなり卓越したものの一つが，スロマン(A. E. Sloman)の著書『ニュー・ユニバーシティができるまで』(*A University in the Making*, London, British Broadcasting Corporation, 1964)でこれはエセックス大学の創立を説明している。1963年のロビンス報告によって，システムとして高等教育を考えるようになり，文献もこれを反映するようになってくる。その最初のものが，特定のテーマに焦点を当てた一連のペンギン社教育シリーズ(Penguin Education Specials)である。『ロビンス報告のインパクト』(*The Impact of Robbins*, 1969)は短いけれども，洞察力に満ちており，政策決定者に影響を与えた。同様に，ロビンソン(E. Robinson)の著書『ニュー・ポリテクニク』(*The New Polytechnics*, Harmondsworth, Penguin, 1968)は，高等教育の工学セクターが，よく整備されたシステムの，十分に成熟した部分と考えられるようになった，まさにその時に，調査したものである。他の著作は，大学の寄与の特定の側面に焦点を当てている。サンダーソン(M. Sanderson)の著作『大学と英国の産業1850年～1970年』(*The Universities and British Industry, 1850-1970*, London, Routledge and Kegan Paul, 1972)は高等教育の経済的変容への関与についての詳細かつ信頼できる説明を与えている。もっと全面的に批判精神に満ちたものに，ワイナー(M. J. Wiener)の著作『イングランドの文化と産業精神の衰退，1850年～1980年』(*English Culture and the Decline of the Industrial Spirit, 1850-1980*, Cambridge, Cambridge University Press, 1981)があり，厳密に言えば，高等教育や大学の歴史について語っているわけではないのだが，英国の近代化に対する規制機関の遅滞効果を強調しており，サンダーソンの著作と並行して読まれるべきである。

　他の重要なテーマとしては，特に影響力のあったパーキン(H. Parkin)による著作『専門職社会の興隆―1880年以降のイングランド―』(*The Rise of Professional Society : England since 1880*, London, Routledege, 1989)で論じられたような社会の専門職化がある。コンラッド・ヤラウシュ(Konrad Jarausch)の『高

等学習の変容』(*The Transformation of Higher Learning*, Chicago, Chicago University Press, 1983) のシンポジウムは，高等教育と社会の専門職化との結びつきをおそらくもっとも体系的に考察しようとする試みで，同書には連合王国にかかわるエッセイのいくつかが収録されている。同時に，研究が進行中であるが，ボーフムのルール大学での野心的な共同研究プロジェクトは，高等教育と社会のシステム化との結びつきを検討している。フリッツ・リンガー (Fritz Ringer) の大いに影響力のある『近代ヨーロッパにおける教育と社会』(*Education and Society in Modern Europe*, Bloomington, Indiana University Press, 1979) はミュラー (D. K. Müller)，リンガー (F. Ringer)，サイモン (B. Simon) によって編集された『近代教育システムの興隆』(*The Rise of the Modern Education System : Structural Change and Social Reproduction, 1870-1920*, Cambridge, Cambridge University Press, 1987) に結実した。同書は，20世紀におけるイングランドの高等教育階層に関する重要な考察を含んでいる。これらすべてが，アンダーソン (R. D. Anderson) の『1800年以降の英国における大学とエリート』(*Universities and Elites in Britain since 1800*, Basingstoke, Macmillan, 1992) に見事に要約されている。この分野の他の注目すべき参入は，W. A. C. Stewart の権威ある『戦後英国における高等教育』(*Higher Education in Post-War Britain*, Basingstoke, Macmillan, 1989)，キャロル・ダイハウス (Carol Dyhouse) の，あいも変わらず続いているジェンダーによる区別に高等教育がどのように寄与しているかについての素晴らしい研究，すなわち『性による区別はないのか？』(*No Distinction of Sex? Women in British Universities, 1870-1939*, London, University College London Press, 1995) と題する著作，そして特にハルゼー (A. H. Halsey) の『学監支配の衰退―20世紀における英国の学術プロフェッション―』(*The Decline of Dominion : The British Academic Professions in the Twentieth Century*, Oxford, Clarendon, 1995) は，20世紀における学術プロフェッションの変化する役割と地位について説明を与えてくれる。

〈注記〉
（ 1 ） 財務省主席担当官（Chief Secretary to Treasury）であったジョエル・バーネット（Joel Barnett）にちなんでつけられたバーネット公式は，イングランド，スコットランド，ウエールズ，北アイルランド間の公的支出を割り当てるための，人口に基づいた定式である。公式に基づいて算出するために用いられる人口比率は，1992年と1998年に更新された。
（ 2 ） *Higher Education in the Learning Society*, London, HMSO, 1997.
（ 3 ） より一層詳しい情報については，Universities UKのウエブサイトでみることができる。http://www.universitiesUK.ac.uk
（ 4 ） R. Lowe, 'The expansion of higher education in England' in K. Jarausch(ed.) *The Transformation of Higher Learning, 1860-1930*, Stuttgart, Klett-Cotta, 1982, pp.37-56.
（ 5 ） R. Lowe, 'English elite education in the late-nineteenth and early-twentieth centuries', in W. Conze and J. Kocka(eds.) *Bildungsbürgertum im 19.Jahrhundert*, Stuttgart, Klett-Cotta, 1985.（山内乾史・植田みどり訳「19世紀後期と20世紀初頭のイングランドのエリート教育」麻生誠・山内乾史編『21世紀のエリート像』学文社，2004年，73-96頁）
（ 6 ） R. Lowe, 'Structural change in English higher education, 1870-1920', in D. K. Müller, F. Ringer and B. Simon(eds.) *The Rise of the Modern Educational System : Structural Change and Social Reproduction, 1870-1920*, Cambridge, Cambridge University Press,1987.（広瀬信訳「高等教育における構造変動1870-1920年」ミュラー，リンガー，サイモン編（望田幸男監訳）『現代教育システムの形成—構造変動を社会的再生産1870-1920—』晃洋書房，1989年，223-246頁）
（ 7 ） これについては，次の文献を参照のこと。C. Dyhouse, *No Distinction of Sex? Women in British Universities, 1870-1939*, London, University College London Press, 1995.
（ 8 ） これについては，次の文献を参照のこと。R. D. Anderson, *Universities and Elites in Britain since 1800*, Basingstoke, Macmillan, 1992.
（ 9 ） 詳細については，次の文献を参照のこと。L. Jilek(ed.)*Historical Compendium of European Universities, Geneva*, Conference Permanent des Recteurs, Presidents et Vice-Chanceliers des Universités Européennes, 1984.
（10） W. A. C. Stewart, *Higher Education in Post-War Britain*, Basingstoke, Macmillan,1989.
（11） H. Silver, *A Higher Education : the Council for National Academic Awards and British Higher Education, 1964-1989*, London, Falmer, 1990.
（12） Stewart, 前掲書, pp.96-9.

(13) M. Kogan with D. Kogan, *The Attack on Higher Education*, London, Kogan Page, 1983, pp.21-2.
(14) 「Butkellisum」とは，労働党党首ヒュー・ガイツケル（Hugh Gaitskell）と財務省における彼の後継者バトラー（R. A. Butler）の間の，想定上の共通するアプローチを描くために用いられる用語である。
(15) Kogan and Kogan, 前掲書, p.23 に引用されている。
(16) *the University of Burmingham Bulletin*, 26, March 1985 に引用されている。
(17) M. Sanderson, *The Universities and British Industry, 1850-1970*, London, Routledge and Kegan Paul, 1972.

第4章 教員

フィリップ・ガードナー（Philip Gardner）
武　寛子　訳

たとえば，単に金目当てのために働く人の精神ではできないのだから，子どもの教育や僅かな報酬や名声のための労働によって英連邦に仕える多数の無名の男女の考えは今後長く記憶に留めておいた方が良い[1]。

　持続的で組織的な学校教育は，20世紀のイギリス市民（Citizen of Britain）にとって重要な日常的経験の一つとなった[2]。19世紀にはある程度そぐわなかった―そして，やはりわれわれがわかっているのは，おそらく21世紀も同様に―フォーマルな学校教育は，国家のすべての子どもにとって，確固たる期待として，自然の状態として受け入れられた。さらに，この普遍的経験の意味や重要性を考慮すると，肯定的，否定的，中立的であろうとなかろうと20世紀の市民おのおのは，その体験に，特別に回顧される性質を授けた，責任あるさまざまな名前を容易に思い浮かべるだろう。この長く記憶に留まっているリストの最前部にある名前は，常に教員である。不思議なことに，制度的，行政的，学校教育機構の組織的な進展に関する重要な一般論を支持するほとんどの教育の歴史において，教員は見落とされてきた[3]。しかし，ほとんどの市民にとって，教育の歴史の実質的な意味とは，これらの事ではなく，より親密に，市民のかつての教員の名前により刻み込まれているのだ[4]。このことに着目して，教員や教職の歴史に関する研究を考案し，解説し，関連付ける方途でその意味合いを考察しようと思う。具体的に言うと，教員を訓練し，雇用し，視察し，抗議する人びとにとっての幅広い戦略的利益よりも，教員自身の日常的

な関心事に合わせた説明になるだろう。

2000年の状況

　学校教育の一世紀は，大勢の男女の奉仕の増大を求めてきた。彼ら／彼女らの多くは記録されていないけれども，すっかり忘れられた者はほとんどいない。21世紀を前にして，イングランドとウェールズの人口は，52,689,900人に達した(5)。初等学校と中等学校—利用可能な学校供給の圧倒的多数を占める—を支え，維持させた教員総数は，423,520人である(6)。中等教育セクターでは—昇格パターンの違いに重要な課題が一方で残っている—，女性教員は僅かに多く（全体の53パーセント），男女間のバランスが均等であった。初等教育セクターの場合，教職の83パーセントが女性で埋め尽くされ，性別による差はほぼ一世紀前と同じでかなり強く残っていた(7)。しかしながら，100年前のこれらの数は，教員の「教授の能力（teaching power）」といわれた，国内の正確な規模を含んでいない。世紀末には教職に就いている人に加え，訓練を受けたが職業的に消極的な教員の集まりはさらに382,000人に達した(8)。

　過去一世紀にわたって学校教育のプロセスが進行すると，訓練を受けた，職業的に規律ある教員のイメージは，学校教育の進歩的成功の指標として，またより良い社会，と同時に，より公正で効率の良い社会を求めた非常に高い目標の象徴的な導き手というものになった。結果として，学位の資格と合わせた専門教育—初期の全英教員組合（NUT：the National Union of Teachers）の頃から大切にされてきた—は，実質，普遍的なものとなった(9)。全人口の65人に1人（消極的な教員の集団を含めば）は訓練を受けた教員であった。

　1999年，女性で学級の担任教員の平均年収は22,520ポンドであった。男性の場合，その額は24,360ポンドであった(10)。当然ながら，これらの表面的な統計よりも有益なのは他の職業の収入との関係を比較することである。このような大まかな比較の本質はいつも疑わしく，その結果はいつも粗雑なものとなってしまう。しかし，これらの比較は組織的な学校教育の世紀が国家の教員に適切と見なされてきた給料水準の相対的増加につながっていない，というこ

とをまさに示している。1993年，一般的な開業者の平均収入は男性教員よりも80パーセントも多かった。教員の収入は警察官や炭鉱作業員の収入とだいたい等しく，肉体労働者は教員の給料のおよそ50％を受け取っていた[11]。

　永続的にわずかな教員給料に幾分起因する，20世紀後半の周期的な採用困難に対応して，20世紀最後の政府は，その目標を「適切にわれわれの優れた専門家に報いる」こととと宣言した。このような政策—「教職の現代化」(the modernization of the teaching profession)—は，教育に関する国家の全システムの有効性を改善するという大いなる熱望の一部と考えられた[12]。「その過程で，われわれは教職に卓越と進歩という新しい肯定的な文化を創造したい。そして，教授活動を報いに値する地位に修復したい」と主張した。「修復」という考えの訴えは，意義深く，興味深いものであった。「現代化」(modernization) が20世紀後半の政策立案の基本テーマとなるほどに，歴史的視点は20世紀初頭に比べると政治戦略にほとんどまったく影響を与えてこなかった。それにもかかわらず，20世紀の間に，どこかで，何らかの形で失われた教職の地位修復に関する言及は，教員と教職に関する現代史の再考に向けた重要な問題を提起している。

1900年の状況

　1901年，イングランドとウェールズの人口は約31,000,000人で，国家の大部分の子どもたちのための教育条項を構成する視察下にある初等昼間学校で働く教員は149,804人いた[13]。これらの大部分，およそ76パーセントは，女性教員であった。訓練を受けた教員は国家の学校名簿において100人の生徒に対して1人いるかいないかで，まだ比較的少なかった[14]。

　20世紀のはじめ，男性の有資格教員の平均給料は，年間107ポンドを少し上回っていた。女性のそれに対応する値は，約78ポンドであった[15]。比較事項として，全般的な専門家の平均給料は，20世紀末と同じように，訓練を受けた男性教員よりも80パーセントも上回っていた。しかしながら，他の職種と相対的にみてみると，教員の地位は明らかに有利であった。炭鉱作業員は教

員の給料の3分の2を受け取っており,巡査は半分近く,肉体労働者は3分の1であった[16]。それにもかかわらず,教員の労働に対して「わずかな金銭報酬」であったとする1913年のフランク・ロスコー（Frank Roscoe）による物悲しい調査は,彼が期待したよりもはるかに長い時間をかけて証明された。

20世紀の最初と最後の年における教員と教職との間にある差異を考慮する際,最も適当で利用可能な出発点は常に,上記のように考慮された包括的統計データに基づいた,定量化可能な境界にある。20世紀の両端における教員体制の特徴的な雰囲気と経験の一般化を提示することは困難だろう。しかしながら,現代の教員から見て,ほぼ100年前の教員と教職に大きな違いがあると思われるいくつかの分野を簡単に確認することで,本章の当初の目的を実現しよう。

世紀が変わると,長期間にわたる中央政府による統制,そして特に不快な学校視察体制の緩和が見られた教育上の揺れ動く状況の変化を,初期の教員は称賛していた。これは,教室から離れて教員養成大学に向かう,初期の教員養成政策に関する伝統的な焦点に注意を促す,一連の政策転換の始まりによって起きようとしていた。

未来の教員達と比べると,この初期の段階から,ほとんどの教員達は教職以外の前職を有しておらず,将来教職以外の職に就く予定もなかった。女性教員達は,結婚したら自らのポストを辞職するよう当たり前のように求められていたが,教職は特質上一生涯の職業であった[17]。教員は,教員配置,生徒数,外見という単位では小規模であるけれども,学級サイズの平均という単位ではとりわけ大規模である学校で働いていた。教員はまた,生徒や同僚を相手にするとかなり固苦しくなる傾向が強かった。同じような調子で,教員は,最低限の形式的な交流をもつ親との地元地域の文化から社会的分離を求めることで,ある程度高尚な地域の地位を維持しようとした[18]。たいていの教員は,自らの生徒と同じ労働者階級の出自にもかかわらず,学校から離れると,生徒から持ち込まれた社会的生活や家族的生活から,十中八九,遠ざかろうとした[19]。教員は,教室での生徒の騒ぎ声や行動を許すように訓練されておらず,学校規

則や慣習の違反に厳しい傾向がより強かった。そして，教員―特に男性教員―は，直接的あるいは間接的に，当たり前のように体罰をすることに慣れていた。特に初等学校教員は，専門職的自律性の狭苦しい規則に慣れていた。もっとも，これは中央政府からよりも教会や地方自治体といった地域のリソースから直接感じられる傾向が強かったのだが。例を挙げるとすれば，全英教員組合誌である『教員』(The Schoolmaster) に掲載された1900年の平凡な広告では，「女性」部の教職人事の希望を「助手。聖体拝領者。しつけに厳しい人。裁縫の得意な女性。給料50ポンド―照会，教区牧師」と詳細に説明している[20]。

変動と連続性

　すでに指摘したこれらいくつかの差異を効果的に戯曲化する方法を模索するなら，1990年に教育科学省（Department of Education and Science）が発行した，価値のある記念著書の見返しを飾る写真を調べる必要があるだろう[21]。そこには，理想的な教室風景に関する2枚のほぼ同じ写真があり，最初の1枚目は20世紀初期のもので，2枚目は20世紀後期のものである。おのおのの写真は，一連の正式に承認された教育学的メッセージの役割を巧妙に構成するという共通の目的がある。1枚目の写真は，用心深い教員による親しく注意深い指導の下，伝統的に均一にまとめられ，目の前にある，ためになる課題に熱心に取り組もうとする男子生徒の大勢いるクラスである。2枚目は，教員の支配の下ではなく教員との交友の下に，性別や人種が入り混じった生徒の小集団が出席し，くつろぎ，明らかに楽しそうな学習の時間を共有している，より親密でより親しい構図である。技巧にもかかわらず，これらの写真は学校教育の世紀にわたって，まさに重要な変化を示す表象である。1862年の改正教育令と最初の全国共通カリキュラムの年以降，教員は正式に認可された教育学的講義を実演できる権限を十分に承知している。しかしながら，可能ならば，教員はその法律よりも，上からの19世紀後半の規定にうまく従ったことを頻繁に証明した[22]。一例を挙げれば，19世紀後半，初等学校の教員が当初合わなかった進歩主義の哲学を温かく受け入れ始めたのは明らかな事実である。それにもかか

わらず，とりわけガルトン（Galton），サイモン（Simon），クロール（Croll）による研究が示しているように，教育哲学と教室での実践は率直に一致しなかった[23]。自らの専門的な手法を広範な進歩主義の講義の中で思い描いた教員は，実際のところ，より伝統的な教育学的な型に強く基づく教授と組織的な方法を活用したようである。

常にというわけではないが，このような政策には時々，皮肉な要素がある。一連の教育改革の推進に忠実に従うことは，目的に誠実であったが，現実的に適合させるのはかなり困難であった。ここで鍵になった要因は，関連した永続的な職業文化の影響と共に，日々の教室での生活という立場上の制約に耐え抜くことであった。それについては，後に論じることとする。当分の間，スペンサー（F. H. Spencer）―世紀の変わり目から経験豊かで極めて鋭敏な学級の担任教員―の示唆に富む言葉に耳を傾けることで，そのような制約や文化は，多かれ少なかれ，20世紀の教員それぞれの教育経験から認識可能なものであったと容易にわかるだろう[24]。

> 私は，カリキュラムのすべての教科で，男女50人以上に教えなければならなかった。…厳しい規律によって生徒たちを押さえつけていると非難された。校長からの助けもなく…，…失敗を恐れ始め，確実に自信を失った。…覚悟を決め，状況を切り抜けようと必死に試みた。しかし，私の精神的状況は悪くなる一方であった。たった一つだけ，成功した。生徒に関するあらゆることに関心を抱くことができた。しかしながら，数人の少年は口を聞かない横柄な態度で，数人の少女は言い表せないくらい無礼にさっそうと歩いて，私をひどく困らせた。生徒たちは，咎められるような不正，立証可能な不正をせずに，どの程度の悪行ができるかを熟知する，本能的な名人であった。…午後の最後の30分間は，私をくたくたに疲れさせた。そして…ほとんどの職員からの…同情は…不吉な予感を開放させ，粉々になった自尊心を救出することはでき（なかっ）た[25]。

一世紀前，教職は，多くの固定した考えの伴う職業であった。しかし，これらは敵対している集団間の盛んな論争によって，一般に供給されたのではない。むしろ，歴史的な，そして，しばしば地理的な違いによる，極めて正直な結果であった。たとえば，このような区別は，男性教員と女性教員，都市教員と地方教員，公立教員と私立教員，基礎／初等学校の教員と中等学校の教員，労働組合員の教員と非組合員の教員，より「進歩主義」の教員とより「伝統的」な教員などといった，異なる経験によるものを含んでいた。これら教員による各集団の仕事の独自性と相対的な分離性は，自身を国家の教育的利益に仕える補助的な役割を果たすために一致団結した，単独の専門的職業の一員であるとたいていの場合感じていないことを意味した。たが，20世紀にわたる専門職協会内及び協会間の両方におけるかなりの周期的な意見の不一致と分裂の記録にもかかわらず，一世紀前の教員よりも，現代の教員が専門的職業を基本的な要素で統一されたものと見なすことが容易となった。

これにはいくつかの理由がある。第一に，とりわけ20世紀後半における，教員のさらなる集中を伴う，物理的により大きな学校の実現に向けた取り組みの結果であった[26]。20世紀初頭，専門的手続きに関する支配的な注目と相まって，ほとんどの学校はごく少数の教員を採用した。そしてこのことは，同僚間の日常的な接触を驚くほど短縮させ，形式的なものにさせ得ることを意味した[27]。この初期においても，19世紀から20世紀の遺産である教育条項における過酷な教室と性別による分裂が未解決のまま発効されたことで，教職は専門的職業とは切り離されたままであった。20世紀後半に近づくにつれ，分裂した学校教育条項を維持することを目的とした行政の計画を通じて，この分裂が国家によって公式に裏書きされなくなった。このような分裂は個々の生徒に利用可能な経験や機会の異なる形態でまだ強く感じられるのだが。基礎教育セクターと，中等教育セクターの局面を越えた，普遍的で逐次的な発展を創造することを目的とした双方の漸増的な融合に伴って，すでにそれぞれのセクターから置き去りにされた学校の教員は，自身を協調性ある専門的努力の共同作業に従事させられている—原則として，常に即座に実施するというわけではないが

—と理解するようになった。世紀の終わりに近づくにつれて、この加速作業は、国家政策の立案とメディアの注目の中心的な位置に教育を登用することによって、さらに強調された[28]。世紀の終わり際、「教養のない、不十分な教育を受けた…伝統的で型にはまった人間」と激しく非難された同類の教員は、一方で、周囲の共同体によって認められ、「高く評価された専門家の一端として」称賛された[29]。

　統計値は、広範囲な歴史的比較において、とりわけ便利で伝導性のある情報を提供する。経済や権力に伴った同様の変化を脚色できるデータは他にない。しかし、先述の説明ですでに示唆したように、教職の歴史について、まさに統計記録は次の2つを物語っている。第一は、教育に政治的責任をもつ国家の代々の首相、大臣、長官たちに従来通り承認されたように、累進的な成長や発展の楽観的な評価である。たとえば、教員数や学歴の漸増を、この研究方法で実証できるだろう。第二は、直接的、もしくは絶対的ないかなる意味においても、進歩の考えに矛盾するということである。代わりに時空を超えた根本的な連続性や類似性の認識を伝えている。それは、「変化すればするほど、同じことである」 Plus ça change, plus c'est la même chose（The more that changes, the more it's the same thing）を主に明らかにする統計値を提示している。このタイプの説明の条件—それは、政治家よりも、教室の実践者に直ちに好印象を与えたのだが—として強調される傾向にあったのは、世紀を超えた教員の給料水準の比較統計であった。

　統計から別の確固たる歴史的事実、つまり年表に目を移すと、一方では政策立案者や評論家に、他方では実践者に好印象を与えている数値の間には、同様の分裂が見られる。20世紀の大部分に関して、教職の発展に関する一般的な歴史的説明を示す鍵になるデータは、教室の教員自身がきわめて熱心に抽出し、承認したものではないだろう。そのようなデータのリストを作成することは難しくない。利用可能な候補の中から、次を挙げることができる。すなわち、1902年のロンドン州議会の昼間教員養成学校の設立、1904年と1907年の教員養成法、1905年の教員への提案手引書、1918年の教員の老齢年金法令、1919

年のバーナム給与等級とそれに続く全英教員組合からの分離，1925年の公立基礎学校の教員養成部門委員会，1944年のマクネア報告，1963年のロビンズ報告，1972年のジェームズ報告，1976年のラスキン演説，1983年の白書『教員の質』，1988年の教育改革法とそれに続く法案，1993年の教育水準局（Office for Standards in Education = Ofsted）と1994年の教員養成機関の設立，1997年の教員と高等教育法，1999年の緑書『教員：変化の機会との出会い』である。

　現代教職の歴史的物語を構築する上で，これら文献資料の多くは非常に重要である。累積的に，これらは，世紀を通じてなされた教員の仕事に組織的な限界を設けている。なおかつ，これらには教室の歴史が変化したという転換期はほとんどない。つまりこれらは，大部分の教員自身が，自らの教育経験を省察するときに用いる歴史的創造物ではないのである[30]。特徴として，長く勤めて退職する同僚に言う別れの言葉において，非常に強烈に，敏感に耳にする省察は，国家的行事よりも，地域の時間枠と一致している。その時代区分は，個人的で特異的なもの—たとえば，新しい校長の着任，学校の再編成，非常にやっかいな生徒，目立った社会的事件—によって決まる。このような私的な説明が組み入れられた国家的な問題は，とりわけ直接的な方法で，日々の学校生活の根幹的な内面部に作用していた。たとえば，1972年の学校卒業年齢の引き上げ，1974年のホートン報酬金，1980年代の教員のストライキのような出来事である。逆説的ではあるが，21世紀初期の政府政策が学校教育の多様化を重視する方向に向かっていたころ，国家による教員の仕事の徹底的な視察は，教員の職業的記憶を国有化することに作用していた。前世代の教員にとって，あの画期的な1944年教育法ですら，学校での日常生活のいっそう親密なリズムに反対した，境界的な節目のように見える。しかし，20世紀の最後の20年間に職場にいた教員にとって，1988年の教育改革法と立法活動の後に続く多くの法令は，教員の後の職業人生の過程を語り，説明する中心的事項と一致するようである。

　記されたものによると，再出現したテーマのパターンは，現代教職の歴史に関するもっとも印象的な特徴の一つである。例を挙げると，20世紀終わり頃

は，19世紀終わり頃の教室の教員が最後と信じていた政策，つまり「出来高払い」の「復活」への職業的懸念によって特徴付けられた[31]。別の方法でこの再出現の傾向を説明するために，20世紀最初に発行された『教員』(The Schoolmaster)のコラム記事に戻ろう。重要な転機にある国家の公教育を調べたところ，そのジャーナルは現在を典型的に示し，未来を予測している。次つぎに明らかになる南アフリカ紛争を誘導比喩として取り上げ，『教員』(The Schoolmaster)は，新しい世紀に「罪，悪徳，無能の始まりに対抗する戦士，無教育との戦いに対抗する教員の大隊は，希薄になり，増えないだろう。」と警告している。

この予言を立証しようと，ジャーナルは100年後の出版物のページにかなりしっかりと，文体的因習を残して，一連の出来事の概略を示すことに取り掛かった。

もし国家が教員の不足に頭を抱えているのなら，それだけで責めるべきことである。とりわけ，教員免許の地位を高める唯一の方法は，より良い「報酬」(Queen's Shilling)，より多い分配，より安全な場所，より高い世間的評判，そしてその最後にはより多い年金を提案することである。しかし，これらは大蔵大臣が横目で見る用語である。学校の人材採用方法を見てみよう。ほとんど誰も一員にならない教職への裏口が開かれるかもしれない。しかし，効果はないだろう。この頃のイングランドの親は，多くの公立の基礎学校の教員の職業が，いかに不健全な恩恵を得て，低い評価で，不安で，苦しく，わずかな圧制に強いられているのかを熟知している。それゆえ，その親は，覚悟して息子をその学校に入学させるだろう[32]。

公的セクターの教職の近代史が，執拗に循環するテーマを強調する文献に影響をうけやすいということに驚くべきではない。世紀にわたって，多くの個々の教員が自身の専門的職業の力量を発展させ，伸長すべく，限りなく勤勉で，柔軟的で，独創的であり続けている。しかし，教員の努力にのしかかる抑圧は

いつもきびしいものである。何にもまして現実的にも象徴的にもこれらの抑圧は，ほとんどの教員の日々の労働を形成し，組織するときに，単純化できないくらい重要な教室の支配から派生しているのである[33]。

政策立案者にとって，教員の労働から期待でき得る限界は，立法や選挙への熱意の範囲によって大抵定められている。教員自身にとってそのような限界は，教員が働いているすぐ周辺の物理的スペースのプレッシャーによっていつもきわめて局部的に課せられている[34]。最低限の床面積，大きな学級規模，粗末な暖房装備，固定された，もしくは融通の利かない設備や備品，不十分な教材といったこれらすべては，毎週毎週教室で達成可能な事に自らの統制をかけている。教職が始まって以来，このような実際的制限はさまざまな方法で現代教職の集団的経験の一部を成していた。多くの職業にとって，日々の労働の様式，組織，特徴的パターンは20世紀の間に転換した。これらの中で教職は特別なものではなかった[35]。教職における類似の構造変化は，20世紀初期までにイングランドとウェールズを都市住民の国家にしようする都市化の過程による強力なプレッシャーの下，19世紀の早い時期に実質的に実施されていた。そのような住民を供給する学校は，ローティ（Lortie）がアメリカの文脈で「多数から成る自給自足の教室の"細胞"的な形態」と述べたように，すでに特徴的な形態を帯びていた[36]。

議論の余地なく，特に初等教育セクターにおいて細胞的な形態に重要な課題を提案するなど，教職は20世紀の過程で非常に大きく変化したようにみえる。しかし，このような形態の下，少なくとも20世紀の最後の最後まで，教職の基本的構造は依然として極めて一定して残っていた。ヴィクトリア朝後期の芸術学校を訪問すると，われわれ自身の子ども時代の教室の環境によく似ていて重大な違いはあまりなく，心を揺さぶられ，印象的であった。近代の中等学校への訪問も，まったく同じように，まったく同じ理由で刺激的で印象的である。フィリップ・ジャクソン（Philip Jackson）が明白に記しているように，「どこで遭遇しようとも，基本的な部分で学校は学校であり，教室は教室である[37]」。教職の支配的な職業文化とみなされる範囲内で，教室運営に関する多くの従来

型の政策の堆積をもたらしたこの構造が，長時間かけて相対的に持続されている。

この文化は，本質的に相反する目標が，高尚な職業と低度の悪賢こさという教職の概念に同時に応じる伝統に，やむを得ず変化したものであった。この複雑で徴妙な連携は，1949年にエドワード・ブリシェン（Edward Blishen）が臨時訓練学校の学生であった頃の記録ほどうまく表現されているものはない。ブリシェン（Blishen）は，校長のトレリス（Trellis）氏—「背が高く，白髪で，幾分やさしく，何事も気高くいいたいと主張する朗々とした声をもつ」—と，教育長のジェップ（Jepp）氏—「『私の人生で，何千人もの君のような人を見てきました。君の理想主義を早いうちに取り除くために，ここにいます。』」という—との交流を記憶している。

> 二日目の朝にトレリス氏は，このように言う。「我々が学ぶべきことは，教え子の心の窓を開くことです。」…はにかんだ笑顔は，極めて重要な表現で，瞬時に癒されるようだ。「われわれは，生徒の人生に美しさと輝きを与えなければならない。」
>
> 彼の後にジェップ氏が続いた。ジェップ氏は，その前日の彼の選択個人指導に一人か二人足りていないことをただ伝えただけであった。そして，「もしその午後に学生が来なかったら，ひどく叱りつけるだろう。」，ととてもゆっくりと冷たい口調で言った。
>
> 「二人は一緒にうまくやっていると思うかい」とビング（Bing）がささやいた。うまくやっていけそうには見えなかった。しかしその逆で，（二人の良好な関係は，紳士が努めて友好的に交わすような二人の笑顔からもはっきりとわかった）ジェップ氏によるトレリス氏への完ぺきで愛想のよい，矛盾した行為が訓練の一年中見られるようになった[38]。

このようなやりとりの生産物である文化が，表現と手段の複雑な混合物として展開した。それは，処方的な知識を維持し，伝達するためだけに機能してい

るわけではない[39]。世紀を通じて，その文化は，教室を主要な象徴的表象とする教員自身に割り当てられた職業的地位を守り，その地位を上昇させる重要な部分をも担っていた。この教室は，不可解さ，狭猾さ，これらに直接関与していない人への教授スキルの本質的な不可知さを象徴していた。20世紀の教員にとって，難解な教室のイメージは有力なリソースであったと同時に，深刻な弱点でもあった。正式な職業的地位の両面的な本質にもかかわらず，専門知識及び自律に関する説得力ある主張を現実的に構築し得る立場を教員は確保できるようになった[40]。しかしながら同時に，それは市民の誤解と疑惑を受けやすくなった教員たちを引き裂き，気まぐれに教員と仲間もしくは同志になりたいと思う人たちを当惑させた。普遍的な初等教育段階による独立した基礎教育セクターの置換え，学校の卒業年齢の累進的な引き上げ，外部監査の拡大，公教育にまとわりつく政治的期待のレベルの容赦ない加速によって，教員は，象徴的な教室にある立場を手放すというさらなるプレッシャーにさらされた[41]。20世紀後期における公的な教職の複雑でしばしば手間のかかる発展を理解する方法の一つは，それが常に自分のものとして理解してきた，また理解させてきた領域から撤退することが緩慢で困難なものであったということである。

　1921年，ヘンリー・ニューボルト卿（Sir Henry Newbolt）による英語教育委員会（committee on the teaching of English）は，カリキュラムの厳重な中央管理の重荷を負わさないと教員に再認識させた。ニューボルト卿は，教室にあった職業責任を取り戻すように教員を激励した。「時折教員は，自身の自由に無意識であるか，もしくは恐れているようであり，そしてもはや自身を縛らない規則を望んでいるようである」と報告は述べた[42]。40年後，戦後の，まったく異なる政治情勢や社会状況下では，教員の管理下にある教室をそのままにするという考えを，政府が大幅に緩和することはもはや明らかではなかった。当時の文部大臣，デイヴィッド・エクレス卿（Sir David Eccles）は，教室での指導と学習への責任に関する一連の新たな重要点—つまり，効率性，有効性，パートナーシップ，開放性，説明責任といったさまざまな名称—を示唆し，「カ

リキュラムの秘密の花園」を新たな政策課題と明確に認定した[43]。1988年の教育改革法が通過する時までに，これらの重要点はかなり拡大した。それは圧倒的なものでもあった。世紀の初期から形成され，親，政策立案者，訓練者，査察官のような教員でない人びとによる関与に固有の不安がある教室の古い，インフォーマルな文化は，譲歩しなければならなかった。教室のリソース，基準，慣習の内側をみるようになる文化は，それ全体が外側——つまり，異なる職業的モデル，ステークホルダーの興味，市場の価値——へ向かっているとすぐに理解された。

　20世紀後半に向かって教育の法的，行政的な変化のペースはきわめて早かった[44]。文化的変化という点で評価するのは極めて困難ではあるけれども，教員の職業文化に対応する動きは息もつかせないほどであった。おそらく，教員の職業文化の変化を評価する一つの方法は，現代の変化を評価するために現時点ではなく過去を詳細に検討することである。われわれが向かおうとしているところは歴史学者の言うところのためではなく，われわれが行うことはわれわれがどこから来たのかを明確にすることによって未来の方向に関する判断を報知することである。それゆえ，この課題で，教員の職業文化の伝統的な表象といわれてきた，その主要な構成要素に迫ろうと思う。公的セクターの教員に対するわれわれの分析には限界があるため，教員の影響の最盛期に着目していくつかの要素を明確にしようと思う。世紀の下半期——実際には，戦後——を，伝統的な職業文化は変化しなければならないというさらなるプレッシャーを受けた時代とすると，中期頃はもっとも職業文化が発展し，拡大した形態として挙げられる。3つの文献資料が，ガイドとなる。それらは，マクネア報告（the McNaire report），すなわち，1944年の『教員と若い指導者』（*Teachers and Youth Leaders*），わずかではあるが，オールダムの教育長モーリス・ハリソン（Maurice Harrison）によって1943年に出版された客観的な書物，『成否を決める教員』（*Teachers Made and Marred*），1947年に初めて出版された，エリック・パートリッジ（Eric Partridge）の永続的に興味深い言語学の参考文献，『言葉の慣用と誤用』（*Usage and Abusage*）である[45]。

『言葉の慣用と誤用』において，エリック・パートリッジは，さまざまな社会的，もしくは職業的グループに適切な総称を作ることを目的とした，ある種の室内ゲームに取り掛かった。たとえば，子どもの「疾走」，学者の「照合」，政治家の「無関心」などである。このゲームは気まぐれなもので，使用された語はしばしば陳腐であった。しかし，見出し語はとても挑戦的な反響をもたらしている。現代の学校教員に適切な語を探していると，パートリッジは「無欲さ」にたどり着いた。学校教員の「無欲さ」という語は，まさに注目するべきものである。なぜなら，その語の創始者とも言えるもっとも著名なジェームズ・カイ-シャトルワース（James Kay-Shuttleworth）のキリスト教宣教員理念に根ざして組織化された教職の，永続的な衝撃と期待の基本的な側面を捉えているからである[46]。

　喚起的な影響力にもかかわらず，パートリッジの示唆は，実際には部分的なものでしかない。その示唆的な影響力は，概念的集中化の装置が他の利用可能な代替を常に排除するという事実に由来している。その分析的可能性を十分に活用するなら，パートリッジのゲームをもう少し行い，他のグループの名前が自らに称賛を与えることを検討しなければならないだろう。そして，それができたら，いかにこれらの総称，常識の範疇が，マクネア（McNair）とハリソン（Harrison）の研究において調査され，照らし出されているのかを検討する必要がある。適切な代替的集合名詞を探るいくつかの手がかりとして，もう一度フランク・ロスコーに戻ろう。彼は，間違いなくもっとも洞察力に富む者の一人で，世紀の初期から積極的に教職に関心を抱いた共感的な評論家である。各章の題辞として機能するロスコーの言葉は，国家にとって緊急である教職力の主な共通機能について，有効な要約，特徴的な簡潔さ，そして，洞察力のあるものを提示している。

　ロスコーの見聞の幅広い慎重な判断は，パートリッジのさらに皮肉な見解を支持している。教員の「無欲さ」は，故意に「金や名声のわずかな褒賞のために（そのような）仕事をする」英連邦への奉仕に与えられている。しかし，これはロスコーの言葉で示されている唯一の特徴ではない。財政的か市民的かど

ちらにせよ，教員は自身に向けられる一般的に低いレベルの因習的な敬意に直面しているにもかかわらず，「たとえば，単に金目当てのために働く人の精神ではできない」仕事の方向性を維持しているとロスコーは強く主張し続けている。このような悪意の排除は，職業的地位に対する集団的な懸念事項，そして，20世紀の教員の意識をはっきりと際立たせる一般的認識を渇望していることを示している。パートリッジのゲームの意味でいう「教員の願望」という観点で，この切望的な思いを訴えたい。

ロスコーの評価は，他の可能性も示している。とりわけ，「不明瞭さ」という言葉の使用が，かなり目を引いている。おそらく，20世紀における教員の「不明瞭さ」は，かなり特殊なものである。教員は貧困者になろうと，首相になろうと，教えた生徒を決して忘れない。しかし，学校を卒業するとかつての生徒達は，教員と共有していた限られた世界を必ず超える。そして，時間から自身を切り離し，幼少期の状態で絶え間ない，循環する話し合いに自身を委ねなければならない仕事をする教員に対するある種の同情によって，感謝，尊敬，愛情までもが軽減されるようになる。19世紀には，教員の個人的な失敗，制限，ささいな障害で，社会人としての日常的な正規雇用の資格を剥奪することを強く主張した一般協会を通じて，この認識が示された[47]。この協会は1870年代からの教職の進歩的な専門職化でかなり改善され，その後20世紀の初期まで教職は教職に伴う有資格で評判の良い尊敬の称号を享受するようになった。しかし，「不明瞭さ」の汚名は，残ったままである。さまざまな形でこのような表現は見られたが，とりわけ2つの関連要素に注目しよう。

一つは，教員が職業人生を通常過ごす物理的な空間のことである。ほとんどの20世紀の教員にとって，これは分離によって特徴付けられた空間である。彼／彼女の教室の囲い込まれた領域において，教員は仕事現場の共働者にもっとも近い子どもと一緒にいて，仕事の報酬が与えられる世界の唯一の代表者である。しかし，教員自身はある意味で決して正式なメンバーではない成人の職業世界にとって，外側から見ると，生涯を通じて教員の全体的な努力の焦点はまさに新しい世代の準備に注がれている。利口で，才能あふれ，資格を有し，

大多数の彼／彼女の任務に合わない学位を受ける教員は，自分たち自身のためというよりもむしろ，他者の教育のために自らの能力を特徴的に活用してきた。そして，次の集団が学校を出て世界へ向かうとき，教員自らの成功の概念の指標を表す身代わりとして，教員は常に残ってきた。この点で，「不明瞭さ」を必然的に伴うものとしてみられる物理的分離とその世間知らずとの両方に機能していると理解できよう。そうすると，集合的な称号，つまり「教員の孤立」は妥当なようである。

　全職業を通じて，このような類の孤立は，20世紀の多くの教員を刺激した。これは，「不明瞭さ」の名の下でロスコーが結びつけようとした第二の側面である。長年を通じて，総じて教職者が向上的な刺激にとりつかれた場合，人生の教室での累積的な経験は，多くの実践者にとって最終的に意気消沈させるものになった。個人的な業界，献身，忠誠に対する公的な報酬と認識のバランスシートは一致せず，退職する頃には働き始めた頃の熱意は消散している。これは20世紀の教職において，いろいろな一連の話によって表される感情である。それはまた，自身の命を教職にささげるほどではないにせよ，教職を理解しようとしている人たちによって表されてきた。たとえば，1920年代初期における教員研修に関する部門別委員会は，教員は「比較的冒険心がない」―よくある印象的で挑発的な所見，洞察と無知が混合したものは，教員の人生の本質的な特徴を捉えようとする教育評論家の記事を興味深いものにしている―と語った[48]。このようなさまざまな方法でロスコーと部門委員会が定義しようとしたものは，「教員の失望」として不正確に理解されているようである。

　パートリッジのゲームを―彼の期待以上に真剣に―検討すると，「教員の無欲さ」は説得力のある主張である。フランク・ロスコーの考察を検討してから，さらに3つの提案をこれらに付け加えたい。すなわち，「教員の願望」，「教員の孤立」，「教員の失望」である。これらの概念がいかにマクネアとハリソンによって扱われたのかを検討してみよう。

　二人のそれぞれにとって，教員間の無欲さの質は重要なもの，決定的なものとすら認識されていた。マクネアが指摘するように，この無欲さの精神はある

程度の高潔さを有している。高潔さは世論に好印象を与え，とりわけ親によって認められた教員の信頼の度合いと認められる。たとえば，この信頼は，学齢期の児童を有する親にとって適切で，受入可能である戦時中の疎開計画を政府が保障するために，唯一もっとも重要な要因であった[49]。しかしながら，教員の無欲さは，称賛されるには明らかに程遠かった。両者の研究は，教員の無欲さをきわめて否定的で，反響する傾向のある，潜在的に腐食した能力とみなした。そして，それゆえ，一世紀前の一般的な教職にあった謙虚さの起源を持続させているとみなした。教育の影響力が準備されていたということによる政治的，社会的な期待は，19世紀にふさわしかったが，20世紀には適切ではなかった。「教員の供給とモラールを持続するためにこの狂信的精神に頼ることは愚かなことである。まさに教職は社会奉仕の一つであるが，他の専門的職業と同様に生計の手段でもある」[50]とマクネアは述べる。初期の教員養成校の成果に染み込んだ伝道者めいた犠牲的精神は，現代の教職から遠ざけられる必要がある学校教育の，分裂した伝統を連想させる「安価な伝統」と密接に結びついている。「実際のところ，われわれの子どもを安い費用で教育するという伝統からわれわれ自身を解放していないのである」[51]。世紀の終わりごろに政府調査によって導かれた研究と比較してみると，この分析の強みは，歴史の認識に明確に依存し，単なる断言や強要の力に依存しない専門的な改革の主張を示しているということであろう。「市民はこれらの歴史的事実を認識しなければならないという必要性をいくら主張してもし過ぎることはない。なぜなら，歴史的事実は不十分であるというかなりの説明を提供することと，歴史的事実の向上のために改善を提案することの双方を実現したいと考えているからである。」[52]

　ハリソンは，利他主義で表に出てこない教員の歴史があるにもかかわらず，教員の比較的少ない給与は，ますます「さまざまな形で現れる不平の根源」と主張する[53]。さらに，教員の個人的で専門的な職業資格の程度が高まるにつれて，以前は分離されていた高等教育が主流のものと結合するようになるにつれて，そして他のより高尚な職業と混合されるようになるにつれて，教育実習

生は伝統的なサービス精神を維持することが難しいということに次第に気づくのである(54)。

> …大学教育を受け，大学教育を受けた他の人びとの中で暮らしてきた教員は，若干の例外はあるものの，経済的報酬や社会的名声において低い地位になる運命にある。これは，かなり多くの卒業生が教職につくことを避けようとする事実が説明している。…教員は他の職業よりも利他的であると期待されるべきではないのだ(55)。

わずかな物質的報酬への忍耐が教員自身の民主化を脅かすのであれば，世論の目からすると，それは教員を無気力で異常に無活動な状態にしている。同様に，これは常に相反する感情を有する地元地域における専門的職業集団の社会的孤立をさらに促進する危険性を高めている。自己の利益が他の専門的職業で認められた基準であるなら，教員は異なる基準に固執することを期待されるべきではない。「実にこのような期待には，明らかな危険性がある。もっとも必要なのは，教員は実際の彼／彼女そのもの―プライベートな生活のある普通の人―を見られるべきなのに，人びとに教員を独特な人種として扱うよう働きかけている(56)。」

このような注目は，教員の専門的職業の自己防衛に関する重要な逆説を顕在化させている。教員の「普通さ」を理由にさらに物的報酬の問題を強調すると，教員が奉仕した地域からの独立に依存した，つまり教員の象徴的な分離にまさに依存した，大切にしてきた専門職的地位を傷つける危険を冒すことになる。教員の専門的職業文化のかなり多くの点で，教員の孤立は主要な長所でもあり，持続的な短所でもある。教員のいる地域内で教員に表される敬意は，変わり者で世間知らずと見られることを犠牲にして成し遂げられた。ハリソンは，「どうすれば教員と仲良くなれるか？　―まるで教員と"仲良く"なれたら意外なことでもあるかのように。教員と教員の幼稚さを説明していただけますか？」とたびたび尋ねられたと述べる(57)。マクネアもまた，教員の「若者と

常に一緒にいる重要な仕事」を通して，ある意味ですっかり未成年者の世界に引きずり込まれていると，教員はおそらくより有害に描写されていると認識する[58]。「少年の中にいる男性，男性の中にいる少年と教員が呼ばれているのを耳にした」とハリソンは述べる[59]。教育，教育訓練，教員の専門的職業の姿勢，これらすべては一般の関心や政権の関心までも引き付けるけれども，教員の専門的職業の知識——子どもの——の焦点には興味が示されなかった。そのゆえ，教職が引き付けている地位は不完全なもの，つまりある種の偽りの専門家なのである。熱望と感受性を特徴的に持ちあわすことで，教員はこの状況に失望することを不当だと自覚している。「多くの教員は，その考え方を理解している。そして，複数の教員は，教員が休日や地元地域から離れているとき，自身の職業を慎重に隠すことを率直に認めている。」[60]

「教員は，偏狭な生活を送るとよく言われる。」[61] マクネアの鋭い批評は，ロバート・モラント（Robert Morant）の時代から強く感じられた教職集団の構成に関する当局の関心事を含んでいる[62]。その偏狭さは，一生の資格として呼ぶには不十分であるが，特に教育の資格として充足性があるように見られることである。教員は決して学校から逃げず，それゆえ，決してそれを完全に理解するための見解を発展させてこなかった。研修後に，若い教員は「教員の使用人を制度的な生活の型に形成する施設…ありふれた形でありふれた組織の，学校という施設」に戻る[63]。

マクネアとハリソンの両者にとって，この専門的職業の偏狭さを緩和することが，もっとも切迫した潜在的な改革であった。「公言しないまでも，不完全な普通の改革はより危険である。教員の労働のまさに本質は，完全に成熟しており，世故に長けており，忍耐強く，知識と理解の広さに恵まれていなければならない[64]。」マクネアは，長く務めている教員を学校の活気をそぐ影響から定期的に遠ざけ，また，「独身の専門的職業に就く女性」[65]のために，妻であり，母でありながら教職に尽している教員の雇用を禁止している慣習的な配置をやめることで専門的職業の拡大の可能性を調査した。さらにより急進的な提案は，教職は後の人生に加わろうとし，教室を超えて世界に幅広い影響力をも

たらそうとする人に開かれるべきだということである[66]。これは，言うは易く行うは難しなことである。このようなことは教室生活には魅力的だとしても，専門教育の厳しい必要条件と，さらに悲惨にも比較的貧しいレベルの報酬も，そのことに不利に作用する。

> 教員の給与計算システムは，指導能力の限界と教員の将来的展望の偏狭さを重要視している。大学や教員養成大学の前後に産業，政府，商業の分野で人生の一部を経験している教員は，学校から大学へ進みそしてまた学校へ戻るという型にはまった隔離されたコースを進んだ同僚の教員よりも，経済的に低い地位にいる[67]。

現代の20世紀の教育システムの再構築に向けた戦後の挑戦に直面して，マクネアとハリソンは国民の強い願望と時代にそぐわない教員への願望を指摘した。19世紀後半から，有能な労働者階級の生徒にとって，教職は上方へ向かう社会的移動のための主な手段であった。このような方法で，20世紀初期の学校教育の中で向上的な大望の表現は，教員自身の象徴に組み入れられた。20世紀中期まで，地元地域にいる教員の向上的な姿に伴う教育的成功の偏狭な認識は，急成長しつつある教育システム自体への国民的願望の実現を予想外に阻むものと思われた。この意味で，教員は全体的発展の手段というよりも，労働者階級の願望の宝庫となった。労働者階級の共同体内で，これは，教員自身の向上的な渇望，地元地域での地位が示す認識された尊大さ，子どもの教育システムに期待する親の一般的な困惑を強調させる複雑な緊張を生成した。一方で，親は教員の個人的な成功を認めるようになり，それゆえ，「国民に教職が尊敬されている」ことを論証しようとした[68]。またその一方で，

> 肉体労働者の一部に，根の深い，無意識の嫉妬がある。教員の大多数は，もともとは肉体労働者の社会的地位に属しているのだ。子ども時代には，彼ら／彼女らは共に学校へ行き，遊び仲間であった。肉体労働者にとって，

> 教員は短時間で，簡単な仕事で，過剰に長い休暇があり，高い給料が支払われている人に見えるようである。その教員は，肉体労働者のいとこであったり，かつての遊び仲間であったりするという事実が，このような考えを悪化させている(69)。

　この逆説的な認識の兆候は，「親は特に教員が子どものためにすることを高く評価するだろう。しかし，自分の子どもが教職に就くのをやめさせる」(70)ことである。
　学校だけが教員の熱望する地位を複雑な課題に直面させる唯一の場所ではない。教育のハイアラーキーの対極にある場合も同様である。たとえば訓練中の教員が高等教育の世界の知的な—そしてしばしば，社会的な—喜びを少し知ると，多くの教員は簡素な教室の苦しい仕事の生涯に戻ることは困難なことだと思うようになる。教員養成大学ではなく大学で専門的訓練を受けた人—今もなお比較的まれであるが—にとって，上昇志向の衝動はさらに増し，そして「教育は大学が提供するという乏しい考え」という一般的な認識によってさらに複雑になっている(71)。学習を通じた能力，努力，進歩の権化である学校の教員達は，彼ら／彼女らが訓練し，働く教育環境が教職のすばらしい満足感をもたらすと認識するが，それと同時に，その教育環境が強烈で持続的な個人的失望の源になり得るということも認識するのは，辛辣な皮肉である。
　20世紀半ばに経験されたように，ある意味で，失望は教職に刻み込まれた。これまで見てきたように，公的サービスと個人的達成という両方の観点で，専門教育や日々の学級生活での教員の経験は，さまざまな方法で，活気ある教職の可能性を示す，向上的な熱意に矛盾する働きをしている。多くの個人は励ます方略をとったが，人によっては，失望は教員の職業生活の大部分を占めており，生徒と教員自身との間の橋渡しが困難になり，特徴的に時の経過が進むと，失望はより差し迫ったものとなった。マクネアは個人的な失望に根付いた全体的腐敗化の危険性を認識して，「教員の生活はより魅力的でなければならない」という強制命令と共に，「教職の高い評価」を示そうとした(72)。20世紀後期の

教員がそのようなフレーズは結局のところ実態がないと認識した程度に，潜在的な失望は軽減せず，むしろしばしば悪化したけれども，これらは後に続く多くの政策判断のありふれたレパートリーに容易に組み込まれたメッセージであった。ハリソンは，仕事に熱心に取り組む20世紀の教員が挫折し，困惑しているのを通して，無欲さ，奉仕，地位の複雑な組み合わせの方法を評価した点できわめて鋭敏である。

> 組織としての教員は「違う」という印象，そして，教員は普通の人と仲良くすることが難しいという印象が存在する。このようなむずかしい性格は，将来的展望や興味の狭さ，特異さへの不寛容，仕事をこなす代わりに議論や些細なことに過度な準備をしたり，なかなか妥協しないこと，公務的行為への嫌疑（おそらく理由のある），採用側の不適切で不公平な対処を暴露しようとする気持ち，仕事の不適応が原因である多くの挫折感，そして報酬や社会的地位の点で妨げられ，不当に扱われていることから生じているのだろう[73]。

結　論

ハリソンによると，「教員はそのような不当さの下で苦しんでいる，そして教員はそこから逃れられない，また教員は自身を高く評価している，教員は異なる集団で行動しているという感覚が教員間にあると確信する理由」がある[74]。うやうやしく超然としているけれども，この苦痛感はインフォーマルな職業文化の特徴である。そのインフォーマルな職業文化は全時代にわたって多大な影響を及ぼしたように見られるけれども，20世紀中ごろがその絶頂であった。職業文化は，脅迫や実世界や想像から，また社会や国家から，教員を守ると同時に，職業文化の構成員に支えと慰めを与える文化でもある。全体の利益を目指した立派な目標のために奉仕した社会に故意に誤解された，一般的認識によってまとまった文化である。

さまざまな程度の焦燥を伴った20世紀終わりの30年ほどの間，教員の職業

文化は，政府が相次いで実施した教育の劇的な構造的改革のための必要条件として保障した文化である。そして世紀の終わりに近づくにつれて，その文化がまさに変化しているという徴候が見られた[75]。その伝統的な文化が築かれた基礎は，教室を変容させるだろうと教員が今ではわかっている技術的進歩が，ほとんどない教室であった[76]。さらに，教室は，今やまったく見ることが不可能な程，外の世界の好奇に満ちた眼差しから遮られる場であった。職業文化と結びつける接着剤は，共有された背景，同質の教育経験，類似の経歴，そして共通の動機といった教員間の認識である。これらのすべては，現在—政策意図と同じ程度に一般文化の変化の結果として—比較にならないほどさらに多様となっている。教員がかつて主張したこと—複雑な意味で，教員は他の職業集団とは異なるということ—は，今やますます受け入れ難いことのようである。

　長期間の継続とは対照的に，短期間の大きな変化は過大評価に陥りやすい。10年か20年後には効果的に忘れられた，画期的で重要な改革を主張する教育解説によって，20世紀の実績は汚された。言うまでもなく，教員の職業文化の根底を理解しようとするとき，21世紀の教員は答えを求めるために，20世紀の最終四半期に目を向けるというのは非現実的ではない。教員が答えを求めるとき，彼ら／彼女らは前世紀の大部分を通して学校教員の生活と仕事の大半を反映しているあの記述—教員の「無欲さ」，教員の「孤立」，教員の「熱意」，そして教員の「失望」—の21世紀に向けた比較的な実用性を熟考するだろう。

Key Reading

　産業界を越えて急成長する政治的関心として教職に関連する課題は，経済協力開発機構によって1990年に出版された『今日の教員：任務，状況，政策』(*The Teacher Today: Tasks, Conditions, Policies*) で強調されている。イングランドとウェールズにおける教員と教職の歴史に関して出版されたほとんどの研究の焦点は，教員養成と教員の専門家組織に関する政策と構造に置かれていた。時代遅れであるが，トロップ (Tropp) とデント (Dent) による前述の研究は依然として価値がある。20世紀初期の教員養成改革に関するランス・

ジョーンズ (Lance Jones) の重要な研究をこれらに付け加えられる。その研究は,『イングランドとウェールズにおける教員養成』(*The Training of Teachers in England and Wales*, Oxford, Oxford University Press, 1924) である。20世紀後期ではマーティン・ラウン (Martin Lawn) による『国家の奴隷：論争の支配の教職　1900年—1930年』(*Servants of the State : the Contested Control of Teaching 1900-1930*, Lewes, Falmer, 1987), そしてエリック・ホイル (Eric Hoyle) とピーター・ジョン (Peter John) による『専門的知識と専門的訓練』(*Professional Knowledge and Professional Practice*, London, Cassel, 1995) がある。同様に価値のあるのは, マーティン・ラウン (Martin Lawn) とジェラード・グレイス (Gerald Grace) によって編集された随想集『教員：その文化と政策的な仕事』(*Teachers : The Culture and Politics of Work*, Lewes, Falmer, 1987) と, イヴァン・グッドソン (Ivan Goodson) とアンディ・ハーグリーヴス (Andy Hargreaves) による『教員の専門的生活』(*Teachers' Professional Lives*, London, Falmer, 1996) である。この分野でもっとも興味深い研究の多くは, 女性教員の活動と経験に関するものである。特に価値のあるのは, アリソン・オラム (Alison Oram) の『女性教員とフェミニズム政策　1900年—1939年』(*Women Teachers and Feminist Politics, 1900-39*, Manchester, Manchester University Press, 1996) とディナ・コペルマン (Dina Copelman) の『ロンドンにおける女性教員：ジェンダー, 階層, フェミニズム』(*London's Women Teachers : Gender, Class and Feminism*, London, Routledge, 1996) がある。

　より直接的に, 大々的に教員の声を聞くことができるのは, フゲット (Flank E. Huggett) による『教員』(*Teachers*, London, Weidenfeld and Nicolson, 1986) と, ジュディス・ベル (Judith Bell) による『教職について語る教員』(*Teachers Talk about Teaching*, Buckingham, Open University Press, 1995) である。20世紀初期の基礎学校の教職経験の刺激的な陳情書であるフィリップ・バラード (Phillip Ballard) の『私が忘れられないこと』(*Things I Cannot Forget*, London, University of London Press, 1937) がある。そして民間セクターの教職に関するかなり数多くの回想については, ロナルド・ガーナー (Ronald Gurner) の『私

は教職を選択する』(*I Chose Teaching*, London, Dent, 1937) がある。局所的に出版された教員の回想録もまた賞賛に値する。良い例は，ノルマン・ブリッジ (Norman Bridge) による『私のリバプール学校』(*My Liverpool Schools*, Portinscale Kirkland Press, 1992) がある。

　政策の歴史に関するもっとも重要な出発点は，間違いなく，20世紀に強調された教員の供給と養成に関する主要な公式調査である。つまり，1924年部局報告，1944年マクネア報告そして，1972年ジェームズ報告の『教員の教育と養成』(*Teacher Education and Training*) である。教育委員会1907年広告『生徒—教員システムの歴史と見解の回想』(*Memorandum on the History and Prospects of the Pupil-Teacher system*) もこれらに付け加えられるだろう。そして1939年からの2つの報告，教員養成協会と校長委員会の合同常任委員会による『教員養成の回想』(*Memorandum on the Training of Teachers*, London, University of London Press) そして，全英教員組合による『教員の養成と将来の教員への提供』(*The Training of Teachers and Grants to Intending Teachers*) がある。

〈注記〉
（1）　Frank Roscoe, 'The teacher's inspiration', *The Teacher's World*, 1913, vol.x, no.446, p.1.
（2）　D. Wardle, *The Rise of the Schooled Society*, London, Routledge and Kegan Paul, 1974; D. Hamilton, *Leaning about Education : An Unfinished Curriculum*, Milton Keynes, Open University Press, 1990, p.69; P. W. Jackson, *Life in Classrooms*, New York, Holt Rinehart and Winston, Inc., 1968, p.3.
（3）　H. Silver, *Education as History : Interpreting Nineteenth-and Twentieth-Century Education*, London, Methuen, 1983, p.89; K. Rousmaniere, *City Teachers : Teaching and School Reform in Historical Perspective*, New York, Teachers College Press, 1997, pp.5-7; G. Grace, *Teachers, Ideology and Control*, London, Routledge and Kegan Paul, 1978.
（4）　W. James, *The Teacher and His World*, London, Gollancz, 1962, p.11.
（5）　Crown Copyright 2001, National Statistics.
（6）　DfEE, *Statistics of Education : Teachers, England and Wales*, London, The Stationery Office, 2000, p.39.

（ 7 ） 同書，p.49.
（ 8 ） 同書，pp.106, 109.
（ 9 ） PP1924-25, xii, [Cmd.2409], *Report of the Departmental Committee on the Training of Teachers for Public Elementary Schools*, pp.56, 77.
（10） DfEE, 前掲書, 2000, p.73.
（11） O. Newman and A. Foster, *The Value of a Pound : Prices and Incomes in Britain 1900-1993*, New York, Gale Research International Ltd, 1995, p.269.
（12） DfEE, *Teachers : Meeting the Challenge of Change*, London, The Stationery Office, 1999.
（13） P. Clarke, *Hope and Glory : Britain 1900-1990*, London, Penguin, 1996, p.8; PP1902, lxxviii, [Cd.1139], *Statistics of Elementary Day Schools, Evening Continuation Schools and Training Colleges 1900-01*, p.68; G. A. N. Lowndes, *The Silent Social Revolution : An Account of the Expansion of Public Education in England and Wales 1895-1965*, Oxford, Oxford University Press, 2nd edn, 1969, p.32.
（14） H. C. Dent, *The Training of Teachers in England and Wales 1800-1975*, London, Hodder and Stoughton, 1977, p.51; Lowndes, 前掲書, p.17; A. Tropp, *The School Teachers : The Growth of the Teaching Profession in England and Wales from 1800 to the Present Day*, London, Heinemann, 1957, p.114.
（15） PP1902, pp.44-5.
（16） Newman and Foster, 前掲書, p.4; Board of Education, *Teachers and Youth Leaders : Report of the Committee appointed by the President of the Board of Education to consider the Supply, Recruitment and Training of Teachers and Youth Leaders* (McNair), London, HMSO, 1944, p.35.
（17） McNair, 前掲書, p.23.
（18） M. Harrison, *Teachers Made and Marred*, London, Pitman and Sons, 1943, p.10; Robert Roberts, *A Ragged Schooling : Growing Up in the Classic Slum*, Manchester, Manchester University Press, 1976.
（19） A. M. Carr-Saunders, D. Caradog Jones and C. A. Moser, *A Survey of Social Conditions in England and Wales*, Oxford, Clarendon Press, 1958, pp.121-5.
（20） *The Schoolmaster*, 7 April 1900, vol. lvii, p.645.
（21） DES/HMI, *1839-1989 : Public Education in England : 150th Anniversary*, London, HMSO, 1990.
（22） Lowndes, 前掲書, p.11; G. Troman 'The rise of the new professionals? The restructuring of primary teachers' work and professionalism', *British Journal of Sociology of Education*, 1996, vol.17, no.4, pp.473-87.
（23） M. Galton, B. Simon and P. Croll, *Inside the Primary Classroom*, London,

	Rougledge and Kegan Paul, 1980, pp.155-65; M. Galton, 'An ORACLE Chronicle : a decade of classroom research', in S. Delamont (ed.) *The Primary School Teacher*, London, Falmer, 1987, pp.21-44.
(24)	P. Gardner, 'Classroom teachers and educational change 1876-1996', *Journal of Education for Teaching*, 1998, vol.24, no.1, pp.35-6.
(25)	F. H. Spencer, *An Inspector's Testament*, London, English Universities Press, 1938, pp.159-60.
(26)	R. Lowe, *Education in the Post-War Years : A Social History*, London, Routledge, 1988; *Schooling and Social Change 1964-1990*, London, Routledge, 1997.
(27)	Gardner, 前掲書, 1998, p.39.
(28)	P. Cunningham, 'Teachers' professional image and the press, 1950-1990', *History of Education*, 1992, vol.21, no.1, pp.37-56.
(29)	Holmes-Morant Circular, January 1910, reproduced in Tropp, 前掲書, pp.271-2; DfEE, *Excellence in Schools,* London, The Stationery Office, 1997, p.46.
(30)	Jackson, 前掲書, pp.3-4.
(31)	Spencer, 前掲書, pp.86-99.
(32)	*The Schoolmaster*, 6 January 1900, vol. lvii, p.26.
(33)	A. Pollard, P. Broadfoot, P. Croll, M. Osborn and D. Abbott, *Changing English Primary Schools? The Impact of the Education Reform Act at Key Stage One*, London, Cassell, 1994, pp.15-16; S. Acker, *The Realities of Teachers' Work : Never a Dull Moment*, London, Cassell, 1999.
(34)	I. Grosvenor, M. Lawn and K. Rousmaniere, *Silences and Images*, New York, Peter Lang, 1999.
(35)	D. Lortie, *Schoolteacher*, Chicago, University of Chicago Press, 1975, p.23.
(36)	Lortie, 前掲書, p.14. また, 分離した教室の組織に言及した「包囲」の用語については, 次を参照. Jackson, 前掲書, p.5.
(37)	Jackson, 前掲書, pp.vii, 6.
(38)	E. Blishen, *A Nest of Teachers,* London, Allison and Busby, 1978, pp. 8-9.
(39)	S. A. Sackmann, *Cultural Knowledge in Organizations*, Newbury Park, Sage, 1991, pp.117-19.
(40)	E. Friedson, *Professionalism Reborn : Theory, Prophecy and Policy*, London, Polity, 1994.
(41)	M. Lawn, *Modern Times? : Work, Professionalism and Citizenship in Teaching*, London, Falmer, 1996.
(42)	Board of Education, *The Teaching of English in England*, London, HMSO, 1921, p.57.

(43) R. Brooks, *Contemporary Debates in Education : An Historical Perspective*, London, Longman, 1991, pp.6, 63.
(44) C. Chitty, 'The changing role of the state in educational provision', *History of Education*, 1992, vol.21, no.1, pp.1-14; R. Aldrich, 'Educational legislation of the 1980s in England : an historical analysis', *History of Education*, 1992, vol.21, no.1, pp.57-70; G. Welch and P. Mahony, 'The teaching profession', in J. Docking (ed.) *New Labour's Policies for Schools : Raising the Standard*, London, David Fulton, 2000, pp.139-57.
(45) E. Partridge, *Usage and Abusage*, London, Hamish Hamilton, 1947.
(46) Dent, 前掲書, p.13.
(47) P. Gardner, *The Lost Elementary Schools of Victorian England*, London, Croom Helm, 1984, chapter 4.
(48) PP1924-25, p.39.
(49) McNair, 前掲書, p.29.
(50) 同書.
(51) McNair, 前掲書, pp.30-1.
(52) McNair, 前掲書, p.31.
(53) Harrison, 前掲書, p.46.
(54) Harrison, 前掲書, p.48.
(55) Harrison, 前掲書, p.46.
(56) McNair, 前掲書, p.29.
(57) Harrison, 前掲書, p.8.
(58) McNair, 前掲書, p.28.
(59) Harrison, 前掲書, p.8.
(60) Harrison, 前掲書, p.9.
(61) McNair, 前掲書, p.25.
(62) Board of Education, *Report of the Consultative Committee on the Education of the Adolescent*, London, HMSO, 1926, p.125.
(63) McNair, 前掲書, p.25; Harrison, 前掲書, p.24-5.
(64) Harrison, 前掲書, p.13.
(65) McNair, 前掲書, pp.25, 28, 26.
(66) McNair, 前掲書, p.23.
(67) Harrison, 前掲書, p.52.
(68) McNair, 前掲書, p.29.
(69) Harrison, 前掲書, p.10.
(70) McNair, 前掲書, p.29.
(71) McNair, 前掲書, p.12-14.

(72) McNair, 前掲書, p.29, 28.
(73) Harrison, 前掲書, p.13.
(74) 同書.
(75) G. F. Riseborough and P. Poppleton, 'Veterans versus beginners : a study of teachers at a time of fundamental change in comprehensive schooling', *Educational Review*, 1991, vol.43, no.3, pp.307-34.
(76) W. Mach, 'All of these results at the touch of a button', *Teachers : the DfEE magazine for the teaching profession*, 1999, no.2, p.17.

第5章 生徒と学生

ルース・ワッツ（Ruth Watts）
原　清治 訳

　英国教育において，激変を遂げたこの一世紀の間の児童生徒（pupils）と学生（students）の多様な経験を，簡単にこの一章でとらえることは容易ではない。それらの多様性の中でもっとも重要なファクターは，アクセスと機会の平等性ではないかと思われる。したがって，本章では，それらに焦点を絞って考えていこうと思う。今まで英国教育の変化は，不平等—3つの顕著なものが，ジェンダー，人種[1]，階級であるが—の範囲外でしか考察されてこなかった[2]。もしくは，その範囲内で考察されることがあったとしても，過度の一般化や典型化がなされていて，「全体像」を語ろうといういかなる試みよりも，いくつかの事例や特有の経験を語ることの方が支持されてきた。それらは，継続教育，高等教育を含めた正規学校教育の5歳以降の子どもたちを「児童生徒」「学生」として包括的にとらえているだけであった。

　しかしジェンダーや人種，階級の相関関係は教育の歴史の変化を理解する上で決定的なものである。また将来，より適切で公正なシステムを手に入れる上で非常に重要な要素である。

2000年の状況

　英国教育において，数かずの不平等に直面してきた100年間であったが，非常に多様な経験を繰り返し続けてきた100年でもあった。ここに2つのレポートがある。2000年に教育水準局（Office for Standards in Education = Ofsted）によって発行された，「人種および階級とジェンダーのマッピングで見る教育

的不平等」と，人種平等委員会（the Commission for Racial Equality = CRE）によるこの論文の論評である。人種平等委員会の委員長グルブ・シン（Gurbux Singh）は，黒人生徒の入学時の優秀な成績と16歳までの低成績とを比べて，教育システムの「明らかな失敗」であると激しく叱りつけている[3]。このような人種問題は，貧富の問題と同様に国際的なものである。しかし「階級」[4]については，より英国らしい問題であろう。階級でなくともエリート主義の問題は，確かに英国の教育を分断させる力になっており，それは1999年にローラ・スペンス（Laura Spence）のオックスフォード大学マグダレン・カレッジ入学不許可問題からもみてとれる。いわゆる「エリート」と呼ばれる高等教育機関において，公立学校出身の優等なAレベルの学生と，私立学校出身の優等なAレベルの学生を同じ成績として評価すべきかどうかについて巻き起こった議論である[5]。

もうひとつ別の不平等についても大きく取り上げられた。女子教育の機会平等についてである。これを勝ち取るためにこの一世紀の間，さまざまな困難との戦いの歴史があったが，1997年中等教育修了一般資格（General Certificate of Secondary Education = GCSE）において，女子が男子の成績を上回ったという事実が，教育機関に衝撃をあたえた。いわゆる「男子向き」とされる算数や理科の科目においてさえもである。しかしこれは，心躍るような成績を達成した女子のいちじるしい進歩というよりは，男子の成績の低下が原因である。さらに，続いて起こったメディアの男子，女子に関する一般論は大抵，各性別間や階級や人種を含むその他諸要因に起因する大きな差異の較差を見過ごしていた。しかし実はこれらの諸要因すべてがリーグテーブル，学校視察，不適格校，カリキュラム，社会的包摂，奨学金等，現在の教育論争の基になっているのである。

結局，すぐれた教育実践はすぐれた機会の平等に基づいているということを歴史的研究がいかに証明しているかは教育関係者や解説者の間では，すでに周知の事実である。しかし残念なことに，一般的にはパトロジカルモデル（病的な典型化）が黒人や女性，労働者階級の認識にしみわたりすぎている[6]。

1900年の状況

　1900年の「パトロジカルモデル」は一般的に大多数の市民の教育に向けられた。安全で文化的な環境で育ったパブリック・スクールやオックスブリッジ出身の教育官僚は，大衆を「教化・洗練」させるために公教育が構築した初等学校制度を見下していた。このため今にも変容しようとしていたにもかかわらず，公立学校はエリートの「パブリック」スクールと独立＝私立学校システムによって抑制され続けていた。公立初等学校制度がすべての市民に義務化され利用できるようになってまだ間もなく，公立初等学校の児童生徒数の増加によって，児童生徒たちの無学さと同様に肉体的な発育不全やボーア戦争の徴兵による国民の「退廃」が広がっているという事実が認識されるようになった。この現状のなかで，世界一裕福な国の国民でありながら，栄養失調と極貧に苛まれている子どもたちを救済しようとする動きと，優生学的な考え方が同時並行的に大きくなっていった[7]。

　優越的な態度は，英国にとって意味深い存在のマイノリティであるアイルランド系英国人の主要商工業地域に住む子どもたちに向けられたものの中によく表われている。決してアイルランド系英国人すべてが技術をもたず貧困だということはなく，徐々に中流階級と同化しているという事実にもかかわらず，英国ナショナリズムを扇動する帝国主義者や人種差別主義者のイデオロギーによって，かれらは「よそ者」として問題視されていた。彼らによる社会的「汚染」や「無法」への恐れは，彼らの多くが敬虔なローマカトリック信者であることにより，一層増幅された。このことがこんどは，ローマカトリック信者を教育の機会平等のためには戦うが，政府の学校教育システムに組み込まれることには抵抗するようにしてしまった。また，地方税で安価な「中等教育」（secondary education）を提供するハイアー・グレード・スクール（higher grade school）の発展を毛嫌いする英国国教徒や保守派のあいだに信仰的政治的な同盟関係を生みだすことになった。しかし，そのような学校は万民にとっての教育機会の向上を切望していた大部分の上層労働者階級，下層中流階級または非英国国教徒や労働組合からは歓迎されていたのである[8]。したがって，教育

へのさまざまな要求が，対立する人種，階級，宗教，政治など立場を変えて時には異なった同盟関係で結束し錯綜しながら激しく議論されたのである。

ジェンダーの差別については，一般に生徒と学生を常に「彼」(he) と表現することに包摂されるように教育全般に内在していた。しかし，中流階級の間で，女子は公立全日制女子校トラスト (Girls' Public Day School Trust = GP-DST) というような新しい中学校に通学する者が増加した。これらの何校かは民主的な教育機会を提供しはしたが，男子の中等教育も十分でない当時，財源や数において男子のそれに遠く及ぶものではなかった。生徒が初等学校から進学するために奨学金を得るための険しい階段は，母性の賛美と女性らしさという観念にがんじがらめにされている女子にとって遥かに遠かったのである。しかし，まだ労働者階級の人びとにとって，学校とは，義務的なもので，要するに精神を陶冶するものというよりも管理されているようなもっと窮屈なものだった[9]。「生粋の」イギリス人でない子どもにとってはなおさらであった。

変動と連続性
(a)ジェンダー

20世紀は，表面的には，女子にとって素晴らしい新世界の幕開けであった。オックスフォード大学やケンブリッジ大学で女性が学ぶことが許されただけでなく，ロンドン大学や新・市民大学 (the New Civic University) 等で学位を授与されることにさえなった。女子のための高等学校は，1902年教育法が，公金による地方中等教育制度を設置したときに激増した。初等教育の義務化は，ついに女子，男子ともにほとんど100％の識字率を実現した[10]。

しかし，現実は，いくぶんか違っていた。教育において，男女間の平等性が明らかに展開した一方で，それが逆に機会と待遇に関する差別を覆い隠すことになった。たとえば，高等教育 (higher education) においては，オックスフォード大学では1919年，ケンブリッジ大学では1948年まで女子学生に学位を与えなかった。実際にほとんどの女子学生はロンドン大学と新・市民大学に在学していた。しかし，それらの大学でも女子学生は1920年〜1921年はたった

25.6％で，1934年〜1935年では上昇しても29％でしかなかった[11]。それでもこれは実体のある進展であると言えるし，女性が中等学校教員になるよりも先に学位を欲したことによるところが大きい。この進展は階級に基づいていた。ほとんどの男子学生と同様に，女子学生も大抵中流階級か下層中流階級出身で，教員をめざす者でさえそうであった。しかし，女子医学生はより学費がかさみ，長期のコースであるため，もっと裕福な家庭のものが多い傾向にあった[12]。

さらに女子学生は彼女らの主張とは反対に，大学の実態に次第に組み込まれていった[13]。家庭を守ること，女性の美徳と男子学生の既得権を守るために数限りないルールや規制が噴出した。キャロル・ダイハウス（Carol Dyhouse）が指摘しているように，大学での男子学生偏重の揺り戻しとスポーツや討論会のような多くの大学の活動における女性差別など，第一次大戦後女子学生を取りまく環境は悪化した。美術系のコースにおいて女子学生数が占める割合は半数に近くほぼ同等だったので，科学系の科目の少なさを女性向けとされる美術科目で釣り合いをとったかたちになっている[14]。

これらの問題はすべてのレベルの教育に表れていた。女子や女性が教育を受けるところはどこでも，男性に認められた基準とは区別されていた。このことは人びとの暮らしという面においては，教育報告（educational reports）や政策が示されたときに，ある事実がしばしば明らかになるだけだったが，女子は家庭的な教科を行い，男子はそれよりも社会性の高い大工や木工など技術教育を受けるという「実践的な」教育に関しては非常に明白であった。女子のために家庭的な教科を重視しようとする機運の高まりは，急速に変化する世界のなかで，心理学的，帝国的，社会進化論的な優生学者と政治的な事柄によって煽られ，女子は，科学あるいは数学を女子のために家庭科学に焼きなおした実践的科目に長い時間を費やすことになった[15]。

実際，家庭科学はジェンダーによって区分された教育（gendered education）のひとつの焦点と見ることができる。なぜなら，「女性らしさ」「母親らしさ」そして女性の「本来の」役割に関するありあまる観念が，この家庭科学に注ぎ

込まれていたからである。そしてまたこれは階級問題でもある。概して一般的にそのような教育は，初等学校の女子か，せいぜい中等学校の底辺ストリームの女子向けに唱えられていたからである。実のところ女子たちは，そのような授業が家庭で習うことに比べて役に立たないとわかっていたようである。しかし，そのような彼女たちの考えは，労働者階級の母親を軽蔑している官僚的な見方とは一致するはずがなかったし，また家庭科を教えることは女性の職業的な役割を拡大する機会につながるとみている人びととも一致するはずがなかった[16]。20世紀はじめ，技術学級と商業学級（technical and trade classes）や夜間学校（evening schools）の中で女子や女性に対する開かれた機会がほとんどないところにこの家庭科強調の考え方が浸透していった。これによって女性のスキルは高められたけれども，大部分は低い地位で低賃金の雇用に彼女たちをとどめておくような，非常に狭い範囲内でのことでしかない。1939年に女性教員組合（National Union of Women Teachers = NUWT）が適切に論じているように，そのような階級の女性は，彼女たちよりも階級の高い名門女子独立＝私立校と名門女子グラマー・スクール（prestigious girls' independent and grammar schools）で働く教養的な学力の取得と雇用の機会を完全に閉ざされていたのである[17]。

中等学校においてさえも，一方では，高いレベルの教養的なカリキュラムで事務的で秘書的な職業と教員養成大学を見下す傾向，他方では，中流階級の女子の就職や家庭の財源を現実的に考える傾向があり，両者の間に緊張関係があった[18]。多岐に分かれた目的があらゆる場面で女子教育と出会い，まさにそこで次第にアカデミックな勉学が彼女たちのために重んじられるようになっていった。たとえば，公的な試験の発展がだいたいは女子のために役立った。たとえそれらに不備な点があったとしても，彼女たち自身の知的能力を証明することができたからである。しかし，これは同時に，1917年に導入された16歳時の学校修了証明書（the School Certificate at 16 plus）のように，試験が彼女たちにバイアスをかけることもあった。女子のための必須科目として，または女子が好んで履修する科目（家庭科，音楽，美術）はそれぞれ一般的な合格

の価値が認められなかったのである。1938年、長い闘いの末に法律が改正されたときでさえ、これらの科目は他と同格とはみなされなかった。この問題のために戦ってきた女性教員らは、男子向けの科目と同等になることを切望していたが、そのようなカリキュラムの「男女同権化」はなされなかった[19]。

　12歳（1918年からは14歳）からの教育機会を左右するのは両親の収入、アスピレーションそして考え方によるところが大きい。デイジー・カウパー（Daisy Cowper）は、世紀末ごろはリバプールでは高等学校のための女子に対する奨学金はたった6つしかなく、男子向けはそれより2つ多かったことを覚えている。彼女は、エッジ・ヒル訓練カレッジ（Edge Hill Training College）で教育を受けるため、また住むための資金を借りながら、上級基礎教育（advanced elementary education）を生徒から教員の道を通して研究し続けた。その20年ほどのち、キャサリン・ベタートン（Kathleen Betterton）はロンドンでの全寮制パブリック・スクールの貴重な奨学金を得ることができた。彼女にとってその学校は、厳格で理不尽な規則があり、近づきがたい雰囲気であったが、オックスフォード大学への奨学金を獲得する手段を得ることができた。ベラ・ブリテイン（Vera Brittain）は、もっと上流階級の出身であるが、第一次世界大戦によって断たれていた夢をもつこと、学ぶことなど男性と同じことをすることをよしとしない家族の偏見と闘わなければならなかった[20]。バーミンガムのヒルダ・ロイド（Hilda Lloyd）（のちにローズ（Rose）、旧姓は シャッフルボサム（Shufflebotham））は好例であるが、彼女のように高い栄誉を達成する事は女子にとっても可能であった。彼女が幸運だったことは、めずらしく女子に科学を奨励している名門キング・エドワードⅥ世女子高等学校（Kings Edward Ⅵ High School for Girls）へ入学し、男子と同様に、女子にもすべてのコースが開かれていたバーミンガム大学に入学することを喜んで応援してくれる両親がいたことである。1910年から1916年まで医学生だったヒルダは、女性で初のイングランド王立外科医師会（Royal College of Surgeons）のフェロー（特別会員）になった。そして女性初の医学研究科教授になった。しかし、たとえヒルダ女史と同等の天分をもっていたとしても、彼女と同様のチャンスに

恵まれる女性は少ない。それに，彼女の場合でさえも，バーミンガム大学史にはほとんど記されてこなかったのである[21]。

科学技術的，経済的，社会的，そして政治的に変化した1930年代から1950年代，家族のサイズや家事の単純作業が減少し，反対に労働の機会と女性の社会的役割が拡大し，女性の人生の機会が，特に適当な教育的資格を有している場合，劇的に変化した。しかし，現実は多少違っていた。社会は，ジェンダー的な見方を深めようとする要求に対処することと心理的にせめぎ合っていたからである。戦後，伝統的な家族の生活を取り戻したいという機運が広がり，それがウィニコット（D. W. Winnicott）とジョン・ボールビー（John Bowlby）が著した，幼い子どもにとっての母親の絶対的な重要性についての著作によって一段と悪影響を受けた[22]。

力においても教育においても，つねに家庭を守る一生を定められていると思われている女性に対して，教育の機会すべてを与えるという曖昧さが，教育経験（educational experience）という現実を受け入れることになった。心理学者たちの研究への信頼が高まり，それが知能テストの発達を導いた。このテストは，すべての子どもを同じ条件においていると言われていた。しかし，1944年以降に国家規模で構築された無償中等学校のための選抜試験であるイレブン・プラス＝11歳時試験において，女子が男子よりもすぐれたとまでは言わないまでも，同等の能力があることを証明したとき，男子がグラマー・スクール（grammar school）の席を得るのに不利にならないように調整がなされた。1970年代もしくはそれを過ぎてさえも，このような男子に有利な調整は多くの地方教育当局（Local Education Authorities = LEAs）で続けられていた。とにかく多くの地域で男子校のグラマー・スクールが創られたので結果的には女子が不利になった。しかし，先導役の心理学者が，女子と男子の間の先天的な知能の差異をほとんど見つけられなかったにもかかわらず，このような男子に有利な調整が不公平ではないかという議論がなされることはほとんどなかった。教育や政治の改革者たちが，ジェンダーにではなく選抜の不正行為に気を取られているうちに，単純に女子の方が成熟は早いという考え方が，「常識」

として固まってしまった[23]。

　これは私立学校教育を利用しない大多数の人びとにとって重要なことだった。これらの人びとの教育内容や教育期間は，たとえ彼ら自身に染みついている当時の考え方や，家庭的背景，住んでいる場所などによっても影響されるとしても，11歳時試験に合格するかどうかによって決定されるのである。11歳時試験がどれほど重要であったかについては，多くの人びとによって生々しく語られている。たとえば，ルース・カークリー（Ruth Kirkley）は1940年代初めにグラマー・スクールに合格した。少なくとも合格したということは，彼女がすでに落伍者だと思うように教えられてきた同じ年齢の75％のグループと彼女を分けるものであったのだが，両親はかろうじて授業料を支払ってくれただけだった[24]。メアリー・エバンズ（Mary Evans）は，11歳時試験が子どもの生活にとって重要な出来事であったと鮮明に記憶している。それは高価な制服を着，公式に認定された試験を受け資格を得る者と，事実上まったく何の資格も得ないで学生生活を終わらせてしまう者との違いを明確にするものだったからだ。それでも彼女は，こういった教育は中流階級，人種差別主義者，女性差別主義者に重点が置かれ，知的に退屈でとても競争的なものだと信じていたので，グラマー・スクールの学生たちの多くは，幸せでも，よく教育されもしていないと結論づけた。1950年代後期から大きく社会が変化し，選択的でエリート主義的な制度に対して異議が唱えられるようになった。しかし，エバンスは古い価値観が本当に崩壊したか疑わしいと思っていた[25]。

　すべてのグラマー・スクールがたとえ精神的にはそうであったとしても，中流階級のためだけの排他主義であったわけではない。しかし，ジャクソン（B. Jackson）とマーズデン（D. Marsden）が示すように，グラマー・スクールから大学，特に名門校へ進学する労働者階級の女子は，労働者階級の男子に比べると非常に珍しいことであった。彼らが調査した半数近くの女子が訓練カレッジに進学していた[26]。実際，多くの労働者階級の女子のニーズは，労働者階級の男子のニーズと非常に鮮明に分かれていた。教育的な議論の中では女子は無視されるか，変革の認識がいくぶんかはあるものの，大抵は家庭にとどめ置か

れ，影響力のある一連の報告，すなわち1943年のノーウッド，1959年のクラウザー，1963年のニューソンが強調するように「女性らしさ」を求める圧力をかけられていた。その中で，女子は限定的な技術教育を受けていた。ニューソン（Newson）の初期の評論が示すように，公共政策と制度の実施は常に一貫しているわけではないが，女子のための現代中等教育の公共政策を基礎として「女性は一つの社会的役割にユニークな形で適合している」のである[27]。

　ここでは，女性たちは，彼女たちを押さえつける家庭的役割に必ずしも抵抗したわけではない。それでもステファニー・スペンサー（Stephanie Spencer）による1950年代の女子キャリア小説のジャンルの分析が証明するように，1950年代，1960年代，変化を遂げる経済と社会状況の中で教育は，ますます新たな役割の可能性を生みだした[28]。しかし，教育構造の変動は，教育上のジェンダー的な行為を克服してはいない[29]。1970年代初頭にイーリングで行われたスー・シャープ（Sue Sharpe）による労働者階級の女子を対象にした教育調査では，コンプリヘンシブ・スクール（comprehensive school）と混合型セカンダリー・モダン・スクール（secondary modern mixed schools）において同様に，自分たちの低い地位や，結婚して子どもをもつことによってのみ救われる，退屈な仕事を自分たちに与えられた運命であると大抵の女子は受け入れている。このように，彼女たちは，あまり学校の教科が適切であるかどうかなど考えたりはしなかった。「女性らしく」なるために学ぶことによって，男子と競争せずに，自らの知的能力を期待することなく，すべての労働者階級の子どもたちに対する学校側の期待の低さによってさらに強められた女子に対する期待の低さに多くの女子が適応していた。ジェンダーによって区別されたカリキュラムの盲信は，技術の向上，高賃金の就職など男子の学習には自ずとついてくる卒業後のチャンスを女子にとって限定的なものにした。さらにまた，「女子の」科目である美術を男子が学ぶことやその成果は認められたが，女子が数学や科学の分野を学ぶことは，たとえ試験の結果が男子より優れているという反対の証明がなされてさえも受け入れられることはなかった。中流階級の女子に対してもまたこれらの多くの諸要因が影響を及ぼした，しかし彼女たちは親

の協力や指導が大きいことや，選抜的な学校または成績トップのストリームに在籍することが多く，これらのことが，彼女たちにより広い範囲で職業の選択に挑戦することへの精神的な自信をもたせ，学術的な成功や長期間教育を受けることにつながった[30]。

このような発見は，1970年代と1980年代にフェミニストの教育者や歴史家によって行われた数多くの調査によって実証されている。1970年と1975年の賃金均等法（The Equal Pay Acts）と1975年の性差別法（Sexual Discrimination Acts）によって，男女平等実現の夢が近くなったと思われたが，フェミニストは単に男性の「賃金」だけに近づく以上のことをさらに求めた。彼女らは同様に，文化的資本の持ち主が男性であるという従来の固定観念に対して挑み，「合法的な」知識と高い地位の学術的資格へ挑戦し，性別が，社会的な特性と役割に勝手に割り当てられることに異議を唱えた。彼女らは，多くの子どもたちにとって，教育や就職の選択に本当の自由はないことを明らかにし，女子だけでなく時には男子の可能性や社会的，人種的根拠のために恵まれない人びとの可能性の芽を摘む考え方や慣例を暴く評論の中で，学校組織や教育学，そして教員の態度を厳しく責めた[31]。

これらの結論は，1970年代後半と1980年代に行われた，男女に関する固定観念が，カリキュラム，教員の行為やモラルそして学校内の社会環境に与える影響についての研究によって実証された[32]。機会均等の実施は，反性差別主義者と反人種差別主義者，カリキュラム，教育学と教室での実践に関する一連のプロジェクトをもたらした。その多くが機会均等委員会（the Equal Opportunities Commission = EOC）といくつかのLEAsで，とりわけ，インナー・ロンドン教育当局（the Inner London Education Authority = ILEA）によって支援された。何人かの積極的に関わった関係者が解任されたように，これらのことは辛辣な政治的反対勢力やタブロイド的ヒステリーを刺激した。それでも，パイオニアとしての考え方とプロジェクトは，たとえば「理工系女子進学プロジェクト」（Girls into Science and Technology = GIST）など，学校内の多くの教員，生徒の意識を高めただけではなく，未来をうまく変化させる方法について多く

の教訓を示してくれた。しかし，1980年代と1990年代，カリキュラム政策者の主流は，行政と機構の変革よりも教育の平等性を促進する方に，よりポジティブに影響していたことがわかった(33)。

ここで中等教育修了一般資格（GCSE）についての議論は，興味深い一例である。女子に対して新しい科目とすべての科学の選択を許可し，性別ごとに標準の全国比較を行うことが女子にとっては肯定的な改革であると思われてきた。しかし，まだまだ男子には公立学校で推奨されている総合科学（the balanced science associated with state schools）よりもエリートの単一科学（single science）を選択している者が多い。一方，教員たちは女子に輝かしいエリート・コースを保証する単一科学で受験するトップレベルよりも，たくさんの科目の総合科学で受験する，より確実な「C」を受けさせようとする。女性の中等教育修了一般資格（GCSE）での成功は選択に左右されているにもかかわらず，その選択肢が削減され続け，代わりににせものの平等化の手段である「子ども中心の教育」が女子に襲いかかっている。反対に，男性が，高賃金の仕事，ビジネスや職業（教育も含めて）でトップに上り詰めることにつながる科目を選択する割合が高いのだから，学校で男子の総体的な成績低下に対して埋め合わせをすることには結びつかないはずである。同様に，職業試験とさまざまな訓練機構が1970年代と1980年代に設立された。そこでもまだジェンダーにつながる科目だけではなく，国家や経済にとって重要な技術や仕事に結びつくより高レベルの科目は大抵男性によって選択されていた。全国共通カリキュラム（The National Curriculum）は国内のすべての生徒とすべての科目に対して平等の資格を与えた。しかし，継続的に改訂され，資格付与は削減されてしまった。以前から男子，女子のために与えられ選択されてきた科目については，機会はかろうじて彼らに開かれてはいるのだが(34)。

階級かつ／あるいは人種という要因を含まずにジェンダーについて語ることは本質のパターンが複雑すぎて不可能であることをさまざまな調査は明らかにしている。たとえば，中等教育修了一般資格（GCSE）の結果をみても，女子が男子より全体的によい成績であった事実は，男女それぞれの性別内での大き

な差異を隠してしまう。たとえば，1995年に白人の中流階級の女子は素晴らしい成績であったが，バークシャーの中国人女子には及ばなかった。アフリカ系，カリブ系，アジア系の女子は同じ人種の男子より成績が良いが，専門職や中間階級においてはそうではない。2000年8月，初めてイングランドとウェールズにおいて，女子の成績がその地方の男子よりAの数で勝った。しかし，中等教育修了一般資格（GCSE and GCE）の2つを合わせるとAの男女間の差異は僅少であるし，階級格差などすべての受験者にとってのもっとも重要な要因を比較するのは困難である[35]。ピート・マルデシャップ（Pete Maldeshap）が「名門私立学校の男子たちは，都市部（貧困地域）のコンプリヘンシブ・スクールに通う女子よりはるかに良い成績をとる見込みがある。」と書いているように[36]。

　このように試験の結果の複雑さを理解していながら，すべての女子は男子より成績がよいのではないかという心配が広がった。確かに女性は今，教育の多くの場面でたくさんのものを得ている。たとえば，継続・高等教育（further and higher education）における在籍数は今，男女ほぼ同数である。たとえまだ，圧倒的に女性向きと思われるコースに在籍していてもである[37]。実際，女性の成功は，そのすべての資格も含めて，20世紀のイングランドの教育の際立った偉業であると言える。それなのにまだ，このような潜在的革新的な進歩は，たとえば，女子のハードワークによるもので，素晴らしいというよりむしろ問題だなどというように，軽く簡単に片付けられている[38]。一方，男子の成績不振に関しては，直ちに大量のプロジェクトが導入された。労働者階級の女子においては依然として多くの問題に直面しているにもかかわらず，これらのプロジェクトは主に男子だけを援助するものである。実際，初期のころは機会平等の試みを簡単に勝ち取ることはほとんどできなかったしメディアに非常に叩かれた。しかし，今は男子に関して言えば困難なく与えられる[39]。

　さらに言えば，より特権的な学校（more privileged educational establishments）—パブリック・スクール，独立＝私立学校，選抜的な学校，緑豊かな郊外のコンプリヘンシブ・スクール—出身の生徒と，より貧困な地域出身の生徒の間の

差異について，必ずしも詳しく述べられているわけではない。特別教育支援を必要とする問題点の中で，男子で顕著なもの，つまり怠学や貧困などは，露骨な心理学的で社会学的な解説がなされている。これらは家庭や学校での女性の影響を非難し，労働者階級や特にアフリカ＝カリブ系などの人種的マイノリティの家庭が問題だとして，情緒的で思慮深いランゲージ＝リッチ教授法を犠牲にし，教訓的で組織的な教育を強化しがちである。また，もう一つの解決策として，本当に必要とされているものはめったに問題にされずに，家庭や学校での男性の役割モデルが求められ，授業の中では，すでに性差別や人種差別主義的な文学によって受けた悪影響をほとんど考慮にいれずに，より「男らしい」文学を取り入れることが求められている[40]。さらにそのような特効薬は，女子の間にある声と同じように男子の生徒・学生の中にもあるさまざまな声に耳を傾けているとは限らない。ミュージカル「ビリー・エリオット」のような声は，いまだに耳を傾けられることは少ない。成績が標準以下の男子へのいくつかの聞きとり調査では，全員が過剰に，彼らを抑制する同調圧力文化を意識していることがわかる。また彼らは将来を応援してくれる肯定的なイメージや挑戦すること，心配りのある授業とそれぞれの立場の違いを尊重することを望んでいることがわかる[41]。

　教育的文学の中ではいつも明確であったわけではないが，男らしさのイメージと役割モデルは，社会階級によって異なっている。社会階級と時代によって，男らしさの見方が異なることを証明した研究がある。クリスティーヌ・ヘワード（Christine Heward）の，ある独立＝私立学校，『ウッダード男子校』（Woodard boy's school）の1929年から1950年までの報告である。ここの男子学生は，年齢や社会階級によって細かく等級づけられたハイアラーキーに適応しなければならなかった。女人禁制の空間で修道院のような厳しさが，性格や将来の目標についての考え方を培うと思われていた。しかし，このような成果は，しばしばかなりの個人的犠牲を引き換えにした。特にＣストリームの者にとって。しかし，保護者は「男性は生まれながらに創られるのではない。」ことを明らかに知っていて，社会階級とジェンダーの再生産を大いに称賛した。1944年

にグラマー・スクールの学費が無料になったとき，社会階級の区別が崩壊することを恐れて，彼らは多数独立＝私立学校に流れ込んだことが数の上からもわかる[42]。

メアティン・マック・アン・ガイル（Mairtin Mac an Ghaill）は，同様に男らしさを創る媒介としての学校教育（schooling）を調査した。学校の中でどれほど支配的に男らしさの定義が肯定されているかについての彼の論文は，学校に適応できない男性（ゲイも含むがそれだけではない）やすべての女性の両者がいかに不利な立場かをあらわしている。一方，労働者階級と人種が同じ仲間のグループでは，学問的には「失敗」したが「男らしい」者だけで集団を作っている若者たちにも信頼をよせていることを発見した。これらの集団は，彼らのアスピレーション，労働者階級と新中流階級という異なる階級の中のさまざまな立場，いくぶん区分のあいまいな人種的なグループなどによって大きく結びついている。彼らの自意識は，セクシャル・ハラスメントに対してや慣例的で特権的で権力に楯ついてもまだ尊重されている彼ら男子に腹を立てている女子の自意識によってバランスが保たれていた[43]。1980年代と1990年代の別の民族誌的研究では，女子が授業のときや自己中心的態度をとるときに，女子向けのジェンダー的な学習に抵抗することを明らかにした。しかし彼女たちの抵抗パターンは，運動場での遊びであったり，授業中の「沈黙」のようなもので，反対に彼女たちに対する教員（や男子）によるステレオタイプの態度を強めるだけであった[44]。

(b)民族

このように，階級とジェンダーは，人種的アイデンティティによってすでに区別されたものの上にさらに影響を与えるものである。しかし人種的アイデンティティは，すべての児童生徒・学生に影響する要素である。多数派の白人でさえ，それ自体複合民族である。なぜなら，英国は常に他民族国家だからである。しかし，だからといって現在までの150年間にヨーロッパやそれ以前から貧困や迫害によって逃避してきた移民系の家族が，必ずしも安泰であったわけ

ではない。アイルランド人がイングランドの秩序と品位を脅かすと問題視されたように，帝国が縮小し，共和国が増加したことによって，そこからの黒人移民の数が増加したことで，同様の懸念が1940年代後半以降，次つぎと繰り返されてきた。しかし黒人系移民は，その肌の色のために非難の対象になりやすい。

イアン・グロブナー（Ian Grosvenor）は，広く活用できる偏見のない「人種」（race）のカテゴリーをうまく表した。それは，生物学的ではなく，社会構成概念としての「人種」の長い説明であったが。彼の調査の数かずは，「同化への絶え間ない動き」が，1970年代の多文化主義への重要な転換と1985年のスワン報告以降の多くの地方教育機関のさまざまな文化的多様化を経ても，依然として存続していることを示している。黒人の家庭や文化は本質的に異質で，首尾一貫して完全無欠と信じられている支配的な「白人」，「英国文化」に絶対的に劣っているとみられていた。1981年の暫定的ランプトン報告（The Interim Rampton Report）によって，教員による人種差別的な「否定的で恩着せがましい態度」が西インド諸島系の子どもたちに悪影響を与えていることが確認されたときでさえ，この事実は衝撃的なものではなかった。英国の歴史と文化が人種差別的であると攻撃する教育関係者の「破壊行為」に対して怒り狂う保守派の政治家たちは，マーガレット・サッチャー（Margaret Thatcher）政権の支持を得た。保守派が「狂人左派」（loony left）と呼ぶ平和主義政策（後になってそれは完全にゆがめられていたことがわかったのだが）に対する保守派メディアの組織的な中傷行為が，1990年ごろ強い影響力をもった「シンクタンク」によって行われた。

国家的文化の統一を目指した1988年教育改革法（The Education Reform Act）は，「大いなる同化主義」と見ることができ，1990年の「11条」補助金は楽観的な明るい未来を表していた。これに加えて，サッチャリズムの市場価値は，機会均等政策を，親の選択や，学校と衰退した地方行政のせめぎ合いによって弱体化させることにあった。制度上の人種差別やイングランド社会の力の構造に挑戦し成功するには時期が悪かったのである。1996年の教育水準局

(Ofsted) 報告は，教育において，民族集団間の格差は実は広がっているのだということを明らかにした。1999 年の黒人少年ステファン・ローレンス (Stephen Lawrence) 殺人事件についてマクファーソン報告なども出されたが，それでもまだ「白人への同化」(Whiteness) は人種差別的な問題であるということが，教育上広く認識される必要がある[46]。

人種問題の度重なる政策転換の変遷を通して，マイノリティ民族の生徒・学生は，無視や間違った考え方によって影響を受け続けてきた。たとえば，アフロ＝カリブ系の若い女性たちは，彼女たちの男兄弟よりも積極的な意欲をもっており，それは，女性中心社会だからであるという通説をハイジ・ミルザ (Heidi Mirza) は，分析してきた。そして，彼女は，南ロンドンの超貧困地域で，原始的な男女間の相関的自治形態を発見した。このことから，彼女は，男女間の成績の差異は，人種や性別によって分けられた労働市場に起因するところが大きいという。 もう一つは，白人教育者の優越的な態度である。子どもたちの中で自己概念の乏しさから落第するグループがあるが，この自己概念の乏しさは，親の育児がまずいせいだと決めつける。このような思い込みは，貧困やこれらの共同体の財源不足，それに学校には興味がないくせに自分を売り込むために恩着せがましい振る舞いをする人びとに対する彼らの積極的な抵抗であるということを無視しがちである。モーリン・ストーン (Maureen Stone) の調査は，1970 年後半にロンドンの複合貧困の過密地域にあった西インド諸島系共同体で行われた。たとえばこの調査は，あるものは公的に資金提供され，またあるものは共同体の集団が自分たちで骨身を惜しまず設立した一連の土曜学校について明らかにしている。この調査から，基本的なスキルを得たいという希望や黒人の歴史や文化を知りたいという望みが生徒から示されても，これらの学校のいくつかは生徒を支援することができなかったことがうかがえる[47]。そのようなプロジェクトは，バーミンガムの，たとえば西インド諸島系，シーク教徒の共同体，インド系他によって 1950 年代以降に設立された学校などで同時並行的に行われた。それらの学校の建設的な努力は，1970 年代，1980 年代と段階的に成功した。アジア言語教育，黒人教員の雇用，複合的文

化や反人種差別主義の発展のための資金獲得などである。とりわけ，彼らはこれらの取り組みを教育の主流に置くよう強く要望したが，幅広い方面から特に1980年代，1990年代の新権利協議書（the New Right agenda）によって異議が唱えられた[48]。

　これらのプロジェクトは，教育に黒人共同体自身が大きく貢献していることをしめしている。しかし，教育における共同体主導がどれほど精力的であっても，英国社会を取り囲み不利な境遇に追い打ちをかける不平等を完璧に解消するほど十分ではない。1960年から教育における人種差別と闘ってきた黒人とアジア人の共同体集団にとっては，学校での成績が標準以下である子どもたちの中で，黒人，特にアフロ＝カリブ系の子どもたちが高い割合をしめていることへの反発が動機となっていた。1998年まで黒人の子どもたちは，6歳までの間に学校を退学しがちであった。いくつかの地域では白人の子どもの15倍も多かった。退学する子どもの総数が，12,000人以上になった頃である。いくつかの学校のゲットー化（スラム化）を許し，リーグテーブルにおける学校の格付けを下げているのではないかといわれている子どもたちの望ましくない状況を許し，人種差別主義と結合する市場志向型教育システムは，さらにまた黒人の学力の低迷を招いてきた[49]。

　アフロ＝カリブ系の生徒たち，特に男子の長年にわたる学力の低さは，白人教員から受ける否定的予期がある程度原因になっているということが，証明されるようになってきた。スワン委員会に寄せられたカリブ系やアフリカ系の大学生の証言を読むと気がめいる。「成功」組の彼らでさえも，底辺ストリームの可能性，カリキュラム選択の限定，教員の生徒への期待が乏しく，質の悪い態度のために，文化と教員の相関関係が欠けていることなどを強く感じている[50]。18歳のアーロン・ディクソン（Aaron Dixon）は，なぜ英国の学校が多くの黒人の子どもたちの教育に失敗したかを説明している。「われわれのすべての学校は，白人のための場所であった。そこにたまたま黒人の子どもが通い，順応しなければならなかった」[51]と彼は述べている。もし仮に黒人優勢の学校があって，そこで黒人の生徒がカリキュラムに関して不適切だとか，成績が否

定されたり過小評価したりされていると感じるとしたら，しごく対等だと思うことができるだろうが。学生たちはスワン委員会に対して，歴史の「白人化」（白人の視点からの歴史），方言（特定階級の通用語）や民族語の抑制についてマック・アン・ガイルの研究「ブラック・シスターズ」（Black Sisters）によって共鳴した憤りを痛烈に語った。少なくとも初めの何年かは「イングランドの」歴史，言語そして「文化」の強調を目指した全国共通カリキュラム（National Curriculum）の導入以来，このような不満は，ずっと募ってきたのである[52]。

同様に，言語の違いは，バイリンガルを発達させたり利用したりすることよりも，言語の欠損としてとらえられてきた。1960年代から1970年代中ごろまで，教育の主流，特に1975年のバロック報告は次第に，英語以外の言語を話す生徒を通常の学級生活に溶け込ませようとした。南アジア共同体の言語をカリキュラムに取り入れたいという，ある民族的マイノリティの希望は，ケネス・ベーカー（Kenneth Baker）（当時の教育長官）にではなく，スワン委員会に支持された[53]。一方，現在は，英国と他の文化を合わせた，多様な体験と到達目標を認めた内容のカリキュラムが増加している。同様に，音楽，芸術，メディア，スポーツなどにおける黒人の素晴らしい貢献は，これらの部門だけに黒人の生徒・学生を押し込めることではなく，また優越視したりしない文化の観念の定型化を条件にした，複合社会としての英国の発展に寄与している[54]。

以上のことは，非常に典型的であるが，すべての民族的マイノリティの生徒が，まったく同じような経験をしてきたというわけではない。アジア系の生徒は，同様に人種差別主義者の妨害に遭遇したのだが，アフロ＝カリブ系よりは，学業達成のチャンスは大きいというデータがある。白人教員は，アジア系の生徒がよくしつけられており，勤勉でモチベーションが高く，「正統な文明」をもっていると決めつけているからである[55]。1985年のスワン報告と2000年の教育水準局（Ofsted）報告は，これらの2つのアフロ＝カリブ系の集団とアジア系の集団の16歳時試験の成績の差異を例証した。しかし実際はもっと微妙である。1985年のインナー・ロンドン教育当局（ILEA）のデータは，たとえば，

ロンドンのバングラデシュ系の子どもたちは，カリブ系の子どもたちよりも成績が低い。トルコ系の子どもたちはさらに低いのだ。一方，インド系アジア人とアフリカ系アジア人の少年を合わせると，きわだって他のすべての子どもたちより優秀である。このような統計は平均の値である。当然，地方や地区によってさらに多くのバリエーションがあるだろうが，もしここに，階級とジェンダーを考慮に入れるとするともっと違ってくる。それでもあえて，1999年までの民族的マイノリティの学力を把握する地方教育機関の3分の2から数字を集計したところ，国別では，インド系が白人よりも高い学力であるが，パキスタン系，バングラデシュ系の児童生徒はそうではなく，アフロ＝カリブ系と同じく，前の10年よりもっと成績が下がっている。同様に，厄介なことに，同一の大きな都市機関の中で，アフロ＝カリブ系の生徒の5歳時の平均成績は上向き始めているが，16歳時ではかなり後退しているという事例もある[56]。

階　級

　多くの黒人児童生徒・学生が教育において感じてきた不満と疎外感は，──すべての，ではないが──，彼らの多くが労働者階級であるという事実のために増幅されてきた。特権的なイートン校の学生と，おそらく貧困に苦しめられている工業地域出身のエレメンタリー・スクールの子どもたちの間の1900年代の大きな隔たりが，20世紀の間中，変化する学校構造のすみずみにまで反映している。プレパラトリー・スクール，パブリック・スクール，もしくは独立＝私立学校での学校生活の回想録は，いつも快適で特権的で知性を刺激する夢のような物語ばかりではない。男女両方に，また授業料を支払うすべてのものに開かれてはいても，彼らは男女間，または人種間の差別から自由であったわけではない。それでも，そのような学校に通うことは，社会的，文化的な利益につながる。それらの児童生徒は，教育や職業においても他のものより成功する可能性が高い。確かに，彼らは通常，経済的にも社会的にも有利にスタートできるからなのであるが。彼らに対する大衆からの周期的な厳しい批判をかわすために，独立学校は1980年代と1990年代初期に，公立学校出身の児童生

徒がいくつかの奨学金を得ることができるような補助学籍制度（the assisted places scheme）（受け入れ児童数に応じて補助金が支払われる仕組み）によって資金的援助をうけた[57]。

20世紀初頭，エレメンタリー・スクールの児童生徒にとっての褒美は，公立中等学校への奨学金を獲得することであった。1930年までにこれらの制度は大きく拡大したが，女子より男子への方がより開かれていた。そして補助学籍は，制服や費用や，子どもの稼ぎの損失を家族に埋め合わせるための費用のために時々衰退した。また，1911年以降のセントラル・スクールや1913年以降のジュニア・テクニカル・スクール（junior technical schools）の発展は，標準的な子ども（つまりどの地域のどんな子どもでも）が初等教育以上の教育を受けられるほど十分ではなかった。教育の階級間移動も非常にまれだったので，たとえばライオネル・エルビン（Lionel Elvin）がはれてケンブリッジ大学の奨学金を受けることができたとき，彼の故郷であるバックハースト・ヒル初等学校は半日祝日を設けたほどだ[58]。

しかし，教育を受ける最初の場所で児童生徒が健康でない限り，よりよい教育は不可能であると強調したブラッドフォードとロンドンのマーガレット・マクミラン（Margaret McMillan）のような人びとによって導入された子どもの身体的なケアは大きく拡大した。学校での給食制度，保健室，児童相談所（child guidance clinics）と体力促進訓練の発達は，さまざまな角度から子どものバランスのとれた健康を育成するために役立った。また，身体障害や知能の発達が遅れている子どもたちへの支援も一層充実した[59]。それにもかかわらず，栄養不足と住環境の貧しさは，多くの児童生徒に影響を及ぼした。

両大戦間の数年間，すべての子どもたちに対して中等教育の義務化を勝ち取るための運動は，すべての生徒に彼らのニーズにそった教育を与えるべきであると訴えた。知能テストの影響が増すことは，能力によって「科学的に」生徒を選抜することを約束することだと思われた。ところが実は，簡単で大規模に中等学校のランクにあてはめるために生徒を分類するためのシステムと，英国教育の特徴である階層と遺伝的能力という優生学的な発想を導いただけであっ

た。その効果は，エレメンタリー・スクールのシステムと選抜の範囲内で能力別に分けることで，労働者階級のもっとも聡明な幾人かの児童生徒にグラマー・スクール教育を受けることを許しただけだった。「知能」テストの予言力を認めることが，1944年教育法につながり，続いてつくられる3つのシステムにつながった。著名な数人の心理学者らはずっと，環境の要因が，その時々で知能を主に決定すると主張していたのだが。実際，選抜と能力分けは1960年代からの段階的なコンプリヘンシブ・スクールの実施後も続き，その後いろいろな形で復活している[60]。

また，そのような選抜と能力分けがジェンダーと人種差別を助長した。西インド諸島系の子どもたちの知能が劣っているという社会一般の決めつけが，おそらく中等学校の下位ストリームにおいて西インド諸島系の子どもの出席率が他と比べて極端に低いことの原因になってきた[61]。スワン委員会がこれを調査し，その後，西インド諸島系と「生粋のイギリス人の」子どもたちの違いは，「親の職業，収入，家族の大きさや世帯密度，近隣の環境」のようなもの，言い換えれば―階級―の違いが関係していると強く主張した。スワン委員会は，そのような要素は，白人間のIQの違いにも関連しており，いくつかのアジア系の成績が優秀であることも説明すると記している[62]。心理学者たちが行った民族的背景と知能の調査は，しばしば評価者の文化に関する先入観を立証するだけの表面的な客観的評価モデルを使う危険性を証明しただけである。彼らの調査項目は，階級とジェンダーに簡単に置き換えられる[63]。

1960年代初めにブライアン・ジャクソン（Brian Jackson）とデニス・マーズデン（Dennis Marsden）は，北部産業都市に住むグラマー・スクールへ選抜され，第6学年に在学している88人の労働者階級の子どもたちの綿密な研究を行った。この研究は，学校内の選抜は，学術的ばかりでなく社会的にも影響を及ぼすという他の調査の裏付けとなった。また，労働者階級の2倍の数の中流階級の子どもたちがAをもらっており，労働者階級の子どもは，18歳で自分の将来の選択肢を限定する科目選択をする傾向があることも彼らは発見した。この傾向は，労働者階級の保護者や学生による教育システムへの不適応によっ

て一層強められている。学生はしばしばこれらの不適応で悩み，15パーセントが学校嫌いになり，彼らの出身地域との絆と文化の方を好んだ。適応している学生でさえも，学校と家庭という異なった2つの世界での生活の仕方を身につけなければならなかった。16人の女子と38人の男子が大学に進学し，そのうち男子の9人がオックスブリッジであった。しかし，約3分の1が非常に低い成績または落第であり，一方，博士号取得を目指すところまで残った5人のうち4人は，名門校ではないグラマー・スクール出身者で，残り1人は超名門校の最低学級出身者であった。興味深いことに，グラマー・スクールの最終学年まで行かなかった者の中で，男女共学の初等教育2校に在籍していた者たちは，そこではとても心地よく過ごしたのだが，グラマー・スクールでの授業やテストやストリーム分けなどのペースの速さについて行くのはむずかしかった。いったんBストリームまたはCストリームになってしまうと，取り戻すのは非常に困難だった[64]。

　11歳で外面上成功することと無神経な雰囲気の中で適応するのに失敗すること，この両者は，グラマー・スクールへの入学が必ずしも労働者階級の子どもたちにとって黄金の道であるとは限らないことを意味している。しかし，また一方では，セカンダリー・モダン・スクールへの入学でないことも確かである。1960年代の初期にいろいろな公立初等学校とモダン・スクールを訪ねたキャサリン・ギバード（Kathleen Gibbard）は，人びとが大きな優劣の差に抗っているという印象を強くした。多少，上から目線なことは否めないが，それでも，貧困地域の学校の過密，設計のまずさ，それに加えて教職員が少なすぎることに彼女は心を痛めている。同時に彼女は，物質的に恵まれない児童生徒たちの動機づけをするような，児童生徒のことを考えたケアや思いやり豊かな指導に関する多くの例を示している[65]。

　アンドレア・アッシュワース（Andrea Ashworth）は，聡明な労働者階級の子どもたちの困難について的確にうまく表現している。彼女の住んでいた貧困者の多い過密都市部のコンプリヘンシブ・スクールでは，いじめや人種差別をどのように避けるかをまず学ばなければならなかった。文化的な中流階級の世

界は，彼女が踏み入れることができない異次元のようで，学校にある本でさえ彼らに隠れて，自宅で読むことを覚えるまで読めなかった。1980年代，ついにオックスフォード大学は，彼女のハートフォード・カレッジへの入学を決定し，聡明な者にとって教育上の階級移動が可能であることを証明した。ただし，多くの不利な条件を克服しなければならなかった[66]。ギラン・プランマー（Gillian Plummer）は同様に，1950年代から1970年代，労働者階級の児童生徒がより高いレベルの学校やストリームに選ばれた時，彼らが経験した周りからの社会的孤立について明らかにしている。同時に，彼らは家庭で身につけてきた知識や技術は学校では無視されるか，黙殺された。彼女がインタビューした女性は，全員グラマー・ストリームであったが，大学へ行くように勧められたものは一人もいなかったし，Aを獲得できたのは2人だけだった。プランマーは世紀を通して他のさまざまな教育改革と報告の調査と同様に，労働者階級のための教育は他の何よりも社会化に関することであると確信した[67]。

　反対に，プラウデン報告は，すべての児童生徒のための教育において，水準を上げるための責任を例示した。しかし，それが提案した教育優先地域は政府によって真剣に取り上げられず，それが強調した子ども中心主義やアクティブ・ラーニングは，教育的政治闘争と関連するようになった[68]。サマーヒル・スクール（Summerhill）のA. S. ニール（A. S. Neills）のように，児童生徒中心のいくつか有名な試みはずっとあった。しかし，たいていこれらは，協力的な保護者によって慎重に選ばれた小さな私立学校で行われてきた[69]。

　それでも，すべての児童生徒に対しての機会均等は，1944年以降充実してきた。コンプリヘンシブ教育の到来は，特に16歳の全国共通テスト（national exams）に成功する生徒の数を増加させ，18歳まで学校に在籍し，さらなる継続・高等教育（further or higher education）へと向かわせた。職業と学術の資格の両者が同等に尊重されるための論争は，まだまだ解決されるべきであるが，進学する16歳の卒業生の大多数が，実際には継続教育に入学する。ここ何十年間，変化を続ける経済，産業，そして商業の要求に対応するために，技術的，職業的，学術的な一連の科目が大きく変えられて提供されている。継続

教育は今，男性と同じぐらい多くの女性が在籍し，民族的マイノリティの人びとの数も増加している。このように継続教育は多くのニーズを満たしている[70]。同時に，1968年までに，肉体労働者階級（manual working-class）の家庭出身でコンプリヘンシブ・スクールの生徒は，他のタイプの学校からよりも「かなりの高い割合」で大学へ進学した。その時以来，英国における真のコンプリヘンシブ教育は，大部分はまだ存在していないことが論じられるべきであるとはいえ，教育標準はもはや「トップの人びと」だけに関するものではなくカレッジと学校のすべての生徒・学生に関するものであると認められるべきであろう。1994年までには新旧不一致が付きまとうシステムからのゆがみがあるとはいえ，ほとんどの生徒が他の同学年の生徒と共通のカリキュラムと評価システムを受ける機会を取得した[71]。

　11歳時の選抜の廃止が，すべての階級の子どもたちのためになるということは，1980年代のソリハル（イングランド中部の町）でそれを再導入することに声高に反対したのが中流階級の保護者たちであったことからもうかがえる。同時に地方教育当局（LEA）は，市の貧困地域の学校が生徒を見捨てていることを証明しようと試みたが，失敗に終わった。16歳と11歳の国立教育調査財団（National Foundation for Educational Research = NFER）の得点の比較は，予測に反して学校が成果をあげていることと，ある地方の校長が言うように，より小規模学級でより大きな財源があったならもっと成果を上げることができたはずだということを示した[72]。1990年代末，そのような意見はミッドランズの他の事例によっても裏付けられた[73]。

　これらの成功は，国家セクター内外の双方で，異なった立場の生徒たちがすべての教育的機会を得るためになにが必要かについての議論を活発にした。たとえば，1990年シェフィールドの3校の「成果を上げられない」中等学校の生徒と生活についてニック・デイビス（Nick Davies）は丹念に分析し，すべての教育的議論は，子どもが貧困から受ける痛烈な衝撃の分析を考慮に入れなければならないと主張した。これは「階級に根差した低い期待」であると幾人かによって攻撃されたが，地方やその他の富裕地域も含めたさまざまな地域の教

育上の社会的経済的貧困の作図をしている多くの論文に支持された[74]。

　一般公立学校の教育と風紀の水準に対する否定的認識が，ある保護者たちの宗教学校人気をますます高めた。英国国教会とカトリックの学校の全般的な学力の高さは，現政権がこれらの学校の拡張を支援することにつながっている。同時に，ユダヤ，イスラム，シーク教徒の学校の成長も小さいが無視できない。これらの学校は，保護者たちに承認された民族的な雰囲気の中で，母国の伝統文化を学ぶことを許されている。これらの学校は特定の民族を押し込めるゲットー化か反対に私立学校を選択する中流階級の特権だという批判があるが，こういった批判論者は，これらの学校が当の特定民族の保護者にとって人気があるという歴然とした事実に対してその他の否定的な観点を引き合いにしてまず対抗しなければならない[75]。他の新しい試みとしては，貧しい家庭や恵まれない状況の優秀な子どもたちが独立＝私立学校に通えるようにするピーター・ランプル（Peter Lampl）の資金支援なども含まれる[76]。

　イートン校，ローディーン校やウインチェスター校などの学校の社会的特権がそれらの学校の学術的成果にどの程度関係しているかについてはまた別問題であるが，興味深いことに，2000年に行われた成績と授業料の調査は，必ずしも成績がお金で買えるわけではないことを証明した[77]。しかしながら，確かに，親たちは，成績以上ではないとしても同じくらい重要であると思われる社会的名声とその他の文化的なアドバンテージには金を支払うのである。1999年後期，大学において明らかに私立学校出身の学生を優遇し低社会階級出身者を遠ざける傾向が続いていることが，都市部貧困密集地域出身の幼い子どもたちと16歳以上の学生の学問的な大志を上げようとする一連の構想を促した。これは地域によっても大きく変化するが，民族的マイノリティ集団出身の学生の数が増加しているような，かつてのポリテクニクからつくられた新しい大学では，低所得者の彼らは，たいてい歓迎されているように見える[78]。

　2000年の前世紀の動向を要約した統計では，1900年には大英帝国の19歳の1.2％が教員養成を含む高等教育に在籍した。1930年代後半まではゆっくりとした増加傾向で，その後戦後の急速な増加が続いた。そして1963年のロビン

ス報告後の爆発的な拡大で1998年までには約100万人に達した。この参加の拡大は，1971年のオープン・ユニバーシティ開学時に大きく促進された。この大学は，学校で機会を逃したり，中退したり，そして，あるいはその後の人生で方向を変えた多くの者に高等教育へ通じる道を提供してきた。また職業的なルートから大学へ入学することがオープン・ユニバーシティに入学する学生以外の学生を救ってきたし，1978年以降，恵まれない集団はアクセス・コースによって優遇されるようになった。これによって，2000年までに大学への道は，もはやジェンダーを理由に妨げられることはなくなった。そして成人学生や大部分の民族的マイノリティにとっても，以前より道はそれほど遠くなくなった。ただしアジア系女性はアジア系男性より遅れているけれども。しかし，階級は大きな要因として世紀を超えて依然として残り，すべてのこれらの集団に影響を及ぼしている。1997年，イングランド高等教育財政審議会（the Higher Education Funding Council for England ＝ HEFCE）は，富裕層，郊外居住者，低所得者のそれぞれの大学入学率は，75％，35％，7％と異なっていることを示した。さらに言えば，最後の低所得者集団は，彼らより裕福な同窓生よりも，高い地位の職業を得る可能性は低い[79]。

　そのような階級格差は，1990年代，大学在学生に対して国から無条件で付与される奨学金が段階的に廃止されて以来，悪化しているかもしれない。政府がオプションとしてもっとも貧しいものを援助するために設けている奨学金制度の効果に関しては，今なお確かめる必要があるが，多くの学生が学位を終わらせるときには約1万ポンドの借金を抱えることになり，これはすでに実質的に恵まれない彼らにとって強烈な障害となる[80]。たとえば，オックスフォード大学のラスキン・カレッジでは借り入れを受けている学生の数が，1980年代は33％だが，1998年には92％と増加している。これは女性や，片親の家庭，成人，黒人そして低所得の学生など，ラスキン・カレッジに在籍する主だった学生たちにとって，大きな負担になっている[81]。

　ラスキン・カレッジのこの現状は，通常ルートから締め出された学生に高等教育を与える目的のこれらの大学の好例である。猛烈な「闘争の場所」となっ

たラスキン・カレッジの学生たちは，1968年の学生闘争だけでなく，多くの市民権運動，1970年，初の女性解放運動に巻き込まれていった。資金的問題と不確実性がラスキン・カレッジに途切れなくつきまとっているうちに，平等の問題に関して矛盾が生じたのである[82]。ラスキン・カレッジの歴史は，オックスフォード大学にありながら，非特権階級の学生が入学するカレッジで，特権的学習の権利は許されたが，資金的な困難は解消されていないという逆説的な境遇を反映している。

結　論

　20世紀のイギリス教育における児童生徒と学生の経験の調査は，重要な役割を演じるジェンダーや民族性，階級が複雑に絡み合う較差を明らかにしている。これら3つの要因の相互関係がそれぞれの要因の中の経験のバリエーションをさらに広げることになる。たとえば一般的に言われている，男女間の差異は，カリキュラムとふるまいについての不平等はまだ残っているものの，この一世紀で大きく狭まった。しかしそうであっても，労働者階級の黒人女子にとって，上級階級の白人女子のような成功のチャンスははるかに遠い高嶺の花である。この主題による変奏曲は，同じように男子にも，別の階級や民族共同体の者たちにも，またはそれが混合された者にも奏でられている。さらに身体障害や避難民の境遇のような人びとも不平等のリストに加えられる。これらすべての不平等は，児童生徒・学生が，進化を続ける英国教育システムの完全な参加や自らの可能性をフルに生かすことを不可能にする。また，いくつかの不平等を取り除き，活発でポジティブな教育を受ける機会を手助けしてきたかどうかという学校や教員によって常に移ろう変化も存在する。結局，学校教育は，社会の一部分を映す鏡である。それにもかかわらず，いくつかのケースで，格差が残り，また拡大している。特に特定の民族集団と極貧層に対してである。全国民の教育水準の向上とそれによる国家の繁栄をめざして表面的に決定された教育イニシアティブが，政府から絶え間なく流れ出している[83]。しかし，特定の者に報いる対策システムもあるが，残念なことにすべての学生に与えら

れている可能性やニーズを妨げて、本当に高い水準を低めてしまうものもある。女性差別者、人種差別者、階級的偏見者によっていまだに支持されているという英国教育への非難を回避するために、特に生徒・学生が並んで学ぶようになった今日こそ、彼らのすべての感情や切望をよく聞くことが重要だ。教育史家にはこの原因に助言する多くの用意がある。

Key Reading

　公式な一次資料としては以下の通りである。『教育中央諮問委員会報告書』(*15 to 18,* Report of the Central Advisory Committee for Education (Crowther), London, HMSO, 1959)。『教育諮問委員会報告書』(*Half Our future,* Report of the Central Advisory Committee for Education (England) (Newsom), London DES, 1963)。『高等教育報告書』(*Higher Education Report,* Report of the Committee on Higher Education (Robbins), London, HMS0, 1963)。『西インド地方の子どもたち』(*West Indian Children in our Schools.* Interim Report of the Committee of Inquiry into the Education of Children from Ethnic Minority Groups (Rampton), London, HMSO, 1981)。『万人のための教育』(*Education for all,* The Report of the Committee of Inquiry into the Education of Children from Ethnic Minority Groups (Swann), London, HMSO, 1985)。

　より個人的な報告としては以下のものを見つけることができるだろう。ロバーツ (R. Roberts)『標的にされる学校教育』(*A Ragged Schooling,* Glasgow, Fontana, 1978)。グリーン (G. Greene) 編『古い学校の絆』(*The Old School Tie,* Oxford, Oxford University Press, 1984 (初版1934))。エヴァンス (M. Evans)『1950年代のロンドンにおける女子グラマー・スクールの学校生活』(*A Good School. Life at a Girl's Grammar School in the 1950s,* London, The Women's Press Ltd, 1991)。カークレイ (R. Kirkley)『木曜日の子ども』(*Thursday's Child,* London, Minerva, 1995)。アシュワース (A. Ashworth)『ワンス・イン・ア・ハウス・オン・ファイヤー』(*Once in a House on Fire,* London, Picador, 1998)。

教育におけるジェンダー論争に関する重要な研究としては以下の書籍がある。ハント（F. Hunt）編『人生の授業―女子と女性の学校教育　1850-1950』(*Lessons for Life : The Schooling of Girls and Women 1850-1950*, Oxford, Basil Blackwell, 1987)。ヒュアード（C. Heward）『紳士の育て方―1929-50年のパブリックスクールに通う親とその息子の教育』(*Making a Man of Him : Parents and their Son's Education at an English Public School at 1929-50*, London, Routledge, 1988)。マック・アン・ギル（M. Mac an Ghaill）『男性ができるまで―男らしさ，セクシュアリティ，学校教育』(*The Making of Men : Masculinities, Sexualities and Schooling*, Buckingham, Open University Press, 1994)。ダイハウス（C. Dyhouse）『性別はないのか？　1870-1939年　英国の大学における女性たち』(*No Distinction of Sex? Women in British Universities 1870-1939*, London, University College London Press, 1995)。マイヤーズ（K. Myers）編『学校の教育機会は均等なのか？　―教育のジェンダー誘導』(*Whatever Happened to Equal Opportunities in Schools? Gender Initiative in Education*, Buckingham, Open University Press, 2000)。

民族やその他の論争については以下に関連書を示す。ギルボーン（D. Gillborn）『「人種」と民族と教育』('*Race*', *Ethnicity and Education*, London, Unwin Hyman, 1990)。ウッズとハマースレー（P. Woods and M. Hammersley）編『学校におけるジェンダーとエスニシティ―エスノグラフィーによる報告』(*Gender and Ethnicity in Schools. Ethnographic Accounts*, London, Routledge, 1993)。グロブナー（I. Grosvenor）『同化するアイデンティティ』(*Assimilating Identities*, London, Lawrence and Wishart, 1997)。ギルボーンとミルザ（D. Gillborn and H. S. Mirza）『人種，階級，ジェンダーをマッピングする際の教育の不平等』(*Educational Inequalities in Mapping Race, Class and Gender*, Ofsted, 2000)。

教育と社会階級との関係についての古典的な研究としては以下のものがある。

ベンとサイモン（C. Benn and B. Simon）『ハーフウェイ ゼアー』(*Half-way*

There, Harmondsworth, Penguin, 1972（初版1970））。ジャクソンとマースデン（B. Jackson and D. Marsden）『教育と労働者階級』（*Education and Working Class*, London, Routledge and Kegan Paul, 1962）。

〈注記〉
（1） 「民族性」（Ethnicity）をここでは「人種」（race）よりも好ましいので使用している。「人種」は一般的なスピーチなどで広く使用されているが，1950年にユネスコ（UNESCO）によって「生物学的ではなく社会的で根拠がない」と思われるとされた。出典は，グロブナー（I. Grosvenor）『同化するアイデンティティ』（*Assimilating Identities*, London, Lawrence and Wishart, 1997, p.7）。「民族性」（Ethnicity）はこれ自体疑問の余地のあることばである。これは人びとを固定され与えられたアイデンティティの中に押し込める言葉である。同上，pp.42-4，及びp.185。ジェンダーは生物学的なカテゴリの女性，男性という性として引用されるだけでなく，女性的，男性的という変化する社会概念として引用した。J. A. Scott, *Feminism and History*, Oxford, Oxford University Press, 1966, pp152-180 参照。
（2） 筆者はハロルド・シルバー（Harold Silver）の障害（不利な条件）の沈黙についての議論を認めているが，紙数の都合上割愛した。一方，ここでは教育の経験についての考察を試みている。H. Silver, Knowing and not knowing in the history of education, *History of Education*, 1992, vol.21, no.1, pp.97-108 参照。
（3） D. Gillborn and H. S. Mirza, *Educational Inequalities in Mapping Race, Class and Gender*, London, Ofsted, 2000; A. Osler and M. Morrison, *Inspecting Schools for Race Equality : Ofsted's Strength and Weekness*, http://www.cre.gov.uk/publs/dl_ofsd.html; and http://www.cre.gov.uk/media/-nr_arch/nr001026.html.
（4） 階級の定義のためには下記の文献を参照。D. Hill, 'Social class and education' in D. Matheson and I. Grosvenor (eds.) *An Introduction to the Study of Education*, London, David Fulton, 1999, pp.85-86。国勢調査報告書の中に，working class は非熟練労働者から熟練肉体労働者と定義され，lower middle class はルーティン労働者，低賃金ホワイトカラー労働者と定義されている。他方，さまざまなグレードの中流階級がこれに加えられる。「労働者階級」は，ここではどちらかというといわゆる 'working class' よりも労働者階級集団内部のバリエーションに対する指標として好ましい。
（5） たとえば，*The Guardian, Times Educational Supplement* 両紙の，1999年5月の連載記事と投書欄を参照。

(6) たとえば, K. Myers (ed.) *Whatever Happened to Equal Opportunities in Schools? Gender Equality Initiatives in Education*, Buckingham, Open University Press, 2000; G. Plummer, *Failing Working-Class Girls*, Stoke-on-Trent, Trentham Books, 2000; M. Foster, 'A black perspective' in Myers, 前掲書, pp.189-200 を参照。

ここで用いられている 'Black' は，白人以外の総称として表示している。本章では，グロブナー (Ian Grosvenor) が South Asian, African and Caribbean の省略表現として 'black' を用いた用法に依った（彼らの共通項といえばその肌の色によって人種的差別を受けたという共通経験をもつ点のみではあるが）。Grosvenor, 前掲書, p.10 参照。

(7) たとえば, C. Steedman, *Childhood, Culture and Class in Britain. Margaret McMillan 1860-1931*, London, Virago Press, 1990 のとりわけ, pp.173-225 を引用。R. J. C. Young, *Colonial Desire. Hybridity in Theory, Culture and Race*, London, Routledge, 1995; I. Brown, 'Who were the Eugenicists? A study of the formation of an early twentieth-century pressure group', *History of Education*, 1988, vol.17, no.4, pp.295-307 参照。

(8) V. A. McClelland, '"Phylacteries of misery" or "Mystic-eyed hierophants"? Some ecclesiastical and educational challenges in England of the Irish diaspora 1850-1902' and M. Hickman, 'Constructing the nation, segregating the Irish : the education of Irish Catholics in nineteenth century Britain', in V. A. McClelland (ed.) *Education and National Identity : the Irish Diaspora, Aspects of Education*, Journal of the Institute of Education, the University of Hull, 1997, no.54, pp.20-2, 33-6, 45-8; B. Simon, *Education and the Labour Movement 1870-1920*, London, Lawrence and Wishart, 1974, pp.121-62, 186-207.

(9) R. Watts, 'From lady teacher to professional. A case study of some of the first headteachers of girls' secondary schools in England', *Educational Management and Administration*, 1998, vol.26, no.4, pp.339-51; G. A. N. Lowndes, *The Silent Social Revolution*, London, Oxford University Press, 1937, p.101.

(10) D. Vincent, *Literacy and Popular Culture. England 1750-1914*, Cambridge, Cambridge University Press, 1989, pp.25-9.

(11) R. McWilliams Tullberg, *Women at Cambridge. A Men's University-though of a Mixed Type*, London, Victor Gollancz, 1975; C. Dyhouse, *No Distinction of Sex? Women in British Universities 1870-1939*, London, University College London Press, 1995, pp.248-9.

(12) Dyhouse, 前掲書, pp.18-32 ; W. Robinson, 'Pupil teachers : the Achilles heel of higher grade girls' schools 1882-1904?', *History of Education*, 1993, vol.22,

no.3, pp.241-521.
(13) たとえば, E. W. Vincent and P. Hinton, *The University of Birmingham : Its history and Significance*, Birmingham, Cornish Brother, 1947, p.203 参照。
(14) Dyhouse, 前掲書, pp.20, 143-5, 189-228 引用。
(15) F. Hunt, *Gender and Policy in English Education. Schooling for Girls 1902-44*, London, Harvester Wheatsheaf, 1991, pp.12-13; 'Divided aims : the educational-implications of opposing ideologies in girls' secondary schooling, 1850-1940' in F. Hunt (ed.) *Lessons for life. The Schooling of Girls and Women 1850-1950*, Oxford, Basil Blackwell, 1987, pp.11-16; W. van der Eyken, *Education, the Child and Society. A Documentary History 1900-73*, Harmondsworth, Penguin, 1973, pp.33-55 ; S. Kingsley Kent, *Gender and Power in Britain*, 1640-1990, London, Routledge, 1999, pp.236-53, 260-71. 279, 287-309; J. McDermid, 'Women and education' in J. Purvis (ed.) *Women's History : Britain 1850-1945*, London, University College London Press, 1995, pp.121-3.
(16) Watts, 前掲書, pp.343, 347. J. Burnett (ed.) *Destiny Obscure. Autobiographies of Childhood, Education and the Family from the 1820s to the 1920s*, London, Allen Lane, 1982, p.292; A. Turnbull, 'Learning her the womanly work : the elementary school curriculum, 1870-1914' in Hunt, 前掲書, 1987, pp.83-100.
(17) J. Purvis, *A History of Women's Education in England*, Milton Keynes, Open University Press, 1991, pp.30-1, 54; Hunt, 前掲書, 1987, p.147.
(18) P. Summerfield, 'Cultural reproduction in the education of girls : a study of girls' secondary schooling in two Lancashire towns, 1900-50', in Hunt, 前掲書, 1987, pp.149-70.
(19) Hunt, 前掲書, 1987, pp.19-20.
(20) Burnett, 前掲書, pp.198-211; V. Brittain, *Testament of Youth. An Autobiographical Study of the Years 1900-1925*, London, Victor Gollancz, 1993.
(21) R. Watts, 'A medical mind far ahead of her time', *The Birmingham Post, Millenibrum*, 6 Sept. 2000, p.19; Vincent and Hinton, 前掲書。
(22) Kent, 前掲書, pp.298-9, 311-23; D. Thom, 'Better a teacher than a hear-dresser? "A mad passion for equality"or, keeping Molly and Betty down' in Hunt, 前掲書, 1987, pp.129-30.
(23) 同書, pp.126-7, 134-45; Van der Eyken, 前掲書, pp.195, 320-1, 369-78; J. Millar, *School for Women*, London, Virago, 1996, p.130; Anne Madden, 'Challenging inequalities in the classroom : the role and contribution of the Equal Opportunities Commission', in Myers, 前掲書, pp.42-3.

(24) R. Kirkley, *Thursday's Child*, London, Minerva, 1995, pp.30-1.
(25) M. Evans, *A Good school. Life at a girls' Grammar School in the 1950s*, London, Women's Press, 1991, pp.23, 71 より引用.
(26) B. Jackson and D. Marsden, *Education at the Working Class*, London, Routledge and Kegan Paul, 1962, pp.140-6.
(27) Thom, 前掲書, pp.128-34; *15 to 18*, Report of the Central Advisory Committee for Education (Crowther), London, HMSO, 1959, p.34 引用; *Half our Future*, Report of the Central Advisory Committee for Education (England) (Newsom), London, DES, 1963; Hunt, 前掲書, 1991, pp.3-8.
(28) S. Spencer, 'Woman's dilemmas in postwar Britain; career stories for adolescent girls in the 1950s', *History of Education*, 2000, vol.29, no.4, pp.329-42.
(29) Purvis, 前掲書, p.126.
(30) S. Sharpe, *'Just like a Girl'. How Girls Learn to be Women*, Harmondsworth, Penguin, 1976, pp.121-58.
(31) M. Arnot, 'A crisis in patriarchy? British feminist educational politics and state regulation of gender', in M. Arnot and K. Weiler (eds.) *Feminism and Social Justice in Education*, London, Falmer, 1993, pp.192-202.
(32) たとえば, T. Grafton, H. Miller, L. Smith, M. Vegoad and R. Whitfield, 'Gender and curriculum choice', K. Clarricoates '"A dinosaur in the classroom", -the "hidden curriculum" in primary schools', and S. Lees , 'The structure of sexual relations in school', in M. Arnot and G. Weiner (eds.) *Gender and the Politics of Schooling*, London, Unwin Hyman in association with the Open university, 1987, pp. 108-21, 155-65, 175-86 参照。
(33) Madden, 前掲書., F. Morrel, 'An episode in the thirty years war; race, sex, and class in the ILEA 1981-90', V. Millman, 'Was there really a problem? The Schools Council Sex Differentiation Project 1981-3', B. Smail, 'Has the mountain moved. The Girls into Science and Technology project 1979-83', and M. Foster, 'A black perspective', in Myers, 前掲書, pp.27-60, 77-92, 125-42, 143-55, 189-200 引用を参照。
(34) Foster, 前掲書, pp.191-2; J. Martin, 'Gender in education', in Matheson and Grosvenor, 前掲書, pp.110-11; A. Wickham, 'Gender divisions, training and the state' in Arnot and Weiner, 前掲書, pp.290-307; L. Raphael Reed, 'Troubling boys and disturbing discourses on masculinity and schooling; a feminist exploration of current debates and interventions concerning boys in schools', *Gender and Education*, 1999, vol.11, no.1, pp.97, 100; M. Baker, 'Gender gaps yawn in the silly season', *Times Educational Supplement*, 8 September 2000; C. N. Rackley in The Guardian, 23 August 2000.

(35) Foster, 前掲書, pp.194-7; *Times Educational Supplement*, 18 and 25 August 2000; *The Guardian*, 24 August 2000; S. Gorard, G. Rees and J. Salisbury, 'Reappraising the apparent underachievement of boys at school', *Gender and Education*, 1999, vol.11, no.4, pp.441-54.
(36) *The Guardian*, 23 August 2000.
(37) たとえば, D. Mackinnon and J. Statham with M. Hales, *Education in the UK : Facts and Figures*, London, Hodder and Stoughton in association with the Open University, 1995, pp.177-8 を参照。
(38) Miller, 前掲書, pp.137-52, 156-7.
(39) Myers, 前掲書, pp.217-29.
(40) Reed, 前掲書, pp.96-108; 'BERA Conference Report', *Times Educational Supplement*, 8 September 2000; S. Adler, 'When Ms Muffet fought back; a view of work in children's books since the 1970s' in Myers, 前掲書, pp.201-13.
(41) A. Phillips, 'Clever lad', *Guardian Education*, 29 August 2000; 'Down with girls', *Guardian Education*, 21 June 2000.
(42) C. Heward, *Making a Man of Him. Parents and their Sons' Education at an English Public School, 1920-50*, London, Routledge, 1988 を引用。
(43) M. Mac and Ghaill, *The Making of Men. Masculinities, Sexualities and Schooling*, Buckingham, Open University Press, 1994.
(44) E. Grugeon, 'Gender implications of children's playground culture', J. Stanley, 'Sex and the quiet schoolgirl', J. Draper, 'We're back with Gobbo : the re-establishment of gender relations following a school merger', J. and P. French, 'Gender imbalances in the primary classroom : an international account' and M. Hammersley, 'An evaluation of a study in gender imbalance in primary classrooms', in P. Woods and M. Hammersley (eds.) *Gender and Ethnicity in Schools. Ethnographic Accounts*, London, Routledge, 1993, pp.1-5, 11-74, 95-124.
(45) Grosvenor, 前掲書, pp.6-10, 49-96; C. Gaine, *Still no Problem Here*, Stoke-on-Trent, Trentham, 1995, pp.1-58.
(46) H. S. Mirza, 'The social construction of black womanhood in British educational research : towards a new understanding' in Arnot and Weiler, 前掲書, pp.32-57.
(47) M. Stone, *The Education of Black Child in Britain. The Myth of Multicultural Education*, Glasgow, Fontana, 1981, pp.5-10, 26-32, 65-6, 147-67.
(48) Grosvenor, 前掲書, pp.154-80, 190-9.
(49) I. Grosvenor, '"Race" and education' in Matheson and Grosvenor, 前掲書, pp.75-80. 多くの西インド地方の人びとはキリスト教徒であったが, イギリス

国教会からの拒絶と疎遠により,彼ら自身が自分たちで組織せざるを得なかった。昨今ではきわめて重大な文化的・教育的な役割を担っている。I. Grosvenor, '"Faith in the city":religion, racism and education in 1960s Britain', in J. Coolahan, R. Aldrich and F. Simon (eds.) *Faiths and Education, Paedagogica Historica* Supplementary Series, vol.V, Gent, C. S. H. P., 1999, pp.281-97.
(50) たとえば, *West Indian Children in our Schools*, Interim Report of the Committee of Inquiry into the Education of Children from Ethnic Minority Groups (Rampton), London, HMSO, 1981; G. K. Verma and Christopher Bagley, 'A critical introduction' in G. K. Verma and Christopher Bagley (eds.) *Race, Education and Identity*, London, Macmillan, 1979, pp.5-10; *Education for All*, The Report of the Committee of Inquiry into the Education of Children from Ethnic Minority Groups (Swann), London, HMSO, 1985, pp.93-100, 105-7 を参照。
(51) *Times Educational Supplement*, 20 October 2000.
(52) A. Osler, *Speaking Out. Black girls in Britain*, London, Virago, Upstarts, 1989, pp.8-34; L. Ali, 'The case for including black history in the National Curriculum', *Improving Schools*, 2000, vol.3, no.1, pp.50-4; Swann, 前掲書, pp.98-100; M. Mac an Ghaill, 'Beyond the white norm : the use of qualitative methods in the study of black youths' schooling in England', A. Moore, 'Genre, ethnocentricity and bilingualism in the English classroom', C. Wright, 'Education for some : the educational and vocational experiences of 15-18-year-old members of ethnic minority groups' and P. Foster, 'Case not proven : an evaluation of a study in teacher racism', in Woods and Hammersley, 前掲書, pp.145-222; V. Amos and P. Parmar, 'Resistances and responses : the experience of black girls in Britain', in Arnot and Weiner, 前掲書, pp.211-19; D. Gillborn, *"Race", Ethnicity and Education*, London, Unwin Hyman, 1990, pp.142-72, 206-7.
(53) Gillborn, 前掲書, pp.173-97, 205-6.
(54) Stone, 前掲書, pp.65-6.
(55) Swann, 前掲書, pp.94, 58-90, 93-8.
(56) Swann, 前掲書, pp.58-65 引用 ; Gillborn, 前掲書, pp.19-44, 72-141; 198-203; Gillborn and Mirza, 前掲書, pp.12-15; *The Guardian*, 27, October 2000.
(57) たとえば G. Greene (ed.) *The Old School Tie*, Oxford, Oxford University Press, 1984, (初版 1934); D. Roker, 'Private education and Political socialization', E. Frazer, 'Talk about class in a girls' public school', J. Price, '"We're here just to make up numbers really". The experience of girls in boys' public schools', and R. Cresser, 'Take three girls : a comparison of girls' A level

achievement in three types of sixth form within the independent sector', in G. Walford (ed.) *The Private Schooling of Girls Past and Present*, London, Woburn Press, 1993, pp.101-186 を参照。

(58) Lowndes, 前掲書, pp.109-19; R. Roberts, *A Ragged Schooling*, Glasgow, Fontana, 1978, pp.156-8; B. Simon, *The Politics of Educational Reform 1920-40*, London, Lawrence and Wishart, 1974, pp.20-2, 121-2; L. Elvin, *Encounters with Education*, London Institute of Education, 1987, p.19.
(59) Steedman, 前掲書, 引用; Lowndes, 前掲書, pp.220-34.
(60) Simon, 前掲書, pp.230-50; B. Simon and C. Chitty, *SOS Save Our Schools*, London, Lawrence and Wishart, 1993 を引用。
(61) Swann, 前掲書, pp.93-4, 77.
(62) Swann., 前掲書, pp.70-1, 77, 81-6.
(63) E. Stones 'The colour of conceptual learning' and D. Jenkins, S. Kemmis, B. MacDonald and G. K. Velma, 'Racism and educational evaluation', in Verma and Bagley, 前掲書, pp.67-83, 107-32.
(64) Jackson and Marsden, 前掲書, pp.104-12, 236-43 引用; Crowther, 前掲書, pp.8-9; J. Floud, A. H. Halsey and F. M. Martin, from *Social Class and Educational Opportunity*, 1957, pp.139-49 in Van der Eyken, 前掲書, pp.432-9.
(65) K. Gibberd, *No Place like School*, London, Michael Joseph, 1962.
(66) A. Ashworth, *Once in a House on Fire*, London, Picador, 1998.
(67) Plummer, 前掲書, pp.135-200; Stone, 前掲書, pp.20-5, 69; R. Giles, *The West Indian Experience in British Schools*, London, Heinemann, 1977, pp.1-13.
(68) *Children and their Primary Schools*, Report of the Central Advisory Council for Education (England) (Plowden), London, HMSO, 1967, M. Kogan, 'Victim who was cast as the villain', *Times Educational Supplement*, 20 October 2000.
(69) A. S. Neill, *Summerhill*, Harmondsworth, Penguin, 1968.
(70) Simon, 前掲書, pp.30-1, 101-2, 213, 256-7, 260-1; Mackinnon and Statham, 前掲書, pp.86-7, 189.
(71) C. Benn and B. Simon, *Half-way There*, Harmondsworth, Penguin, 1972. (1st edn, 1970), pp.305-6, 311-12, 315-16, 522; C. Benn and C. Chitty, *Thirty Years On*, London, David Fulton, 1996, pp.461-91.
(72) R. J. L. Watts, 'Comprehensive schooling: a personal perspective', *Forum*, 1997, vol.39, no.1, pp.12-14.
(73) Phil Revel, 'Keeping a close eye on the pupils', *Times Educational Supplement*, 3 November 2000.
(74) N. Davies, 'Crisis, crisis, crisis: the state of our schools', together with Da-

vid Blunkett's and readers replies, *The Guardian*, 14-16 September 1999; 'Despair in the classroom', *The Guardian*, 2 November 2000; J. Slater, 'Big cities are not the issues', *Times Educational Supplement*, 10 November 2000.
(75) N. Pyke, 'Blunkett backs 100 new church schools', *The Independent on Sunday*, 27 August 2000; S. Rocker, 'Is multi-faith school an impossible dream?', *Times Educational Supplement*, 2 June 2000.
(76) D. Ward, 'Merit allows girls to "buy" private education', *The Guardian*, 7 September 2000.
(77) R. Smithers, 'Winchester tops public school league', *The Guardian*, 26 August 2000.
(78) *The Guardian*, 27 May 2000; P. Lampl, 'Equality before quotas', *Times Educational Supplement*, 24 November 2000; N. Mitchell, 'Get more kids to go to college', *Times Higher Educational Supplement*, 21 July 2000; J. Beckett, H. Carter and M. Wainwright, 'University, eh?', *Guardian Education*, 25 July 2000; L. M. Eliot, 'Upstairs or down?', *Guardian Education*, 18 July 2000.
(79) *Higer Education Report*, Report of the Committee on Higher Education (Robbins), London, HMSO, 1963, pp.16, 50-3 より引用; C. Matheson, 'Access to Higher Education', in Matheson and Grosvenor, 前掲書, pp.143-56; D. Matheson, 'The university', in Matheson and Grosvenor, 前掲書, p.163; A. Taher, 'Stuff of dreams', *Guardian Education*, 7 November 2000.
(80) P. McGill and D. Macleod, 'Goodbye to all that', *Education Guardian*, 21 November 2000.
(81) R. Bryant, 'Counting the cost', in G. Andrews, H. Kean and J. Thompson (eds.) *Ruskin College : Contesting Knowledge, Dissenting Politics*, London, Lawrence and Wishart, 1999, pp.102-18.
(82) B. Purdie, '"Long-haired intellectuals and busybodies" : Ruskin, student radicalism and civil rights in Northern Ireland', in Andrews, Kean and Thompson, 前掲書, pp.58-79; H. Kean, 'The place of Ruskin in its own history', in Andrews, Kean and Thompson, 前掲書, pp.167-83.
(83) たとえば *The Guardian*, 13 February 2001. を参照。

第6章 カリキュラム

ピーター・ゴードン（Peter Gordon）
杉本 均 訳

2000年の状況

　20世紀の英国の学校のカリキュラムを振り返ると，この分野の本当の改革は西暦2000年になって実効をあげたと見るのが適当であろう。後にみるように，1988年から92年にかけて導入された最初の全国共通カリキュラム（national curriculum）はあまりに負担が過重で規制的であるとして激しく批判された。1993年から94年にかけてロン・デアリング卿（Sir Ron Dearing, 今では上院議員）が遂行したカリキュラム改革は，より差し迫った諸問題について取り組むことを目的としていた。多くの教員は，それをこなすには子どもたちにあわせて個別の教案を準備しなくてはならないこと，また，新カリキュラムが14歳生徒のかなりの数の集団の実態にマッチしておらず，その結果，彼らの学習意欲がなくなってきていることがわかっていた。もう一つの深刻な事態は，3分の1の子どもが国語の成績が期待された水準に達することなく卒業していることと，数学においても同程度の子どもが適切な水準に達していないことであった[1]。

　これらの欠陥に対処するために，教育雇用大臣，デビッド・ブランケット（David Blunkett）は資格およびカリキュラム機構（Qualifications and Curriculum Authority）に，現行のカリキュラム科目に必要な見直しについて提案するように検討を命じた。1999年にこの委員会は将来に向けて重要な課題を報告書にリストアップした[2]。

　大臣は，この委員会の勧告のうち，カリキュラムの諸側面の規制の緩和につ

いて，いくつかの勧告を受け入れた。もっとも，コア科目である英語と数学の7歳，11歳，14歳のテストと理科の7歳のアセスメント，11歳と14歳のテストは存続し，2002年に向けて英語と数学の11歳でのナショナル・ターゲットが設定されるなど，これらの科目で提案された改革は最小限に抑えられた。勧告された提案のなかでより重要な改革は次のようなものである。すなわち，学校カリキュラムにより明確な合理的説明を与えること。すべての科目に科目別ステートメントをもつ，より包括的なフレームワークを構築すること。コア科目の学習プログラムを見直し，より柔軟で制約の少ない全国共通カリキュラムにすること，などである。さらに2つの新しい領域，「人格・社会・健康教育」(personal, social and health education)と「シティズンシップ」が導入された。これらは児童・生徒を生活に準備させ，職業にリンクした学習を促進し，より広い範囲の職業資格につながることを目指している[3]。

1900年の状況

　20世紀のはじめにも，英国のカリキュラムにおいて同様に劇的な変化が起こっていた。1862年，教育に関する枢密院教育局 (Privy Council on Education) の副委員長であるロバート・ロウ (Robert Lowe) によって改正教育令 (Revised Code) が導入されてから，基礎教育レベルにおいて，補助金（および教員の給与）の「出来高払い」(payment by results) システムが導入されていた。それ以後，読み書き算に女子の裁縫を加えた3Rsにおける子どもたちの年次試験の結果におよそ基づいて，学校の管理者に対して国庫補助金が支給されることになった。6歳以降，子どもたちは6つのステージもしくはスタンダードごとに試験されることになった。カリキュラムの幅の狭さや，機械的な教授につながる試験の性格に対して，教員から抗議が起こり，その後40年間にわたって規則の緩和が行われた。たとえば，1867年には歴史，地理，文法のうちの少なくとも一つを独立した科目（いわゆる補助金対策特別科目）として導入した学校には追加の補助金が与えられ，その8年後には第三のカテゴリー「クラス」科目が導入された。この「クラス」科目とは，個々の児童の熟達にではな

く，全体としてのクラスの達成度に基づいて評価された。1882年条項までに，児童の修学年数の増加を認識して，これまでの6段階に加えて，第7段階の新水準が導入され，化学や電気，農業などの新しい科目が認可された[4]。

　1890年代には基礎教育カリキュラムの統制に驚くべき緩和が見られた。クロス委員会（Cross Commission）は1888年，基礎教育に関する公式報告書において，現在教えられている科目だけでなく，当時採用されていた教授法についても多くの改善が必要であることを勧告した。小規模校においては，英語，地理，基礎科学，歴史科目において新たな教育法が次第に容認されるようになり，手芸と図画が必修科目となった。商業的な科目，特に簿記と速記はたちまち人気科目となった。同様に，1893年の『幼児教育に関する回状（サーキュラー）』（Circular on The Instruction of Infants）では，近代的な教授法の採用を象徴するフレーベル原理を実践する職業リストを掲載している。ついに1895年の改正令において，年長児童への年次試験を廃止するための手続きに着手した。このことは「出来高払い」制の終焉を意味していた。教員はこれで自由にカリキュラムの枠を拡大することを試み，自らの教育アプローチを実験することを奨励されるようになった。

　1900年の基礎教育令において，学校に自由使途の国庫補助金（block grants）を支給する新たな簡便な方法が初めて導入された。またこの教育令で，基礎教育のカリキュラムに含まれるべき科目が初めて公式に規定され，英語，算術，地理，歴史，唱歌，体育，男子の図画と女子の裁縫，そして可能であるならば，上級学年で科学，フランス語，幾何を提供するよう明記された。特定のシラバスは作成されず，20世紀のはじめまでほとんどすべてのエレメンタリー・スクールは形式的な視察を受けるだけであった。

　中等教育セクターにおいてはカリキュラムの統一性はさらにずっと低かった。数種類の学校種があったが，そのなかでも注目すべきはパブリック・スクールであった。そこではそのカリキュラムの大部分において，古典に大きく傾倒したカリキュラムを提供してきた。19世紀の半ばにパブリック・スクールへの批判が高まるなか，クラレンドン卿（Lord Clarendon）を議長とする王

立委員会はイートンやハロウを含む9校の主要なパブリック・スクールに対して，その資産や管理運営ばかりでなく，そのカリキュラムや教育方法にいたるまでの調査を行った。その結果，古典の閉鎖性が批判され，近代語や数学，自然科学などを含む「近代分野」(modern side) の導入が勧告された。ハロウ校で1869年に起こったことが典型的な例である。すなわち，ラテン語が難しすぎる生徒にはミルトン（Milton）やコールリッジ（Coleridge）の詩が与えられ，最新式の実験室が設置された[5]。

パブリック・スクールと同様に，もう一方の約800校の基金立学校やグラマー・スクールもまた，タウントン男爵（Baron Taunton）が委員長を務める委員会（1864-8）によって調査されていた。これらの学校は枢密院教育局の調査権限には含まれないものであり，そのカリキュラムはパブリック・スクールにそっくりなものから，一般的なエレメンタリー・スクールのカリキュラムと大差ないものまでさまざまであった。タウントン委員会報告の重要な結論は，基金立学校は，第1種，第2種，第3種の3つの種別のいずれかに改組されるべき，というものであった。それぞれの種別ではその学校に通う生徒の出身階級と考えられるものに対応してカリキュラムが編成される。第1種の学校は，大部分が古典的学校で，その生徒の多くは大学に進学する。第2種の学校は，より近代的なタイプのカリキュラムをもち，その生徒に対して職業としてはビジネスや軍人への進路を想定している。第3種の学校は，より実用的で実践的なカリキュラムをもち，生徒は14歳で卒業して職人になる。この中等教育の三分岐形態（tripartite division）は，およそ75年後にノーウッド委員会（Norwood Committee）によって推進される同様のシステムと比較して興味深いものがある。このことについては，以下で論ずる。

英国の学校に科学と技術についての教育が欠落していることは，20世紀の末まで常に憂慮されていた。1882-4年のサミュエルソン技術教育委員会（Samuelson Commission on Technical Instruction）は，フランスやドイツといった大陸国家の情報を集め，国際産業競争は多くの国で技術教育機関の設立によって援助されていることを示した。そして没落を食い止めるべく，1889年に公布

された『技術教育法』（*Technical Instruction Act*）は，カウンシルやバラといった自治体は技術教育のための1ペニー地方税（a penny rate）を徴収し，科学技芸局（Science and Art Department）の職権が「産業階級」にのみ限られる制約を撤廃することを奨励した。ロンドンは，この事態を深刻にとらえていた自治体であり，数科目に限定されない，より積極的な中等（技術）教育を提供することにした。ロンドン技術教育委員会の議長であるシドニー・ウェッブ（Sidney Webb）は，「われわれは今や白日のもと，古代ギリシア語と神学以外のいかなる科目も正規に教えることができる」と宣言した[6]。

英国には20世紀の最後の10年に至るまで，教育制度を組織的に運営するための中央機構が存在しなかったことは明らかである。1895年のブライス中等教育委員会（Bryce Commission on Secondary Education）は，慈善委員会（Charity Commission）の教育関連部局と科学技芸局，教育局をひとつの省に統合する方向での中央機構の設立を主張した。この提言は1900年の教育院（Board of Education）の設置によって実現することになった。しかし，ブライス委員会は，「さまざまなタイプの学校に限定的なカリキュラムモデルを強制することは望まし」くないと考えていたことは，特筆に値する。このことが依然として中等教育を，国家の介入や監督から隔離すべきであるという意図であるとするならば，これはこの時点では立ち消えとなった，基礎教育カリキュラムへの厳格な統制を避けようとする試みであったとも解釈できる。

もう一つの要素は，当時学務委員会（school boards）によって運営されていたハイヤー・グレイド・スクール（higher grade school）の不安であった。これらの学校は基礎教育と中等教育の区分をまたぐカリキュラムを提供しており，区分された学校よりカリキュラムの幅は広いものであった。これらの学校の活動を抑制する試みとして，『高等小学校草案』（*Higher Elementary Minute*）が作成されたが，それは学校のカリキュラムを15歳で離学する将来のブルーカラー向けに限定することで，その教育対象を絞ることにあった。この事案は高等法院で争われたが，1901年のコッカートン判決（Cockerton Judgement）として知られる決定において，ロンドン学務委員会は教育令に定められた権限

を逸脱しており，その資金の使途は合法ではないと判断された。この判決以後，基礎教育と中等教育のカリキュラムの区別は明確になっていった。

変動と連続性

20世紀の英国の学校カリキュラムの展開を振り返る時，われわれは5つの明確な局面（画期）を識別することができる。すなわち，[1] 1900-11年，[2] 1911-25年，[3] 1926-45年，[4] 1945-64年，[5] 1964-2000年の5つの時期である。以下，それぞれの時期について説明する。

(a) 1900-11年，中央集権政策のはじまり

1900年の教育院（Board of Education）の設置に続いて，1902年の教育法は，地方教育当局（Local Education Authoritie：LEA）を創設した。これらの地方教育当局は，世俗カリキュラムの管理を含む，これまでの学務委員会の責任を引き継いだほか，広くグラマー・スクールとして知られる中等学校の設立に責任をもつことは義務ではないが，可能であるとした。しかし，教育院は基礎レベルと中等レベル双方のカリキュラムに対して強力な統制を行うようになっていった。カリキュラムの開発に対して大きな影響力をもったのは，1903年から11年にかけて教育院の事務次官（Permanent Secretary）となったロバート・モラント（Robert Morant）であった。彼は，わが国の国民教育全体にとって一つの真に専門的な中央当局をもつことが必要であるという自己の見解を実行に移した。その中央当局とは一つの地域に根差した「賢者たちの導き（guidance of brains）」であり，すべてのレベルのあらゆるタイプの教育を，国民教育としてアレンジする全作業を，監督し，検討し，助言するものであった[7]。

モラントはこれらの目標の実現に乗り出し，自らが整備した1904年の『基礎教育令』（*Code for Elementary Education*）において，次のように述べた。

> 公立基礎教育の目的は，それに身を委ねた子どもたちの人格を陶冶・強化し，知性を発達させ，男女，個人それぞれのニーズに応じて，就学年限を

最大限に活用し，技能的にも知的にもそれぞれにふさわしい職業に就かせることである。

この教育令を「徒弟精神の養成」(training in followership)[8]のためのレシピであると解釈する歴史家もあれば，より啓発された法令であると見るものもある。この教育令においてはじめて，教育院は基礎教育の正しい目的について言及しようと試み，また，これまでの比較的場当たり的な学問領域の羅列に代わって，より体系化されたカリキュラムの輪郭を描こうとしたといえる。この変化を現実のものとするために，翌年にこの教育令の付属編として「公立エレメンタリー・スクール事業に携わる教員やその他関係者が考慮すべき提案」が発行され，1927年からは「教員への提案の手引き」と改題された。この初版の序文において，本書の目的は教員を援助するとともに，「その職務の遂行に対してより注意深い省察を促す」ことであると記されている。この文書の注目すべき一節に次のようなものがある。

> 教育院が公立エレメンタリー・スクールの教育の実践において，われわれが実現することを望む唯一の画一性とは，それは個々の教員が自分自身で思考し，個々の学校の状況や個別の事情にもっとも即した，自己の能力を最大限に発揮できるような教育方法を編みだす，という点における画一性である[9]。

このハンドブックには，英語，算数，自然観察と研究，地理，歴史，図画，唱歌，体育，裁縫，家内工作，手工芸，園芸といったそれぞれの科目ごとに章が設けられていた。この本の執筆は教育院の官僚と勅任視学官（HMI）の指導的メンバーに，少数の外部の専門家を加えた共同作業であり[10]，この事業は広く教育界から歓迎された。

もしこの基礎教育カリキュラムを旧来の束縛からの解放と見るならば，中等教育レベルに対してはさらに強力なアプローチが適用された。モラント自身も

ウィンチェスター校からオックスフォード大学の卒業生であったが，彼は，中等学校における教育はパブリック・スクールの多くがもつカリキュラムに倣った，指導者養成の教育であり，実際的な科目や科学にはほとんど重きを置かないものであると見ていた。1904年の『中等学校規則』(Regulations for Secondary Schools) は，中等学校のカリキュラムは「一般的」内容であるべきであり，科学や文学のような専門化した科目は，生徒に一般的な基礎が十分に獲得されたのちに開始されるべきであると勧告した。カリキュラムのいたるところに細かな時間配分が規定されていたので，個々の教員には自由に裁量できる時間はほとんど残されていなかった。しかし，ここでのモラントの業績は，はっきりわかる境界線をもった，体系的な中等教育のパターンをはじめて作り上げたことであろう[11]。このカリキュラムの頑ななまでにアカデミックな立場は，1907年の教育院規則によって緩和された。英語および英文学，地理，歴史，科学そして外国語の学習に設けられた最低履修時間は撤回され，より実際的な科目，特に体育や工作の授業が容認された。

1907年規則の興味深い副産物は学力による進学ルートの創設で，中等学校への毎年の入学枠の25％が認定試験に合格した生徒のために留保されるようになった。しかし，この枠で進学が許されたのは，エレメンタリー・スクール卒業者のごく一部のもののみであったので，結果的に基礎教育と中等教育のカリキュラム上のギャップを拡大させる傾向があった。

(b) 1911-25 公文書と新哲学の影響

古くは1868年にはすでに，マシュー・アーノルド (Matthew Arnold) がその著書『ヨーロッパ制度報告』(Report on European Systems) において，試験・教科書・カリキュラム問題を監督する無報酬の委員会の設立を勧告していた。しかし，1880年に学校法規の運用状況を調査するために，勅任視学官や官僚，大臣などからなる法規委員会 (Code Committee) が設立されたことを除けば，ほとんど動きはなかった。1899年の『教育院法』(Board of Education Act) には，教育院に関連したすべての事項について，助言を行う諮問委員会 (Consultative

Committee）についての条項が含まれていた。その18人の委員のうち，少なくとも3分の2は大学もしくは教育関連機関の代表から構成されていた。王立委員会（Royal Commission）は審議に慎重で迅速さに欠けたので，この新しい組織のほうがより決定力のある行動をとることができると感じられた。しかし，すべての政治家がこの動きを歓迎したわけではなかった。保守党の重鎮であるヒックス・ビーチ（Hicks Beach）は，1899年にデボンシャーの公爵，枢密院議長（Lord President）に，次のような信書を送っている。「私はこの諮問委員会に恒久的組織としての性格が与えられないことを希望します。私はこの教育的熱中狂からなる委員会がいきなり実行しようとしているプロジェクトをぞっとする気持ちで見ております[12]。」実際には，この諮問委員会は，第二次世界大戦の終結直前まで，カリキュラムに関する広い問題を検討するうえで，大きな意義のある組織であった。

　一つの重要なトピックは，中等学校の拡大がカリキュラムに次第に影響を及ぼすようになり，試験を導入したことであった。1902年教育法以来の中等教育の拡大のひとつの帰結は，14歳もしくは15歳でさまざまな試験を受ける生徒の増大であった。明らかに何らかの国家的ガイドラインが必要とされており，諮問委員会は「いかなる環境において，試験は少年少女たちにとって望ましいものであり得るか」という問題を検討することが求められた。委員会はこの問題を3つの局面，すなわち入学時点，学生生活中，卒業時の3つの時点において検討した。すべての中等学校はその生徒が16歳で卒業するまでに，しっかりしたリベラル・エデュケーションを提供すべきであり，試験はその学校カリキュラムの内容を組み立て，導く手段となるべきである，という原則を強調するために，委員会は外部による公的な試験が行われるべきであると結論した。

　教育院は試験をカリキュラムに影響を与えるものというよりは，単なるテストの手段であると考えていた。多くの『回状』には「最も中心的な原則は，試験はカリキュラムに従うべきであり，試験がカリキュラムを規定すべきではない」というりっぱではあるが実行は容易ではない原則が何度も述べられてい

る。5年間の中等教育を修了した生徒のために中等学校資格試験（School Certificate Examination = SCE），それからさらに2年間のシックスズ・フォームを修了した生徒のために上級学校資格（Higher School Certificate = HSC）がそれぞれ新規に創設され，それを管理する中等学校試験評議会（Secondary School Examination Council）が1917年に設置されたのはこうした経緯であった。大学試験委員会やその他関連組織との長期間の交渉の結果，英語，数学，科学および外国語の各グループからそれぞれ一つ選択する5科目試験が誕生した。上級学校資格を受験する生徒は，古典，近代科目または科学，そして数学の3つのグループのうちいずれか1つに集中した。これらの科目設定は威信の高いものに偏っているという批判があったが，SCEに美術，図画，工芸，手芸が加えられたのは1932年になってからであった[13]。

　戦争が起こると，一般的に多くの国ではその教育システムを再吟味しようという思いが刺激されるという。先に見たように，英国において試験改革が行われたのは第一次世界大戦のさなかであった。中等学校試験評議会が設置される1年前，教育制度全体の再検討を求めた覚書に，国内の主要な実業家や教育家が署名したものが，アスキス首相（H. H. Asquith）に手渡された。教育院はそれに対して，自然科学，近代言語，古典，そして英語という4つの特定分野について調査を行う小委員会を設置した。この委員会の報告書はなかなか刊行されず，英語の調査報告書は1921年にまで刊行がずれ込んだが，それにもかかわらず，全体として啓発的なすぐれた報告書であった。

　たとえば，近代言語の位置づけについて調査を行った委員会は，公務員，陸海軍，実業界，外国政府関係者などから聞き取り調査を行い，その結果，オランダ，ドイツ，ロシア，スカンジナビア諸国，そしてスイスの人びとは英国人より外国語に通じており，英国のビジネスを不利な状況に置いていることを示した[14]。ヘンリー・ニューボルト卿（Sir Henry Newbolt）を議長とする英語教育委員会は，カリキュラム全体にわたる言語の重要性を強調し，「すべての教員は英語の教員である」というフレーズを生みだした[15]。首相の報告の成果のひとつは，回状1296号，『イングランドにおける中等学校カリキュラム』で

あった。この報告書は4つの委員会の成果をまとめたもので、カリキュラムは詰め込みすぎで、時間割は過密であると結論した。この報告は、中等カリキュラムが一般的であることは難しく、その専門化を推進しようという考えを支持していた。再び教育院はそれぞれの科目の教育に費やされる時間配分を慎重に規定した(16)。

戦後、はじめて人びとの大きな関心を集めた問題は女子のカリキュラムであった。女子が簡単な裁縫の試験を受けることになった1862年の改正教育令以来、学校では分離カリキュラムが実施されていた。1904年の『中等学校規則』(Secondary School Regulation) は、「男子校では当然のこととして行われていた放課後の例会は、多くの女子校では不向きである」と指摘し、より柔軟な調整を勧告した。中等学校カリキュラムに関する1913年の『回状826号』は、とりわけ共学校では、授業時間の減少に加えて、科目数の多さにより、過剰なプレッシャーが生まれていることを警告していた。その結果、教育院は、共学校の女子生徒にとって有利となるように、公的試験の受験を「男子が通常受ける年齢より遅い年齢まで」延期することを奨励している。

1923年の諮問委員会によって取り上げられた、中等学校における男女のカリキュラム分岐の問題の一つは、女子のカリキュラムが男子のカリキュラムをモデルにしすぎていることで(17)、これは19世紀のフランシス・バス（Francis Buss）やエミリー・デイヴィス（Emily Davis）の遺産であった。この状況を緩和するために、報告はいくつかの興味深い勧告を行っている。報告は、中等資格試験における美術と音楽の位置づけを他の科目と同等にまでひき上げること、そして、工作に特別の素質を示す女子生徒は、その科目のあるコースをとることができ、逆に調理が好きな男子生徒は女子向けのコースがとれるような配慮を提案した。またこの報告では、女子は自分の関心を推し進め、教員に導かれなくても、たとえば、自分たちでゲームを行うなどのイニシアティブをとることが奨励されていた。

さらに重要なことは、委員会は男子と女子の教育における教授法の統一を勧告したことである。当時男子校においては数学の新しい教授法が導入されてい

たが，委員会はそのような教授法が女子校でも導入され，また数学と近い関係にある初等物理においても採用されることを提案している。そのほかに提案された実践的な試みとしては，教員や心理学者が男女の知的・情緒的違いや学術的な指向性の性差についてのデータを集め，どのようなカリキュラムの組み合わせが女子にもっとも適しているのかについて調べること，などが含まれた。しかし，これらの改革案を実行に移すことにおいて戸惑いが見られた。中等女子教育はまだ60年の歴史しかなく，いまだに実験段階であるとみなされており，「この時点では容易に間違いを犯すこともあり得る」と委員会は謙虚に述べている。結果として，その後半世紀にわたり大きな規模で改革が行われることはなかった。

　この時期の教育風土におけるもうひとつの重要な要素は，特に基礎教育における進歩主義思想であった。のちの「新教育」（*New Education*）と呼ばれるようになるこの潮流は，19世紀のヘルバルト（Herbert）やフレーベル（Froebel）の著作や実践にその起源をもつものであった。この思潮が英国におけるルネッサンスとなった契機は，元視学官のエドモンド・ホルムズ（Edmond Holmes）が1911年に彼の思想をまとめた著作『いかにあり，いかにあるべきか』（*What Is and What Might Be*）がきっかけとなっている。この本は当時の基礎教育の現実に対する攻撃であった。ホルムズは，子どもたちはその学校教育を通じて，そのような現実から解放されるべきであり，「自己実現の道筋」の上に置かれるべきである，と信じていた。ホルムズの著作は，強いモンテッソーリ主義の基礎をもつものであったが，多くの教育者たちにインスピレーションを与えるものであった。進歩主義のパイオニアとされる人びとには，ドーセットのリトル・コモンウェルス（Little Commonwealth）を主宰したホーマー・レイン（Homer Lane），サマーヒル（Summerhill）のニイル（A. S. Neill），ビーコン・ヒル（Beacon Hill）のラッセルズ（Russels）などがある。より既存の学校環境においても，新しい教育思想の精神をもつ教育方法が用いられるようになった。ケンブリッジのキャルドウェイ・クック（Caldway Cook）は，パース・スクール（Perse School）でプレイ・ウェイ（Play Way）方式を導入した。アメリ

カ，マサチューセッツのドルトン高校において，自由な教育方法の実験に成功したヘレン・パーカースト（Helen Parkhurst）は，1922年に『ドルトン・プランの教育』（*Education on the Dolton Plan*）を出版した。彼女の思想は英国においても熱心に受け入れられ，1926年までに約2000の学校でドルトン・プランが採用された(18)。

カリキュラムと教育方法における教育革新のすべてが新教育の流れをくむものというわけではない。たとえば，地理の教員たちは，1904年に出版された新地理学の嚆矢となったハーバートソン（H. J. Herbertson）の論文，『主要な自然地域—システマティック地理学に関するエッセイ』に影響を受けてきている。音楽においては，セシル・シャープ（Cecil Sharp）は20世紀の最初の25年間に，学校やカレッジの音楽にフォークソングやダンスを取り入れて，音楽科目の拡大の原動力となった。オーストリアの画家で美術の教員であるフランツ・チゼック（Franz Cizek）はチャイルド・アート運動において指導的立場の人物である。彼の理論は，これまでの教育の模倣的な性格よりも，創造的な性格を支援することを目的としていた(19)。こうした教育思想や教育方法における変化は学校カリキュラムに大きな影響を与えたが，その影響は大戦間の時期に行われた重要な公的調査においても見られる。

(c) 1926-45 大戦後の再編成とカリキュラム

1924年1月，最初の労働党政府が短期間政権の座についた。その2年前，トーニー（R. H. Tawney）によって起草された，労働党の政策文書，『すべての者に中等教育を』（*Secondary Education for All*）で教育政策の青写真が提示されたが，そこでは「初等教育と中等教育はひとつの連続的なプロセスにおける2つのステージであり，中等教育は青年のための教育であり，初等教育はそれにつながる準備段階である」と定義された。すべての児童は11歳に達したときに，いずれかのタイプの中等学校に進学し，16歳までそこにとどまるとされた。労働党が政権について10日もたたないうちに，ハドウ卿（Sir W. H. Hadow）を議長とする，青年の教育に関する諮問委員会（Consultative Committee on the Education of the Adolescent) が立ち上がった。この委員会の委託事項は，「15 歳に達するまで，中等学校以外の学校にフルタイムで在籍する児童にとって適した組織，目的，カリキュラムとは何かについて検討し，報告すること」であった。

このレポートの勧告のうち，あまり脚光をあびていないものに，中等教育における三分岐システム（tripartite system）への支持がある。報告は中等教育における学校として，威信の高いグラマー・スクール，地域の状況によって設置されるモダン・スクール，そして 13 歳までのテクニカル・スクールを想定していたが，テクニカル・スクールの大部分は 1913 年に創設されたジュニア・テクニカル・スクールであった。しかし王立委員会は，11 歳の生徒が職業カリキュラムをもつ学校に入ることに強く反対したために，このシステム実現の絶好の機会を失うことになった[20]。

ハドウ卿のもっともよく知られた勧告は，初等教育と中等教育を 11 歳で分断するというものであった。教育心理学の知見を明らかに意識して，「11 歳および 12 歳の青年には，その時期から増え始める精神的傾向がある」と述べている。中等グラマー・スクールはこの委員会の検討事項にはなかった。グラマー・スクールの生徒が 16 歳か 17 歳で卒業するのに対して，大多数の生徒はモダン・スクールを 15 歳で卒業することから，そのコースはより短く，科目もよりシンプルな形態で扱われた。モダン・スクールは，グラマー・スクールが外部試験の影響を受けたほどには，その影響を受けなかった。より実用的な教育が求められていた。

> その結果，教員はカリキュラムのいくつかの科目について，コースを自由に設定できるようになり，多くの場合には，地域の産業や農業，商業，そして職業教育への志向のあるコースが組まれた。それらのコースは，出来る限り，全体としてのカリキュラムやいくつかの分野において，それぞれに首尾一貫した知の体系を構成すべきである[21]。

報告書が刊行されるまでに，保守党は再び政権に返り咲いた。委員会の審議が終了するよりも前に，教育院の回状1350号，『公立エレメンタリー・スクールの編成』(The Organization of Public Elementary Schools) が公布されたが，そこには11歳以上の生徒の上級教育施設が設置されない限り，新しい学校系統の計画は承認されない，と記されていた[22]。

1926年の教育令について特筆すべきことには，中等モダン・スクールと中等グラマー・スクールのカリキュラムの格差を緩和すべく，エレメンタリー・スクールのカリキュラムへの政府のすべての統制を取り除いたことであった[23]。報告書では少なくとも2つの進展があった。第一は，報告書は，これまでのエレメンタリー・スクールと明確に異なる初等学校（primary schools）の必要性を認め，大規模な教育機構の再組織が必要であるとしたこと。第二は，カリキュラムの再検討の必要性を認めたことであった。1928年の教育院のパンフレット『教育の新展望』(The New Prospect in Education) では，「もしわれわれのカリキュラムをさまざまなニーズに応えられるように修正できないのであれば，子どもたちを学校に常に強制的に出席させることは，彼らに学校の意義について誤った印象を植え付けてしまうかもしれない」と述べている[24]。

1931年の初等学校に関する『初等教育諮問委員会報告』(The Report of the Consultative Committee on the Primary Schools) は，1926年報告の必然の帰結であり，初等教育の発展における重要な進展を示した。これまでは，エレメンタリー・スクールの伝統は，「労働者貧困層」と名付けられたものから生徒を取り出すことを想定していた。今や，それはより進歩的な精神によって，11歳までのすべての子どもに適した学校タイプとして見られるようになった。3Rsにおける多少のドリルの導入を勧告したり，プロジェクト方式の妥当性に疑問を呈したりするなど，カリキュラムに対して，穏やかに保守的なアプローチをとる一方，他方で報告は「カリキュラムは，知識を獲得し，事実を蓄積するよりも，むしろ活動や経験という観点から思考されるべきである」という記憶に残るフレーズを生みだしていた[25]。1933年の『幼児および保育学校に関する顧問委員会報告』(The Report of the Consultative Committee on Infant and Nursery

Schools）は，幼児の段階における基本的技能の獲得の重要性を喚起するなど，発達の伝統における新たな総合体（synthesis）に向けての前進という意味において，さらに冒険的であった[26]。

　第二次世界大戦の勃発の少し前，カリキュラムに関する非常に重要な報告書が出た。それまで何十年も中等学校が公式な調査の対象となったことはなかった。1934年の『グラマー・スクールとテクニカル・ハイスクールに焦点を当てた中等教育諮問委員会報告』（*The Consultative Committee on Secondary Education with special reference to Grammar Schools and Technical High Schools*）は，ウィル・スペンズ卿（Sir Will Spens）委員長のもと，これらの学校の11歳から16歳の年齢グループの教育枠組みと内容について特に検討した。

　報告書は，すべての生徒を対象にした単一の教養教育もしくは一般教育といったものは現実的ではない，と結論した[27]。大きく異なる生徒の知的能力や精神能力に対応するために，さまざまな形態の一般教育および半職業教育が必要とされており，より広いカリキュラムが必要とされていた。スペンズは学問志向ではない中等学校生徒のオーバーワークと緊張を指摘し，それゆえそれぞれ異なるカリキュラムをもつ3種類の中等学校，グラマー・スクール，モダン・スクール，テクニカル・スクールが必要であると勧告した。3種類の学校間の移動は可能であり，それらの間に上下の格差はないと想定された。これらの構想の大部分は1926年のハドウ報告に予見されていた。

　第二次世界大戦の到来により，この報告書の構想は実現することはなかったが，1941年には，シリル・ノーウッド（Cyril Norwood）が議長を務める第二委員会が，「中等学校カリキュラムの改革とそれに関連した学校試験の問題」への検討を開始した。この中等学校試験評議会によって行われた調査は，スペンズ報告が，既存のグラマー・スクールの改革の必要性を表明したことに関心をもつ，教育院のほかの人びとへの応答として行われた[28]。

　ハロウ校の元校長であり，オックスフォード大学セントジョンズ・カレッジの学長であったノーウッドは，1936年に『中等学校カリキュラム』（*The Curriculum in Secondary Schools*）と題する本を著し，このトピックに関する彼の

見解を披露していた。『ノーウッド報告』（*Norwood Report*, 1943）の至る所に彼の見解が反映している。「特定の志向をもつ生徒には」彼らにもっとも適した訓練が行われ，「その能力をもっとも適切に発揮できるような職業に導かれる」ような「カリキュラムのタイプ（類型）」について報告書は言及していた。3つの志向とは，3つのカリキュラムのタイプに対応していた。第一のタイプとは，グラマー・スクールの生徒を想定した高度な知識の領域からなるカリキュラムで，職業教育には対応していない。第二のタイプは，実業，貿易，商業などの職業スキルに関連した志向をもつもので，第三のタイプは，「現実の物事の具体的経験から生まれる関心を直接生徒に喚起する」ような人文・科学・芸術の各分野を学ぶカリキュラムである。報告書は，第一のタイプの生徒の将来を大学生と想定し，第二のタイプの生徒を進学もしくは実業界の各分野への就職と想定し，第三のタイプの生徒の将来像については触れていなかった[29]。報告書はまた，一つの学校にグラマー，モダン，テクニカルのコースをもつ多系統学校を否定していた。

『ノーウッド報告』は，批評家も指摘するとおり，その理念の根拠を提示するというよりは，単に主張を展開したものであった[30]。この委員会の主張は，ノーウッドの三分岐学校構想に沿って起草された，バトラー（R. A. Butler）による1944年の教育法に受け入れられた。この報告書はその2つの点で広く議論を引き起こした。ひとつは中等レベルにおけるカリキュラム科目の折衷的な性格について，もうひとつはカリキュラムの枠組みについてであった。後者は現行の国家試験が時代遅れで不適切であるとして，改変を求めるものであった[31]。

(d) 戦後のカリキュラム展開　1945-64

『1944年教育法』には，すべての学校で必修となった宗教教育に言及した個所を除いて，カリキュラムという言葉が用いられていないことは驚くべき事実である。にもかかわらず，カリキュラム計画において重要な改革が行われている。1945年には『中等規則』（*Secondary Regulations*）が廃止され，約20年前

にエレメンタリー・スクール・セクターで起こったのと同じように，中等学校カリキュラムはこの時以降，中央の統制からはずされた。

しかしノーウッドの精神はまだ生きていた。教育法はただ単に，公教育は初等，中等，高等という3つの段階的なステージから組織されると規定していたのに，多くの地方教育当局が採用したのは三分岐システムであった。この3つのコースの中で，明確なカリキュラムを欠いていたテクニカル・スクールはもっとも進路とのリンクが弱く，多くの地域で衰退していった。1945年に労働党内閣が返り咲いたとき，「すべての者に中等教育を」の精神への回帰が試みられるのでないかという期待がもたれた。ところが，労働党の教育大臣，エレン・ウィルキンソン（Ellen Wilkinson）は1945年，三分岐システムを支持する『国家の諸学校』（*The Nation's Schools*）と題したパンフレットの発行を開始したのであった。2年後，別の教育大臣，ジョージ・トムリンソン（George Tomlinson）のもとで出された労働党の文書『新しい中等教育』（*The New Secondary Education*）には，『ハドウ報告』がモダン・スクールのカリキュラムについて用いた言葉を思い起こさせるような，言い回しがあった。いわく，そのカリキュラムは伝統的な科目に中心的な焦点を当てるのではなく，子どもたちの関心を喚起することに当てなくてはならない。

ティブル（J. W. Tibble），エヴァ・ハバック（Eva Hubback），ラワリーズ（J. A. Lauwerys），ハーバート・リード（Herbert Read）らの学識者グループは，自らをカリキュラム改革審議会と呼び，もし社会と学校の機能的な関係を考慮せず，さらには教育目的と内容の機能的関係を見過ごすならば，「カリキュラムをめぐる議論は貧血を起こし，無味乾燥なものになってしまうだろう。もし社会が統一性をもとめるのならば，成人前の若者に共通の経験を提供しなくてはならない。もし社会が分裂を求めるのであれば，異なるタイプのカリキュラムを異なる学校で教えればいい[32]」と指摘した。

しかし，第二次世界大戦後の教育行政官のエネルギーの大部分は，必然的に別の問題に向けられてしまった。すなわち人口の爆発的増加の結果生じた問題，戦時中中断していた建築計画を再開して計画に追いつかせる問題，1947

年に学卒年齢を15歳に引き上げた問題などである。このときの改革の一つは，1951年の中等資格試験（SCE）の廃止とそれに代わる科目試験，一般教育資格Oレベル（General Certificate of Education Ordinary Level = GCE O Level）の導入である。かくして試験はもはや中等学校全コースのテストを必ずしも反映しなくてもよくなった。

戦時中，諮問委員会が停止状態に陥っており，1945年に教育院（Board of Education）が教育省（Ministry of Education）に置き換えられたことにともない，大臣に迅速に応答できる新しい組織が必要であるという認識が広まった。バトラーはより権限の大きい，より代表性の高い組織を召集した。バトラーは次のように記している，「私が考えていたのは，国家システムのなかで一般教育を管理する行政機構であり，その組織自身が教育内容にかかわることによって，中央政府を刺激し，援助するような組織である[33]。」かくして中央教育諮問評議会（Central Advisory Council for Education = CAC）は生れたのである。

CACによって行われた重要な調査のひとつは，社会的需要や産業的需要の変化に関連して，15歳から18歳までの青少年の教育に関する調査であった。1959年に出版された『15歳から18歳』（*15 to 18*）というタイトルの『クラウザー報告』（*Crowther Report*）は，シックスズ・フォーム・レベルのカリキュラムの問題を取り上げた。この報告は現行カリキュラムには過度な専門化が見られ，理系科目を取っている者も，もっと人文科目を選択すべきであると結論した[34]。クラウザーは学卒年齢の16歳までの引き上げを主張し，昼間の継続学校に代わり，卒業して就職する者に適したカリキュラムを提供する，カウンティ・カレッジ（County College）の設立を提言した[35]。しかし資金の不足から，この啓発的提案には何のアクションも取られなかった。

クラウザー報告は，モダン・スクールに通う子どもたちに提供されている教育が適切ではないことを示した。1961年にCACは続けて次のような要請を行った。

13歳から16歳で学校もしくは継続教育機関のフルタイムのコースに在籍

しているか，するであろう子どもたちで，平均的か平均以下の能力の者への教育を考慮すべきである。教育という言葉には課外活動も含まれると解釈されるべきである。

興味深いことに，エドワード・ボイル卿（Sir Edward Boyle）が，後に『ニューソム報告』（*Newsom Report*）として知られることになる文書に書いた前書きには，「すべての子どもたちはその才能や能力を十分に発達させ，知性を獲得する均等な機会を与えられるべきである」という言葉が含まれている。この報告書は，基礎機能を重視した伝統的なモダン・スクールを推進する立場と，カリキュラムにより進歩主義的な概念を取り入れようとする立場の中間の道に舵をとった。

このリストの中でわれわれはスピーチ力の改善をきわめて上位に置いている。発音の質や明瞭さはもちろん必要ではあるが，それだけではなく，語彙の全般的な広がりと，それに基づく口語英語と思考表現のより確かな運用能力の向上を求めている。それは英語の授業だけでなく，単に教員の質問に生徒が答えるテストにおいてではなく，技術や手工や理科の授業などすべての機会を利用した，純粋なディスカッションを意味している[36]。

思考力と判断能力の錬成手段として，人文科学が重視された。再び学卒年齢の16歳までの引き上げと，学校と産業界のつながりの強化が主張された。一つの重要な勧告は，在校時間を引き延ばし，それによって正課と考えられていたものと課外とされていたものとの区別を薄めようとしたことである。

この報告が学校に与えた影響は大きかった。モダン・スクールで「ニューソム」コースと呼ばれるものが人気となり，能力が十分でない子どもにふさわしい，適切なカリキュラムを提供する必要性に注目が集まった。報告書は「それにもかかわらず，われわれが心をくだく子どもたちの能力や嗜好には，ともに大きな差があるというそれだけの理由で，普遍的な固定カリキュラムは排除す

べきである」と結論していた⁽³⁷⁾。

(e)カリキュラムの政治化　1964-2000

　1945年から1964年の間に2つの主要政党の表明した教育政策とカリキュラム案の違いは比較的小さなものであった。とりわけ中等教育レベルについては、起こりうる中等教育統合化が将来のグラマー・スクールに与える影響についての労働党の見解は両義的であった。この結果、労働党党首、ヒュー・ガイツケル（Hugh Gaitskell）によって進められた、「すべての者にグラマー・スクールを」という妥協策に至った。1959年以降、総合制教育の問題は政治的には下火になってしまった⁽³⁸⁾。

　しかしまもなく、政府は教育政策の決定において、より大きな役割を果たしたいという意思表示が示された。1960年3月、保守党の教育大臣であったデービッド・エックル卿（Sir David Eccles）は下院のスピーチで、「私は自分の声がより頻繁に積極的に、そして確実に議論を巻き起こして人びとに届くように努力したい」と述べた。まさにその議論の機会は、GCEを受けない生徒に、中等教育修了資格（Certificate of Secondary Education = GSE）という新しい試験の導入を勧告した、この年に発行された『ベロー報告』（*Beloe Report*）によってもたらされた。エックルは「報告書のシックスズ・フォームのセクションは、カリキュラムという秘密の花園に入る誘惑を断り切れないサリーのようなものである」と加えた⁽³⁹⁾。

　教育省の中に官吏、勅任視学官（HMI）、大学教授からなるカリキュラム研究グループ（CSG）が形成された。この委員会に付託された権限は、新しい試験についての研究を行い、大臣に勧告することであった。委員会は精力的なデレック・モレル（Derek Morrell）次官補が委員長を務め、彼は翌年の研究者会議において、次のように述べた。

　　カリキュラムと試験の領域において、社会を利する手段として、すでに過
　　去のものとなった批判に過度にしがみつくことによる無駄とフラストレー

ションを極力排除する，新たなアプローチが必要とされている。カリキュラム開発という作業には今日，何らかの形で中央政府および地方政府を含めて，教員以外のものが積極的に参加することが必要とされている[40]。

　このような発言は，教職関係者の間に，将来中央によって監督されたカリキュラムが生まれる不安を生み出した。この不安はエックルがエドワード・ボイル卿（Sir Edward Boyle）に交代し，学校カリキュラムと試験に関する協力機構の必要性を検討するためにジョン・ロックウッド卿（Sir John Lockwood）のもとにワーキング・グループが設置されたことによって，幾分おさまった。1964年の『ロックウッド報告』は，学校カリキュラム・試験評議会（Schools Council for the Curriculum and Examination）の設立を勧告した。この評議会はこれまでの中等学校試験評議会（SSEC）の仕事を受け継ぎ，学校カリキュラムの策定はしないまでも，幅広いさまざまな教材や発案を利用可能にするものと考えられた。委員会は中央官僚，地方役人，教員から構成されるものとされ，教員が運営委員会の過半数を占めていた。

　評議会はいち早く作業に取りかかり，1967年の『プラウデン報告』（Plowden Report）は，初等・中等学校の新しいストラクチュアを提言した。学校評議会のプロジェクトの一部は，5〜13年までの理科や，8〜13年までの社会科などを含むカリキュラム開発に影響を与えた。中等教育カリキュラム・プロジェクトは，平均的な児童生徒を対象とすることに力点を置いていた。1972年には学卒年齢が引き上げられることを見越して，仕事は急ピッチで行われた。教材の開発とともに，評議会は1967年の『社会および若い学校卒業者』（Society and the Young School Leaver, ワーキングペーパーNo.11）といった影響力のあるカリキュラム文書を生み出している。評議会はより広いシックスズ・フォームの新カリキュラムへの準備も行ったが，カリキュラムと試験を関連づけることにはさほど成功しなかった。評議会は共通の試験システムを生み出すために多大な努力を費やし，このことは学校が16歳までの共通カリキュラムを実施する際に助けになったが，この提案は政府によって採用されなかった。

カリキュラム論争の新たな焦点は，総合制学校とそのカリキュラムおよびプラウデン報告によって唱道された進歩的「方法」に対する保守党のカウンター攻撃であった。学業成績，とりわけ3Rsの水準低下が指摘された。1969年と70年に，一連のエッセイからなるいわゆる3通のブラック・ペーパーがすべての議員に送りつけられ，それらは教職者の間でも，世間でも広範な支持を集めた。これらの指摘は，教員に一部が政治的言動を行い，また一部は伝統的な基礎的技能の教育義務を放棄するなどした，ウィリアム・ティンダル（William Tyndale）校のスキャンダルという劇的な顛末に至った。この騒動で，強力なガイドラインが国家規模で策定されない限り，地方教育当局は不適切なカリキュラムに対して，行動を起こすことが難しいことが明らかとなった。

　より直接的な介入はその後におとずれた。1964年に教育省に代わった教育科学省（Ministry of Education and Science）によって，1974年に評価および到達度ユニット（Assessment and Performance Unit）が設置され，子どもたちの英語，数学，理科，近代語の成績を国家ベースで評価し，モニターすることになった。1976年に発行されたOECDの報告書は，「まさにその権限が肥大化し，巨大な権力となった」と指摘している。

　今から振り返れば，1970年代には，もっとも適切な全国共通カリキュラムのモデルとして政府には少なくとも2つの見解があったことがわかる。すなわち勅任視学官の共通カリキュラムという見方と，教育科学省のコア・カリキュラムという見方である[41]。勅任視学官は中等学校カリキュラムを開発するために，カリキュラム出版グループ（Curriculum Publications Group）を組織し，1978年には共通カリキュラムの基礎を設定した，いわゆる赤本（Red Book），『カリキュラム11-16』（*Curriculum 11-16*）を発行した。このカリキュラムは，美的，身体的，社会的，そして霊的な領域を含む8つの経験領域からなっている。1983年の第三版の赤本は，学校のタイプや能力レベルに関係なく，すべての子どものためのカリキュラムといったタイトルを志向していた。

　一方，教育科学省は当初からより強い別の路線を取っていた。1975年，労働党首相，ジェームズ・キャラハン（James Callaghan）は教育水準を憂慮し，

教育科学省に『イエロー・ブック』（*Yellow Book*）として知られる報告を起草するように命じた。4領域のうちの2領域は初等学校における3R'sの教授と総合制学校のカリキュラムであった[42]。『イエロー・ブック』の中心宣言のうちのひとつには、「すべての生徒のための中等カリキュラムを開発するという、一般的に受け入れられた理念を試み、打ち立てる時がどうやらやってきた。すなわちコア・カリキュラムである。」と謳っている[43]。1976年にラスキン・カレッジ（Ruskin College）で行ったスピーチの中で、キャラハンは、詰め込み過ぎた時間割の中で、コア・カリキュラムが必要であること、そして学校間のカリキュラムの均等性を確立するためにも、コア・カリキュラムが必要であるとして、討論を開始した。

勅任視学官の対応と、教育科学省の展望の間には明確なコントラストがあった。1980年、教育科学省は『学校カリキュラムのためのフレームワーク』（*A Framework for the School Curriculum*）という短い文書を発行し、それぞれの科目に全体の授業時間に対して何パーセントを割り当てるかという観点で、必修カリキュラムを設定した。1981年に勅任視学官は『カリキュラムの展望』（*A View of Curriculum*）という文書で応答し、よりリベラルな展望の必要性を再主張した。下院の教育科学芸術委員会（House of Commons Committee on Education, Science and the Art）は教育科学省が同年に出した文書「学校カリキュラム」を「混乱し、知的分別に欠け、同様に実用性に欠けている」と攻撃し、「教育科学省のカリキュラムを開発する能力には疑念があり、この文書はその疑念を晴らすのにまったく役立っていない」と述べている[44]。

カリキュラム統制に向けてのもうひとつの地ならしが1980年代に行われた。1982年4月に教育大臣キース・ジョセフ卿（Sir Keith Joseph）は、下院でスピーチを行い、学校評議会（Schools Council）を解散し、中央によって任命される2つの組織に置き換えることを宣言した。すなわち、学校カリキュラム開発委員会（School Curriculum and Development Committee）と中等試験評議会（Secondary Examination Council）である。この決定について、正式な理由の説明はされなかった[45]。さらにまた1983年から技術・職業教育試行（Technical and Vocational Education Initiative = TVEI) のような，カリキュラムにより強力な職業要素を志向する，政府の新たな取り組みも始まった。このことは，プロジェクトが人的資源供給委員会 (Manpower Service Commission) のもとで，教育省を迂回して　雇用省によって資金供給されるようになったという戦術の転換を意味している。

　1987年の総選挙の際，保守党は，もし政権についた場合には，全国共通コア・カリキュラムを導入することをマニフェストで宣言した。選挙に勝利したのち，迅速な政権継承のなかで，ふたつの諮問文書，『全国共通カリキュラム5-16』がその年の6月，教育法案 (Education Bill) は11月に発行された。この法案の責任者である教育大臣，ケネス・ベーカー (Kenneth Baker) は，全国共通カリキュラムは主として科目リストであり，その背後にある目的を考慮していない，という批判を押しのけて，議会を通過させた。カリキュラムには3つのコア科目，すなわち数学，理科，英語が設定され，それに加えて7つの必修基礎科目，歴史，地理，技術，音楽，美術，体育および外国語がある。宗教教育はすべての学校で教えられる。すべての基礎科目には，それぞれ到達目標（Attainment Targets = ATs）と呼ばれる獲得すべき一般技能と理解度についての個別目標が設定され，これらはキー・ステージ (Key Stage = KS) の最終年，すなわち7歳，11歳，14歳，16歳にテストが行われることになっている。

　そのあとカリキュラム政策に大きな関わりをもつ政府機構において，他にも多くの改革が行われた。たとえば，1988年『教育改革法』(*Education Reform Act*) によって2つのカリキュラム評議会，すなわち，全国共通カリキュラム評議会 (National Curriculum Council = NCC)，および学校試験および評価評議会 (School Examination and Assessment Council = SEAC) の改革である。前者は1993年に学校カリキュラムおよび評価機構 (School Curriculum and Assessment Authority = SCAA) に，そして1997年には後者が資格およびカリキュラム機構 (Qualification and Curriculum Authority = QCA) に変更された。教育と産業をより密接にリンクさせようという政府の意志のサインとして，教育科

学省はその名前を 1991 年に教育省 (Department for Education) に，そして 1995 年に教育雇用省 (Department for Education and Employment) に変更した。

結　論

　過去 100 年間以上にわたる英国のカリキュラムの変遷を見てみると，6つの重要な特徴を見出すことができる。おそらくもっとも顕著な特徴はカリキュラムの性格が保守化した変化であろう。これは 1988 年の全国共通カリキュラムによって結実したが，このときの科目リストは 1904 年の中等学校規則に含まれていた科目のリストに非常によく似ている。第二の特徴は，この期間に学校試験を方向づけるというよりは，カリキュラムにリンクさせようとした何度かの試みが行われたことであり，この問題はいまだ解決していない。第三の特徴は，動きの遅い王立委員会に代わって，中央教育諮問評議会や諮問委員会のような諮問機関の審議が，カリキュラム理論や実践の変化に影響を与えるようになったこと。第四の特徴は，たとえば，幼児および初等教育に関するハドウ報告や，ニューサム報告に見られるように，この一世紀にわたって，カリキュラムの中心に児童生徒を置くことが次第に現実のものとなってきたことである。同様に，男子と女子のカリキュラムの不平等性およびそれを緩和しようとする方法に次第に注目が集まるようになったこと。第五に，学校評議会がある時期努力して果たせなかったように，カリキュラムについて，すべての利害関係者からの同意を得ることに失敗したことである。第六の特徴は，特に 20 世紀の後半，カリキュラムがますます政治化し，政府の介入を受けるようになったことである。全国共通カリキュラムが導入されてから 12 年後の 21 世紀のはじめにおいて，多くの問題と批判がいまだに解決されることなく残っている。カリキュラム活動が全体的目標をどの程度まで達成できるか，またどの程度を必修とするか，そして，カリキュラムの公布において，政界と学界のもつれた糸をどうほぐすか，という問題は現在もなお直面している問題である[46]。

Key Reading

　公式の教育報告書の多くには，カリキュラムの歴史についての情報を与える背景説明の章がもうけられている。『教育院報告 1910-11』（*The Report of the Board of Education 1910-1911*, 1912, pp.2-41）には，ブラメル（R. D. Bramwell），『エレメンタリー・スクール事業 1900-1925』（*Elementary School Work 1900-1925*, 1961, University of Durham Institute of Education, Durham）と同様に基礎教育カリキュラムの歴史についての記述がある。1905年から44年まで教育院による続編『教員ほかの考慮についての提言』（*Suggestion's for the Consideration of Teachers and Others*），のちの『提言ハンドブック』（*Handbook of Suggestions*）は，その補足資料として参考になる。戦後の公文書はカリキュラムについてさらに多くの頁を割いており，たとえば，中央教育諮問評議会の『子どもたちとその初等教育』（*Children and their Primary Schools*, Plowden, London, HMSO, 1968）の第17章には「カリキュラムの諸側面」（Aspects of the Curriculum, pp.203-261）がある。各科目についての歴史はたくさんあり，たとえば，ジェンキンスとスウィナートン（E. W. Jenkins and B. J. Swinnerton）の『1900年以降のイングランド・ウェールズにおけるジュニア・スクール科学教育』（*Junior School Science Education in England and Wales since 1900*, London, Woburn Press, 1998）があげられる。

　スチュアート・マックルアー（Stuart Maclure）の教育文書，『イングランド・ウェールズの教育文書，1816年から今日まで』（*Educational Document. England and Wales 1816 to the present day*）とその続編には，主要な教育委員会のすぐれた要約がある。モンゴメリー（R. J. Montgomery）の『試験』（*Examinations*, London, Longman, 1965）には試験とカリキュラムのリンクの歴史が詳細にカバーされている。教育史学会による2つの刊行物，『変わりゆくカリキュラム』（*The Changing Curriculum*, 1971）と，『戦後のカリキュラム，歴史的アプローチ』（*Post-War Curriculum, An Historical Approach*, 1978）もカリキュラム問題を扱っている。カリキュラム開発の背景についての全体像は，ゴードン，オルドリッチとディーン（P. Gordon, R. Aldrich and D. Dean）の『20世紀イングラ

ンドの教育と政策』(*Education and Policy in England in the Twentieth Century*, London, Woburn Press, 1991) に見られる。

　カリキュラムの政治化については，サイモン (B. Simon) の『1920年から1940年の教育改革のポリティクス』(*The Politics of Educational Reform, 1920-1940*, London, Lawrence and Wishart, 1974) や，ロートン (D. Lawton) の『学校カリキュラムのポリティクス』(*The Politics of the School Curriculum*, London, Routledge and Kegan Paul, 1980) で論じられている。全国共通カリキュラムの導入に関する問題については，公文書にも一般書にも多くの資料がある。たとえば，ムーン (B. Moon) 編の『新カリキュラム—ナショナル・カリキュラム』(*New Curriculum—National Curriculum*, London, Hodder and Stoughton, 1991) や，バーバー (M. Barber) 編の『全国共通カリキュラム—政策研究』(*The National Curriculum, A Study in Policy*, Keele, Keele University Press, 1996)，あるいは，オルドリッチとホワイト (R. Aldrich and J. White) の『2000年以降のナショナル・カリキュラム—QCAと教育の目的』(*The National Curriculum beyond 2000 : the QCA and the aims of education*, London, Institute of Education, University of London, 1999) などである。

〈注記〉
（1） School Curriculum and Assessment Authority, *The Review of the National Curriculum. A Report on the 1994 Consultation* (Dearing), London, SCAA, 1994.
（2） QCA/DfEE, *The Review of the National Curriculum in England. The Consultation Materials*, London, QCA, 1999, pp.3-11.
（3） QCA/DfEE, *The Review of the National Curriculum in England. The Secretary of State's Proposals*, London, QCA, 1999, pp.1-16.
（4） P. Gordon and D. Lawton, *Curriculum Change in the Nineteenth and Twentieth Centuries*, London, Hodder and Stoughton, 1978, pp.11-16.
（5） C. Tyerman, *History of Harrow School*, Oxford, Oxford University Press, 2000, p.331.
（6） Webbの業績については，E. J. T. Brennan, 'Sidney Webb and the London Technical Education Board', *Vocational Aspects of Secondary and Further*

　　　 Education, 1959, vol.11, pp.85-95. を参照。
(7)　B. M. Allen, *Sir Robert Morant*, London, Macmillan, 1934, pp.125-6.
(8)　E. J. R. Eaglesham, *The Foundations of Twentieth Century Education in England*, London, Routledge and Kegan Paul, 1967, p.53.
(9)　Board of Education, *Suggestions for the Consideration of Teachers and Others Concerned with the Work of Public Elementary Schools*, London, HMSO, 1905, p.6.
(10)　P. Gordon, 'The Handbook of Suggestions for Teachers : its origins and evolution', *Journal of Educational Administration and History*, 1985, vol.17, pp.43-4.
(11)　P. Gordon and J. White, *Philosophers as Educational Reformers. The Influence of Idealism on British Educational Thought and Practice*, London, Routlegde and Kegan Paul, 1979, p.149.
(12)　Sir Michael Hicks Beach to 8th Duke of Devonshire, 28 February 1899, Chatsworth Mss 1340. 2792.
(13)　P. Gordon, R. Aldrich and D. Dean, *Education and Policy in England in the Twentieth Century*, London, Woburn Press, 1991, p.300.
(14)　*Report of the Committee Appointed by the Prime Minister to Enquire into the Position of Modern Languages in the Education System of Great Britain*, London, HMSO, 1918, p.9.
(15)　*Report of the Teaching of English in England* (Newbolt), London, HMSO, 1921, section 64.
(16)　Board of Education, Circular 1296 *Curricula of Secondary Schools in England*, London, HMSO, 1922, p.2.
(17)　*Report of the Consultative Committee on the Differentiation of the Curriculum for Boys and Girls Respectively in Secondary Schools*, London, HMSO, 1923, pp.63-4.
(18)　R. J. W. Selleck, *English Primary Education and the Progressives, 1914-1939*, London, Routledge and Kegan Paul, 1972, p.4.
(19)　W. Vioda, *Child Art and Franz Cizek*, Vienna, Austrian Junior Red Cross, 1936, pp.13-4.
(20)　H. Loukes, 'The pedigree of the secondary modern school', *British Journal of Educational Studies*, 1959, vol.7, p.138.
(21)　*Report of the Consultative Committee on the Education of the Adolescent* (Hadow), London, HMSO, 1926, p.87.
(22)　B. Doherty, 'The Hadow Report, 1926', *Durham Research Review*, 1964, vol.4, p.119.

(23) J. P. White, 'The end of the compulsory curriculum', in *The Curriculum, The Doris Lee Lectures*, London, University of London Institute of Education, 1975, p.28.
(24) Board of Education, *The New Prospects in Education*, London, HMSO, 1928, p.9.
(25) *Report of the Consultative Committee on the Primary School*, London, HMSO, 1931, p.93.
(26) N. Whitbread, *The Evolution of the Nursery-Infant School. A History of Infant and Nursery Education in Britain, 1800-1970*, London, Routledge and Kegan Paul, 1972, p.98.
(27) *Report of the Consultative Committee on Secondary Education with special reference to Grammar Schools and Technical High Schools* (Spens), London, HMSO, 1938, p.2.
(28) G. McCulloch, *Educational Reconstruction. The 1944 Education Act and the Twenty-First Century*, London, Woburn Press, 1944, pp.74-5.
(29) *Report of the Secondary School Examinations Council, Curriculum and Examinations in Secondary Schools* (Norwood), London, HMSO, 1943, p.4.
(30) J. Lawson and H. Silver, *A Social History of Education in England*, London, Methuen, 1973, p.122.
(31) Norwood, 前掲書, pp.45-6.
(32) Council for Curriculum Reform, *The Content of Education*, London, University of London Press, 1945, pp.13-4.
(33) M. Kogan and T. Packwood, *Advisory Councils and Committees in Education*, London, Routledge and Kegan Paul, 1974, p.16.
(34) *Report of the Central Advisory Council for Education (England), 15-18* (Crowther), London, HMSO, 1959, para.77.
(35) 同書, para.274.
(36) *Report of the Central Advisory Council for Education (England), Half our Future* (Newsom), London, HMSO, 1963, p.29.
(37) 同書, p.124.
(38) M. Parkinson, *The Labour Party and the Organisation of Secondary Education, 1918-65*, London, Routledge and Kegan Paul, 1970, pp.86-7.
(39) *Hansard*, House of Commons, 5, 620, 21 March 1960, col.52.
(40) D. H. Morrell, 'The freedom of the teacher in relation to research and development work in the area of curriculum and examinations', *Educational Research*, 1963, vol.5, pp.88-9.
(41) C. Chitty, 'Two models of the National Curriculum : origins and interpretation',

in D. Lawson and C. Chitty (eds.) *The National Curriculum*, Bedford Way Papers, No.33, London, Institute of Education University of London, 1988, p.35.
(42) D. Lawton, *The Politics of the School Curriculum*, London, Routledge and Kegan Paul, 1980, p.37.
(43) Department of Education and Science, *School Education in England, Problems and Initiatives*, London, DES, 1976, p.11.
(44) House of Commons Committee on Education, Science and the Arts, Report, 1982, i, p.xxv.
(45) P. Gordon, 'The Schools Council and curriculum developments in secondary education', in R. Lowe (ed.) *The Changing Secondary School*, Lewes, Falmer, 1989, p.65.
(46) S. Bramall, and J. White, *Will the New National Curriculum Live up to its Aims?*, London, Philosophy of Education Society of Great Britain, 2000, pp.46-7.

第7章 資格と評価

アリソン・ウルフ（Alison Wolf）
鈴木 俊之 訳

2000年の状況

　2000年のイギリスには，正規資格の追求によって支配された教育システムが存在している。教育と学習は公的試験と政府に義務づけられた試験によって大部分形作られており，学校と教員は生徒のテストの成績によって判断される，そして継続教育カレッジは提供する資格（と学生が獲得する資格の数）を基盤として資金が出されている。大学は上記の機関よりは影響を受けていないが，それでもモジュラー学位と複数分野を組み合わせて勉強することの流行は，コースとユニットの評価と試験によって教員と学生の両方の時間が支配されていることを意味している。

　国内で認められているアカデミックな資格に通じる公的試験は事実上ほとんどの10代の若者を巻き込んでいる。1999-2000年度では，中等教育修了一般資格（General Certificate of Secondary Education ＝ GCSE）（あるいはそのスコットランド版であるスタンダード・グレード（Standard Grade））で15-16歳の94％が少なくとも1教科合格している。少なくとも548万人のイングランドの受験生が受験し，536万7千人に資格が与えられている（その圧倒的多数は11学年終了後の生徒に与えられているが，なかには年長もしくは年少の者にも与えられている）[1]。

　一方，60万3千人がAレベル（中等教育修了資格（General Certificate of Education ＝ GCE）の上級（advanced）レベル）を獲得しており，その数は18歳の40％を占めていた—20年前の受験参加率の倍以上である。そのほか18歳を超

える受験生が11万8千人，Aレベルを取得している。スコットランドでは，イングランドでのGCSEに相当するスタンダード・グレードを，イングランドと似たような割合の生徒が15歳で受験するが，ハイアー（Highers：スタンダード・グレードの通常一年後に受けることがほとんど）に関してはAレベルの半分程度の割合になっている。両国において現在行われている改革はさらに試験を付け加えようとしている。つまりスコットランドでは，インターミディエイト・レベル，ハイアー・レベル，アドバンス・ハイアー・レベルを導入することになる「ハイアー・スティル」（Higher Still）を，イングランド・ウェールズでは，GCSEとAレベルの間に位置づくアドバンスド・サプリメンタリー（Advanced Supplementary = AS）レベルを増やす「カリキュラム2000」を実行しようとしている。

　義務教育後の職業教育や成人訓練，そして成人（「生涯」）学習もまた資格を中心に，資格によって非常に構造化されている。若者の4分の3以上が義務教育修了年齢に到達した後も学校あるいは政府が資金を提供している職業訓練関連施設に在籍している。より正確に言えば，生徒の半分以上がアカデミック・トラックに進み，そのほかの多様な資格によって，代替プログラム—とりわけ（職業Aレベルと職業GCSEによって置き換えられつつある）一般全国職業資格（General National Vocational Qualifications = GNVQ），全国ディプロマと全国職業資格（National Vocational Qualification = NVQ）—が構造化されている。1996年に導入された若年者職場訓練プログラム（Modern Apprenticeship）は雇用者がある条件—NVQを目指している見習生を含む—を約束したプログラムに対して政府補助金を出しており，イギリスにおいて初めて徒弟制（職業訓練）と全国資格の間に公式なつながりがつくられた[2]。

　成人の大多数もまた正規資格を目指して働き，そして取得している—それは彼らがその労働市場価値に気づいているからであるが，公的資金を受け取っているほとんどすべてのコース（パート・タイムの夜間の学生のためのコースも含む）は正規資格を提供しなければならないと，政府の補助金拠出メカニズムが意味しているからでもある。およそ52万8千人のフルタイムの学生と161

万7千人のパート・タイムの学生が継続教育カレッジに在籍している。成人はアカデミック・コースをとるだけでなく、非常に幅広い職業資格コースにも登録している。後者の中ではNVQは単独で最大のグループだが、その合計は政策立案者がいうところの「伝統的」資格と同数となっている。1998年には[3]、45万8千人に対してNVQとその同等資格が与えられており、少なくとも同数の人びとにも他の職業資格が同様に与えられている。総体としてみると、アカデミックな資格を目指して働いている人びとが全体の12％に対して、4％が非アカデミック資格を目指して働いているが、20歳以上だとその割合は9％（アカデミック）と4％（非アカデミック）になる。30歳以上（大学生はほとんど対象外になる）だとその数字は4％（アカデミック）、3％（非アカデミック）となっている[4]。

　すべての前・大学レベルの資格—莫大な数だが—は、1997年に創設された、強大な力をもつ、中央集権的な特殊法人である資格・カリキュラム機構（Qualifications and Curriculum Authority = QCA）によって統制されている。しかしながら、実際の試験／評価プロセスと資格の授与は多数ある「授与団体」の仕事である。その中には、イングランドのすべてのGCSEとAレベルを含む、アカデミックと職業資格の両方を提供している巨大で競合する一元的授与団体が3つ含まれている。ウェールズやスコットランド、北アイルランドにおける同様の団体はそれぞれの国において、事実上独占状態にある[5]。

　QCAは、2000年の教育を構造化するもう一つの主要な評価活動に対しても責任を負っている—「キー・ステージ」テストがそれであり、これは公的資金によって運営されている義務教育段階の学校にいる、すべての子どもの進歩をモニターするものである。1991年[6]に始まったこのテストは、全国共通カリキュラムに並行して、7歳と11歳、そして14歳（それぞれキー・ステージ1、2、3の終わり）の時点で公立（営）学校の全児童生徒が受けることになっている。

　QCAは、英語と数学そして理科（理科はキー・ステージ2、3のみ）をカバーするテストの設定、分析、報告を行う直接の責任もまた負っている。この

仕事の多くは下請けされているが、数学に関しては、現実にはテストの項目はQCA内で作られている。QCAは他のどの義務教育段階の学年にいる児童生徒でも自発的に使用できるテストを提供しているが、この自発的なテストを受けている割合は急上昇している。それは政府によって提供されている能力給を得るために、受けもつ児童生徒の成績が向上していることを示す証拠を教員が求めているからである。

テストと資格の役割は、目標とパフォーマンス・インディケーターが重視されるようになり可視性が高くなったことと関係している[7]。テストと資格はイングランドとウェールズにおいて特に目に触れる機会も多い——スコットランドでは、全国テストは両国と比べるとほとんど中央集権化されていないし、目にふれることもなく、北アイルランドでも、その方向に進みつつある。しかしながら、イングランドとウェールズでは試験の結果は「リーグ・テーブル」として出版され、広く報告されている。この「リーグ・テーブル」は試験結果（特にGCSEをA*〜Cで5つ以上獲得している割合）と児童生徒のキー・ステージ1、2、3のテスト結果に関する児童生徒のパフォーマンスによって学校をランク付けしている。特にイングランドの子どもは、世界で最高でないにしてももっともレベルが高い部類に入る、公的に準備され規制されたテストと試験を多数受けている。その教育システムは国際的に見ても非常に独特となっている。これから見るように、1900年の時点でもかなり違った風にではあるがシステムは独特であった——公的なテストや資格のどちらにもほとんど関心が寄せられていなかったけれども。

1900年の状況

20世紀当初の状況は劇的に異なっていた。1900年の時点で義務教育はあった——しかし児童の大多数はエレメンタリー・スクールに在籍し、早ければ12歳には公的に認められた資格を取ることもなく学校を離れていった。ごく少数の者に中等教育を提供していたグラマー・スクールおよびパブリック・スクールにおいてさえ、ほとんどの学生は正規の資格を得ることに関心はなく、外部

で授与される修了証明なしに，あるいはそういったものを求める明らかなニーズもないまま卒業していった。

　にもかかわらず，今日の巨大な GCSE と A レベル産業の先駆者は存在していた。試験に関して，イギリスは他のほとんどの先進諸国と非常に異なるパターンをたどっていった。最初から全国的で全国規模にされたシステムを作る代わりに，システムは人びとの需要に応じて独自に成長していった。これは全体としてみれば，初等教育の普及過程に，つまりはじめに教会学校のシステムが発展しており，その後国家のシステムに完全に同化しないまま統合された過程に似ている。試験システムの場合，主要な組織は試験機関であるが，これらが作られた理由の一つには政府の求めに個々の大学が応じて設立したこと，また一つには生徒がいつでも入学できる状態を制度化する有益な方法であったからである。リーズやリバプール，マンチェスターにシェフィールドのような，新しい「赤レンガ」大学とユニバーシティ・カレッジにとって，19 世紀のチャーターには，大学が学校の能力を調査する権限，および学業達成を示した個々の生徒に修了証明を授与する権限が明らかに含まれていた。このように 20 世紀の初めまでに，大学は―単独あるいは共同で―次の 100 年のほとんどの期間，学校にとってその名称になじみのある試験機関を通じて試験を設定，運営，採点をしてきたのであった。たとえば試験機関にはオックスフォード大学・ケンブリッジ大学試験機関 (the joint Oxford and Cambridge Board)，共同大学入学試験機関 (the Joint Matriculation Board = JMB)，ケンブリッジ大学地域試験連合 (the Cambridge Locals Syndicate)，ロンドン大学試験機関 (the London University Board) などが含まれていた[8]。しかしながら，すでに述べたように，試験を受けた生徒はわずかであった。彼らの顧客は，独立学校セクター出身であることがほとんどであった。つまりパブリック・スクールと授業料を払うグラマー・スクールであり，政府の奨学金はほとんど利用できなかった。政府による中等教育レベルの試験への関与は科学と技芸の試験への資金援助に限られていた。技芸学校 (schools of art) は，後の第三段階教育機関 (tertiary education) の前身であったが，科学学校 (schools of science) も 183 校存

在していた。その2万5千人の学生のうち，わずか4千人だけが上級（advanced）コースに在籍し，試験を受ける権利を有していた。他の学校も科学コースを提供していたが，大半はパート・タイムや夜間の学生に対してであった。科学学校はまだ出来高払い制（payment by result）（後述）の対象であり，この年，補助金をもたらすことになる上級の合格者は 1,459 人であった。科学学校外の生徒については3万人が基礎（elementary）レベルで合格しており，さらに 5,362 人が上級で合格していた。3700万人の人口の国でこの数字とは！

　職業あるいは専門職に関する正規の試験も 1900 年までには確立していた—しかし，ここでもその一世紀後に比べると非常に小さな規模であった。筆記試験は専門職団体と自称専門職団体によって，自らの専門性を定義し，証明する（そして／あるいは参入を妨げる，もしくはクローズド・ショップを作る）手段として 19 世紀後半より次第に使われるようになっていた。1900 年までに次の職業，つまり弁護士，医師[9]，勅任会計士（chartered accountants），都市技術者（municipal engineers），建築士，電気技術者，獣医師では，資格試験が設けられていた。1900 年と 2000 年の主な違いは，その違いが専門職への窓口としての試験の構造に存在しているというよりも，こうした試験に対して 1900 年当時の大学が果たす役割が今よりもきわめて小さく，また志願者や職業構造における専門職の数が絶対的に少数であったことにある[10]。

　非専門職的職業のための資格も 19 世紀後半から 20 世紀の大半の間に有機的に増えていった。ロイヤル・ソサエティ・オブ・アーツ（Royal Society of Arts）は，1870 年代には「科学技術的」試験を行っていたが，もっとも重要な発展は，1878 年にシティ同業者組合（City Livery Companies）と協力してシティ・オブ・ロンドン当局（City of London Corporation）が創設した，シティ・アンド・ギルド（City and Guilds of London Institute）の設立である[11]。「シティ・アンド・ギルド」の目的は科学技術の試験を行うことであり，それによってイギリス産業全体に渡って技術教育や技術的専門性を促進することであった。その成長は非常に堅実であったが，ここでもやはりその数は大変少なかった—1900 年には1万 4,500 人の受験申請者がいて，8千人が合格してい

る。

　技術的職業あるいは手工業的職業に関しては、専門職と異なり、その登録を義務にすることや認可手続きに関係させるような動きは見られなかった。学業を終えた生徒の大多数（ほとんどは男）は学校を離れるやいなや徒弟に、つまり年季奉公することになっていた—これはヨーロッパ中で実際そうであった。しかしながら、徒弟制は国家によって規制されておらず、試験を必ず受けなければならないようなシステムも存在していなかった。したがって、1900年のイギリスでは、義務教育後の職業訓練における単独にして最大である徒弟制は、事実上テストなしであった。

　当時のほとんどの子どもは、エレメンタリー・スクールだけで正規の教育を受けていたが、そのエレメンタリー・スクールもまた2000年に比べるとテスト主導ではなかった。実際国家による管理は、1862年の「改正教育令」—査察官によって行われる3R'sの試験結果と学校への予算を関連させる—が未だ支配的であった2～30年前よりも緩くなっていた。この「出来高払い制」(payment by results) は大部分の学校で1897年に終了し、授業時間数に応じて予算が支払われる方式に変更された。このように、ほとんどのエレメンタリー・スクールの高学年生にとって、学校は自由に仕事や実生活へ踏み出すまで待っているところであった。

変動と連続性

　20世紀を通じて、国家は単に試験と評価の責任を負っていただけでなく、それらを統制もしていた。したがって学校を事実上国営化し、大学も半ば国営化した19世紀と類似する動きを示している。1900年には政府は公的試験や資格についてほとんど考慮していなかった。ここまでに簡単に記したように、2000年までに大学以前の段階でのアカデミックな資格と職業資格は厳しく規制され統制されており、そして義務教育を受けている子どもがほぼ毎年受けられるほど、公的試験が作られている。この節では政府活動の拡大について明らかにする。まずアカデミックな公的試験を扱い、次いで技術的、職業的資格に

ついて、そして最後に全国共通カリキュラムの到達目標に対するテストについて扱う。どの事例においても、学校やカレッジ、大学の規模が際だって拡大したことや、人びとの将来のキャリアにとって正規資格の重要性が相応に増大したことと、政府の活動は関連して生じている。

(a)アカデミックな試験の発展

中等学校の生徒の試験に責任を負っている試験機関は、20世紀を通じてほぼ継続的な形で存在してきた。にもかかわらず、きっぱりというと、1900年の試験機関は今日の鯨のような機関と比べると小魚に過ぎない。20世紀の初めには、その顧客はパブリック・スクールとグラマー・スクールに集中していた。第一次世界大戦後すぐの教育局（Board of Education）の統計によると、公立（補助金拠出）中等学校の生徒は当該年齢集団の10％未満であった。そしてそのうち、5分の4以上の生徒は、公的試験を受けることなしに学校を離れていったのである。グラマー・スクールとパブリック・スクールの比率は確かに高かった。にもかかわらず、その生徒の多くもまた、正規の外部試験を受けることなしに学校を離れていったのであった。

その後の20世紀を通じての成長の規模については、試験機関の一つである、共同大学入学試験機関（Joint Matriculation Board）の確かな統計が珍しく利用できるため、見ることができる[12]。JMBはもっとも規模の大きな機関の一つであり、だいたいイングランドの受験生の20％程度が登録していた。表7.1は中央政府が大きな介入を初めて行う直前の志願者数が載っているが、これを見ると試験機関が依然としていかに小規模であったかがわかる。2,000人にも満

表7.1　JMBの大学入学と修了証明のための試験 1917年[13]

大学入学資格試験 Matriculation	1,223人
上級学校修了資格（旧規則）Senior school certificate	442人
家庭科修了資格 Housecraft certificate	28人
下級学校修了資格（旧規則）Junior school certificate	96人
中等教育資格（新規則）School certificate	847人

たない志願者が大学入学資格試験か上級学校修了資格試験（Matriculation or the Senior certificate）を受けていた（これに対応する1976年と1998年の数字を見ると，それぞれ5万2千人と10万5千人がAレベルを志願していた）。

　1917年の志願者は少数であったけれども，にもかかわらずその数は着実に増えていった。中等教育が重要になっていくにつれて，大学への入学許可はもちろん修了資格を提供する試験も重要になっていった。試験を実際に受けた生徒はますます多くの試験を受けたのであった――一つには大学が要求する試験が大学によって異なっており，部分的にしか重なっていないこと，また一つには専門職団体[14]によって設定された試験が増加したこと，そして学校が試験における成功を宣伝し，自慢するため，などが理由であった。

　1911年，教育局は中等教育の試験に関する報告書（'Dyke Ackland' Report）を出版し，中等学校の試験を中央の監督下に置き，合理化することを正式に勧告した。この報告の関心事は1980年代，90年代にそのまま繰り返されることになっていた。――たとえば，「社会によって学校が判断されるための信頼できる基準が存在しないこと」，あるいは「現況では，外部試験のための容認された水準を見つけることの困難さ…その困難さは既存の水準が高すぎるとか低すぎるとかではなく，異なる試験機関がそれぞれ異なっているというところにある」。

　報告書では，三種類のオプションを考慮していた――地方当局によって統制された外部試験システム，教育局自体が組織したシステム，そして――これは報告書が好んでいたオプションだが――執行権をもった新設の試験委員会のもとで実施されるシステムである。戦間期に発展したシステムは，ダイク・アクランド（Dyke Ackland）報告が構想していたシステムよりも試験機関に自由と自律性を与えていた。にもかかわらず，おおよそにおいては報告書の線でいっており，公営中等学校でどの試験が受けられるかを決定する中等学校試験評議会（Secondary School Examinations Council = SSEC）が設置され，戦間期の中等教育全体に影響を与え，構造化した中等教育資格（School Certificate）試験が創設された。

歴史的な視点から見ると，中等教育資格のもっとも特筆すべき特徴はグループ・アワード（grouped award）であった[15]。中等教育資格，あるいは後の上級中等教育修了資格（Higher School Certificate）を得るためには，志願者は，教科に特定の試験を受けたり，それぞれの教科に対して別々の修了証明を獲得したりするのではなく，きわめて複雑な規則に則って選択された多くの異なる教科に合格しなくてはならなかった。ここにおいては，中等教育資格はその後を継いだ試験よりも遙かにヨーロッパ的であり，実際世界の主流の在り方であった。ほとんどの現代ヨーロッパにおける学校修了の証明―たとえばドイツのアビトゥーア，フランスのバカロレア―は生徒がさまざまな科目に首尾よく合格することを要求している。アメリカの高等学校卒業にも同じことが当てはまる。1950年までは，イングランドとウェールズもこの伝統にしっかりと根ざしていた。

反対に，中等教育資格は21世紀初めのイギリスにおける試験の，もう一つの際だった特徴―つまり2つの一か八かのハードルの存在―を確立した。2つのレベル（中等教育資格と上級中等教育修了資格）は，大学入学と中等学校修了者のための証明書の両方を供給するシステムを存続させた。そしてこれらはGCE（普通（Ordinary）と上級（Advanced））の2つのレベルに変化し，その後現在のシステムであるGCSEとAレベル（スコットランドではスタンダード・グレードあるいはインターミディエイト・グレードとハイアー）に移り変わっていった。他の国ぐに，特にヨーロッパでは，自国のシステムに対してイギリスと同様の二通りの要求[16]があり，初等あるいは前期中等教育を修了した子どもに対する修了証明も発達させた。しかし，これらの下級レベルの修了証明が合格／不合格証明書になりがちであったため，そしてしたがって人びとを弁別するにはあまり有益ではなかったため，イングランドの中等教育資格や「O」レベル，GCSEのような労働市場における重要性を獲得することはなかった。

図7.1は，戦間期に中等教育資格と上級中等教育修了資格が急激に増加していることを示している。もっとも，ユニバーサルな中等教育の到来までは，こ

```
60000
50000
40000
30000
20000
10000
    0
      1919   1922   1925 1926              1933         1938
```

◆ 第一試験（中等教育資格）
■ 第二試験（上級中等教育修了資格）

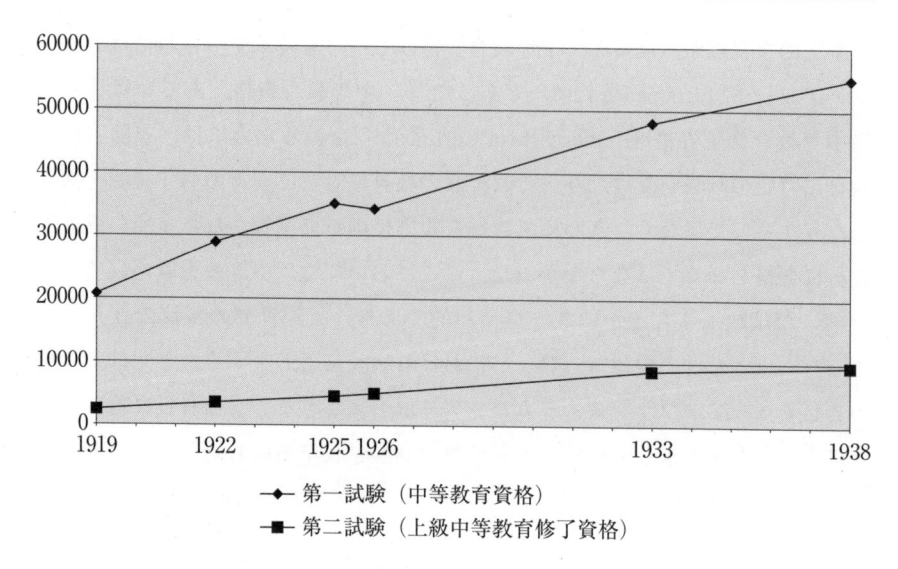

図7.1　戦間期の公的試験：イングランドとウエールズ[18]

れらはまだ非常に小さな関心事でしかなかったが。上級中等教育修了資格は大学生の一般的な属性でさえなかった。オックスブリッジのかなりの部分の学生は，その資格なしでパブリック・スクールからカレッジの入学試験を受けて，入学していた[17]。しかしながら，第二次世界大戦後，すべての者に無償中等教育を提供することが—何年もの論争と遅延の後に—，1944年教育法によって成立した。戦後の改革は子どもが11歳で試験によって選抜される（11歳時試験），きわめて特徴的な学校を創設することを伴っており，早速11歳での試験（英語，算数，IQテスト）が大半の小学生やその家族にとって大きな関心事になったのである。このことは，中等レベルでの試験政策に対して即刻の，そして長期的な影響もまた与えたのであった。

　1944年教育法のもとで創設された新しい教育省は，新しい学校システムにとってふさわしい試験枠組みの種類と，その立ち上げにおける教育省の役割について，きわめて明確な考えをもっていた。この考えは当時の教育の，そしてホワイトホール（イギリス政府）の政治におけるまったく異なった2つの衝動

を反映しており，これらは 1944 年教育法の基盤を築いた 1943 年のノーウッド報告（Norwood Report）に見ることができる。

　ノーウッド報告は三分岐システムを遺したことでよく知られるが，その三分岐制とは，次のような想定，つまり子どもを「学習のための学習に興味のある」子ども，「その能力が応用科学や応用技芸の分野に際だって存在する」子ども，そして「概念よりも具体的な物事を容易に」扱う子ども，という考えに基づいている[19]。「モダン」スクールに行く予定となっている最後の集団は，1945 年のパンフレットによると，「いかなる技術的手腕や技術的知識も要求されない職業」向きであった。反対に，「外部試験のプレッシャーから自由なので，これらの学校は生徒にとって教育の最高にして生き生きとした様態を作り出しうる」としていた[20]。

　後に労働党大会で非難されたため取り下げられたが，この記述は単にグラマー・スクールにいかない子どもに対する軽蔑感を反映していたのではなかった。この時期には，労働党と教育界の両方に，教育の過程にとって有害であるとして外部試験に対する強い反対が改革の要素としてあったのである。ノーウッド報告を作成した委員会は中等教育資格がグラマー・スクールと中等学校の教育を支配している程度について批判的であった。彼らはより広い，「教員と子ども中心」アプローチを奨励したかったのである。そして近い将来には，16 歳での試験が全面的に教員による評価に入れ替わるべきであると提案したのであった。18 歳の時のみ，大学入学に先立って外部試験が必要であると感じていた。

　戦後，その結果は，SSEC によって全面的にデザインされ，既成事実として試験機関（と大学）に供給された GCE であった。改革を行った人たちのビジョンの影響はその初期形態に明白に現れている。どの志願者も 16 歳までは受験できないことになっていた—したがって，中等教育の最初期を試験からのプレッシャーから自由にしただけでなく，セカンダリー・モダン・スクールは 15 歳で卒業だったので，どのセカンダリー・モダン・スクールも生徒に試験の準備をさせなくてすむことになっていた。第二に，2 つのレベル—普通と優

等—があることになっていたが，どちらのレベルにも等級はなく，単に合格か不合格であった。最後に，新試験は教科別のテストであり，中等教育資格のようなグループ・アワードではなかった。

　このうち生き延びたのは，最後の項目だけであった。他の変更のほとんどは，学校からの抗議の嵐に直面して最初の2年もたたないうちに消滅してしまった。GCEの創設は，試験に対する中央の統制が非常に増大したことを示した。しかし，近代社会における試験の隠された機能を廃止することはできなかった。大学や労働市場での選抜と参入において正規の修了資格を使用する，そして使用したいという点で，大学と親，そして雇用者と学生は同じであった。したがってA（優等）レベルのGCEの等級が2年内に認められ，その後O（普通）レベルでもすぐに認められた。年齢制限もまた廃止された。改革を主導した人たちはAレベルの志願者にOレベルを完全にスキップしてほしかったのかもしれないが，大衆は，今日と同じく反対に考えていた。

　GCEが出現して以来，一人の志願者が7科目から10科目，あるいはそれ以上の科目を受け始めるようになり，数が大幅に増加したため，試験の統計は教科ごとになった。新しい科目は，特に1953年に創設された連合試験機関（Associated Examination Board = AEB）によって導入された。このAEBはテクニカル・スクールや継続教育，そのほかの非伝統的学校に所属する，グラマー・スクール外の受験生のためにGCEのコースを発展させることを特別な権限としてもっていた[21]。また学校が複数の試験機関に受験参加することも可能になった。当初，そうしたことが大規模に起こることはまれであったが，半世紀を通して着実に広がっていった。

　なされ得なかったことは，セカンダリー・モダン・スクールに在籍する年齢層の大多数に対して実行可能なGCEを提供することであった。GCEは難度が高くなるように意図されており，実際にそうであった。威信が高い，正規の修了資格に対する需要が意味していたのは，1959年までにOレベルの志願者の約3分の1がグラマー・スクールとパブリック・スクール以外の学校出身であったということである。しかし，セカンダリー・モダン・スクールの大多数

にとってふさわしいテストは事実上なかった。多くの生徒は15歳で正規資格をもたずに学校を卒業し、ごくわずかな生徒だけが全日制の教育を続けるためグラマー・スクールに移ったのであった。

1950年代の労働市場はホワイト・カラーの仕事がますます増えたこと、そして卒業生が非公式ネットワークを通じて仕事に結びつけられていた、旧来の固定化した労働者階級コミュニティの凋落によって特徴づけられていた。この文脈において、正規の修了資格がないことはますます受け入れられがたくなっていたが、19世紀と違って、あらゆる変化は政府によって開始されなければならなかった。1950年代を通して、教育省は新しい正規試験の考えに不賛成を唱えていた。しかしながら、1960年に中等学校試験評議会[22]によって作成されたベロー報告（Beloe Report）は、大衆（と親）の意見を反映しており、そのことを強く勧告していた──「中等教育資格がカリキュラムを形作ってしまったように、新しい試験をしてはいけない」という殊勝な決意はあったけれど。大臣（と教育省）はその導入をためらい、遅らせてきたが、1962年に中等学校修了基礎資格（Certificate of Secondary Education = CSE）の導入が告げられたのであった。

CSEは、若者向けの正規資格に対する人びとの欲求から生まれた。しかしながら、主要な点で、GCEとは明らかに異なっている。スタートから等級付けされていたけれども、CSEは完全に新しく設置された14の地方試験機関（総合計は22まで増える）の手に置かれた。これらの機関は、「モード3」を含む新しいシラバスの多様性を発展させることが認められていただけでなく、奨励されていた（モード3とは教員によって内的に評価されるが、どの試験機関であろうとそれを承認することによって、証明された完全なCSEの資格につながるものである）[23]。

したがって、公的試験がカリキュラムに課す拘束やそれらが生徒を分類する方法、そして情報をもつ教員の判断の排除といったことを忌み嫌うイギリスの評価政策において、CSEは周期的に現れるそうした傾向がある程度作り出した物であった。20世紀の後半、これらの考えに基づく改革は繰り返し生じ、

そして繰り返し敗れていった。その失敗の根本原因は，継続的に変化する産業および職業構造を伴う流動する社会—そこでは若者にとってますます正規資格が重要になっている—であったし，今でもそうである。これらがCSEを作った—そして失敗もまた決定づけたといえる。

1970年代後半までにユニバーサルな中等教育を作り出したのと同じ圧力が義務教育後の教育においても明白になっていた。ますます多くの若者が最低年齢を超えて学校に残っており，ある種の高等教育を望んでいた。にもかかわらず，GCEに比べて明白にそして公然とそのステータスにおいて劣っているCSEは，次第に存続が難しくなってきた[24]。もし11歳での選抜が続いていたとしたら（たとえばドイツやあるいはオランダのように），人びとの変化する志望は，CSEの変化によって満たされていたかもしれない。しかし，イギリスのほとんどの子どもは総合制中等学校に在籍しており，そこではGCEとCSEコース間の，13歳と14歳の区分がきわめて明白であり，それを巡って争われていた。教育に関する意見は徐々に統一試験に好意的になってきた。第一次サッチャー政権において教育大臣であったキース・ジョセフ（Keith Joseph）はその議論に納得し，1986年に，OレベルとCSEは2つを統合した試験によって取って代わられた。それはGCSEであり，両方の既存の試験機関から作られた5つの試験機関の集団によって運営された[25]。

現在若者の圧倒的多数がGCSEを受けており，彼らの未来の生活において多くを構造化し決定する一連のシグナルを与えている。この時期の若者の選択に関する調査によると，GCSEそれ自体は残留率を高めており，それは若者に，自分たちが将来の前進にとって必要な学歴・資格を所持しているという明確な指標を与えていたからと推測されている。同時にGCSEは義務教育後の選択に対する仕分け装置も提供している。16-19歳コースは，トップはAレベルコースへ，次はアドバンスGNVQ（「職業Aレベル」）などのように，GCSEの平均結果によって明確に階層化されている[26]。

GCSEの開始によって，イングランドとウェールズにおける教育政策と行政の先例のない中央集権化—全国共通カリキュラム，全国共通テストの創設，地

方教育当局の無力化，親の選択の援助としてだけではなく，アカウンタビリティの道具としてのリーグ・テーブルの開発などを含む―が早められた。矢継ぎ早に，イングランドとウェールズでは次のような機関が新設され，廃止された―中等教育試験評議会（Secondary Examinations Council），学校カリキュラム開発委員会（School Curriculum Development Committee），全国共通カリキュラム協議会（National Curriculum Council = NCC），学校カリキュラム・評価機構（School Curriculum and Assessment Authority = SCAA），そして1997年にはQCA（資格・カリキュラム機構）が創設された。QCAはいろいろな意味で典型的な20世紀後半的な特殊法人―公式にはその本省からは独立しているが，実際にはそれを作り資金を提供している省に依存している―であった。その庇護のもと，試験プロセス全体を，かつてないほど強く規制し監視をしている。QCAの権限の範囲は，GCSEとAレベルだけでなく，公的資金が投入されている，非大学セクターにおいて提供されている全資格まで及んでいる。

(b)職業資格の国営化

　アカデミックで学校をベースとした試験の場合にほぼ一世紀かかった中央政府による厳格な統制の拡大は，職業分野においても同じく生じているが，そのスピードは4倍であった。また，資格構造における職業分野とアカデミックな分野の違いも存在している。アカデミックな試験機関の組織史は，十分整然としている。大学に関連づけられた機関が存在し，それらが徐々に自律性を失う，CSEの誕生とともに機関数が増加，そして再び縮小する。つまりイングランドに3機関，スコットランド，北アイルランド，ウェールズに各1機関。職業資格については，以上のように整然とはなっていないし，近年政府が努力しているような整然さを目指すこともない。代わりに，試験機関と資格の多様性を，たとえば，小規模な機関もあれば大規模な機関も存在する，力のある専門職に対する監視者としての機関がある一方，もっぱら一時的な政府のイニシアティブによってのみ存在する機関などを見ることができる。

　このような違いは，中等教育と違ってこの分野では，単一の巨大な全国化さ

れたセクター——つまり，財源のほとんどが政府からであり，資格がそれ自体で主要なアウトプットである——がないという事実に由来している。対照的に職業資格は高度に複雑な労働市場から資格の意義や信用を得ており，その労働市場では会社や雇用者は自分のセクターにおけるこれまでの職業訓練について非常に承知しているか（そして信用している），あるいはまったく政府の教育政策に関心がないかである。

　上述したように，専門職団体や自称専門職団体によって，自らの専門性を定義し証明する手段（そして／あるいは参入障壁かクローズド・ショップを構築するため）として筆記試験は19世紀後半より広く使われていた。今日，そのような試験は中産階級と上位中産階級の求人市場——会計や銀行業，法律業——において相変わらず非常に重要であり続けている。これらの試験の管理は専門職団体によって非常に堅く守られているが，専門職団体はこのことが自己規制の原理にとって中心的であると考えており，そして専門職の独立を守り，その高い社会的地位を示すものとして勅許の地位を求めている[27]。

　非専門的職業の資格も元々19世紀後半と20世紀に増大したが，その大半は国家による関与をほとんど受けなかった[28]。志願者数や資格数は，20世紀に非常に増大したが，実際この期間の大半，男性卒業者の少なくとも3分の1が徒弟制についていたのであった。イギリスの徒弟制が1990年代になるまで国家によって規制されておらず[29]，試験に対する正規の必要条件もなかったが，徒弟は，研修休暇制度か夜間の時間を用いて，シティ・アンド・ギルドの資格のためにしばしば勉強していたのであった。多くの大人もまた夜間クラスに登録しており，さらにシティ・アンド・ギルドは特定の会社や産業の訓練プログラムのための資格を数多く作り出した。これらと並んで，ロイヤル・ソサエティ・オブ・アーツも多くの事務と秘書の資格を作り上げたが，これらを取得しようとするのは主に女性であり，旧来の熟練職業や技術職の資格における男性の支配を反映していた。

　こうした巨大で複数の職業資格試験を行う機関と並んで，小規模でありながら，その職業セクターでは特定の職業的権限をもつ，認知度の高い機関も数多

く発展した。これらには，ダイアモンドのカッティングとか馬の調教のような特定の分野や，あるいは銀行業のように広範な分野が含まれていた。特定のセクターからの需要に応じて有機的に発展したため，これらの機関も労働市場のほんの一部分だけをカバーしたに過ぎなかった。小売業のような多くの分野では，そのセクターがそれ自体の「資格授与団体」を作る必要性を感じていなかったので，そうした分野では資格は存在しなかったのである。

　1970年代までの職業資格システムは，あるレベルにおいては非常に複雑であった。それは職業資格システムが非常に多くの異なった名称の資格を含んでいたことや，試験を準備し，資格を授与する多くの異なった機関を含んでいたという点である。雇用者の視点からすると，システムが非常に複雑で，したがって不完全であったというのはそれほど明白ではない。というのは，ほとんどの雇用者は資格のある特定の部分にだけ興味をもっていったし（もっているし），その部分に関してはよく知ろうとする傾向にあったからだ。ケータリング・マネージャーにとって，「C&G 706」の本質と内容は実際とても明らかであったし，非ケータリング・セクターの無数の資格はどこにも存在していなかったのである。スーパーマーケットにたとえてみると，全体としてみれば，われわれは売り出されている多数の品物によって戸惑うことはないということである。それどころか，もしわれわれがティーバッグや新鮮ななすを探しているのなら，すぐにそれらを見つけるであろう。なぜなら行きたい売り場にいくための簡単な選択や説明に従うことができるからだ。雇用者も1990年代以前の資格に関して同様の状況にあった。政府のスポークスマンが「資格のジャングル」と名付けたものは，実際には非常に特徴づけられた道によって行き来されていた。

　しかしながら，1980年代の政府と政策コミュニティは，労働力に職業資格が不足していることによってイギリスの経済が損なわれつつあると確信するようになり，そのことを主な理由として，改革が行われることになった[30]。若年および成人労働力の両方の職業資格取得率を高める決断によって，「全国職業資格レビュー」(National Review of Vocational Qualification)が作成されたが，

このレビューでは，取得率に対する主な障壁は前述の資格「ジャングル」だと正式に結論づけられた。この場合でも予測されるように，新しい機関を設立し，雇用者が定義した「職業スタンダード」に基づく，まったく新しい資格システムを構築し監督することが勧告されたのであった。そしてこのような権限をもつ全国職業資格協議会（National Council for Vocational Qualifications = NCVQ）が正式に設立された。

　「全国職業資格（NVQ）」を発展させるために，政府は多くのセクター独自のスタンダード設定機関（「lead industry bodies」と呼ばれる）と NCVQ，そして新しい資格を授与する会社および訓練計画に対して，財政的支援を行った。大きな職業資格授与団体—とりわけシティ・アンド・ギルドとロイヤル・ソサエティ・オブ・アーツ—にも，これまでの伝統的な資格を NVQ に変更する必要があるので，途方もないプレッシャーがかかった。後者（NVQ）は承認の前提条件として NCVQ によって規定された要求の厳しい，決定的な特徴をもっていた。たとえば，NVQ は徹底的に定義された多数の「アウトカム」にすべて基づいており，そのどの一つも NVQ が取得されるまえに具体的に説明され，記録されていなければならず，したがって，資格が真に「透明」であることが一応は保証されていた。また可能な限りきっちりと現場の活動を反映しなければならなかった。もしそれらが標準の仕事の中で評価され得ないのなら，そのときは厳密なシミュレーションが要求されていた。

　NVQ 改革を悩ます問題は少なくとも次のような事実によって十分に証明されている—つまり，800種類にもおよぶ利用可能な NVQ のうち，ほぼ半数が何ら市場とは関係がないことが判明しており，そして誰にも取得されなかっただけでなく，残りの資格の多くには一桁の希望者しか登録していないという事実がその証拠である[31]。一方，NVQ によって取って代わられることが期待されていた多くの旧来の資格は，相変わらず雇用者に人気であり，消滅することを拒んでいた。しかしながら，政府は，ついこの間参入した職業セクターから撤退するよりも，やっかいな NCVQ を置き換え，中央政府の関与を減らすのではなく強める決断をしたのであった。

すでに述べたように，QCA は，学校に関する機関であった SCAA と NCVQ を合併して 1997 年に設立された。その変更の動機の一つは明らかに NVQ に関して高まりつつある議論を鎮めることであった—そして NVQ の発展とその運営が QCA の活動の目立たない部分になったということもあり，その動きは成功した。しかしながら，職業資格の全国化に向かう動きをひっくり返すどころではなく，QCA の設立は，公的機関のために公認されたすべての資格の大規模な，公的規制の前兆となったのである。どれだけ小さくても，どれだけ専門化されていても，どれだけ十分に確立していても，あらゆる資格はリストに参加するために厳密な「質」の必要条件を満たさなければならなかった。唯一の例外は，大学に基づく，大学レベルのディプロマだけであった。

　その根本的な理由は，学んでいる人びとには政府が質を保証していると期待する権利があるということである。一方，公費で勉強をしている人びとに対しては，納税者が金額に見合う価値（value for money）に対する権利をもつことになる。QCA の公式文書では「法的規制は他のメカニズム—資格授与団体自体の質保証を含む—が十分ではない場合に公益を保護するために使われる」と説明している。建前上は，これらは当然の懸念である。実際には，非政府組織にその議論を裏付けるような大きな失敗はなかったけれども。現実には，執筆の時点でここ数年に起こった質管理に関する唯一の主要な失敗は，2000 年のスコットランド資格機構（Scottish Qualification Authority）の失敗だけであった。そしてこれは統制された授与団体ではなく，政府の独占機関—スコットランドでは QCA の規制機能と，アカデミックな資格と職業資格の両方の実際の設計と実施，採点を組み合わせている—である。職業資格を改革しようとする政治家の決意は，他国の経済的成果が，それらの国が全面的に構造化され規制されたシステムを所有していることによって強められつつあるという信念によって強化されていた。実際には，後者の信念については多少勘違いしていた。成人に対するさらなる職業訓練（有資格かどうかは別として）はすべての国で複雑で流動的な問題であり，高等教育／第三段階教育機関の外部で成人向けの正規資格を出している国はほとんどなかったのである[32]。多くの諸国が実際

に有する資格は，職業的文脈，あるいは職業に関連する文脈での初めての教育を終える若者向けの，十分に構造化された資格である。イギリスにそのような資格が欠落していることは，「改革」の25年を経た今日，明らかになっている。

イギリスでは，後期中等教育の大衆化は遅れてやってきた―それは16歳で行われる公的試験（Oレベル，CSE，GCSE）が，労働市場参入のための，信頼のおける，差別化された（段階的な）資格を供給してきたことが一つの理由である。にもかかわらず1970年代からはますます多くの16歳が学校に残り始めたが，彼らにとっては伝統的なAレベル（あるいはハイアー）は実際には適切なものではなかった。旧来の職業資格授与団体であるシティ・アンド・ギルドとロイヤル・ソサエティ・オブ・アーツはこの市場向けのフルタイムのコースと資格を開発したが，本当に成功した「製品」は新しい組織，つまりビジネス・科学技術教育協議会（Business and Technology Education Council = BTEC）―元々BECとTEC[33]という2つの機関として技術者の供給に関してパニックが起こった時期に政府によって立ち上げられた―によって提供されたものであった。しかしながらBTECはすぐに，その主な市場としてかなり異なったグループを築きあげたのであった。それはポストGCSEレベルコースを窺っている継続教育カレッジのフルタイムの学生であり，このコースは通常の職業的な特色を非常に強くもっていただけでなく，高等教育につながる修了証明を得る機会も提供していたのであった。このBTECディプロマは，ビジネスや工学，あるいは観光のような科目において，提供することができた。

ステータスの高いAレベルに比べるとその数字は小さいが，その伸びは着実であり，1980年代後半までには同一年齢層の10％がBTECディプロマに登録していた。にもかかわらず1980年代の政府はこれらの資格は実践的で具体的な職業NVQに換えられるだろうと期待していた。BTECは憤慨して抵抗し，若者もNVQよりはBTECの資格に登録し続けていた。その結果として，1992年に政府は突然政策を変更したのであった。教育科学省（Department of Education and Science = DES）は，原則的にGCSEでよい成績がとれなかった生徒向けである[34]，Aレベルに代わるフルタイムの資格への強い需要がなく

ならないことを認識していた。その結果，BTEC は資格の授与はできるが独占はできないように政府が考案し設計した，一連の新しい資格が開始されたのであった。これらの資格は GNVQ（一般全国職業資格）と名付けられた。

　GCSE と A レベルとならんで全国的に認識される資格を創設するという政策によって，先進諸国で広く認められている後期中等教育制度をイングランドとウェールズにようやくもたらすことになるはずであった。新しい GNVQ はさらなる魅力として段階的なルートを提供していた——一年制のインターミディエイト GNVQ は，二年制のアドバンス GNVQ への導入として，もっとも成績の悪いポスト GCSE の志願者が受講することができた。政府の目標は 1996 年までに GNVQ を取っている同一年齢層の 25％であったが，この数字が現実的な目標であったことは初期の生徒の獲得が示していた。

　あいにく，複雑で非常に要求の多い GNVQ の制度設計によって GNVQ は自壊へ向かっていた。NVQ と同じく，とはいえ他の公的試験とは違って，GNVQ は，評価についての特定の考え方にヒントを得た政府のエージェンシー——この場合は NCVQ——によって一から全面的に設計された。この評価に関する考え方は多くのアウトカムの詳述——その一つひとつが評価されなければならない——を必要としており，そしてイギリスにおける強力な改革主義の伝統において，この考え方には正規試験への抵抗が伴っていた。政府は資格の一部分だけを扱う，モジュール・ベースの多肢選択式の短問を行う正規試験を強く求めていた。その結果は行政的な悪夢であった。つまり教員は資格の評価に週 20 時間まで費やし，異なる学校やカレッジに共通する一貫した基準は存在しておらず，修了率も合格率も低かった[35]。

　GNVQ の実験が開始されたあたりに，BTEC は自分たちが提供していた古いディプロマを GNVQ に転換し始めていた。しかし，GNVQ の実行上の問題が明らかになるにつれ，この作業を中断した。転換しなかったディプロマは維持されたが，それだけでなく新しいディプロマも作られた。一方，正規試験を通じてスタンダードを維持することに強く傾倒している新しい大臣たちが政権につき，GNVQ を創った NCVQ は QCA に併合された。2000 年には GNVQ

は廃止され，代わりに職業 GCSE と職業 A レベルが置かれることが発表された。教育雇用大臣であったデイビッド・ブランケット（David Blunkett）による重要な施政方針演説では，GNVQ はあたかも存在してなかったかのように，歴史からあっさりと消されていた[36]。

現在，職業資格とアカデミックな資格を統合することは行政的には過去のどの時点よりも容易である。というのは政府からの直接の圧力のもとで，試験機関と授与団体のさらなる合併が生じているからである。上述したように，現在3つの巨大な授与団体が存在するが，それらは旧来の試験機関と，それぞれのケースにおいて，大規模な職業資格機関の一つを合併してできあがっている。したがって，たとえば BTEC は，以前のロンドン大学試験機関（University of London Examination Board）とともに，Edexcel の一部である。しかしながら，その他の点では大きな問題が残っている。アカデミックな生徒に対する資格以外の，16歳以後の明確で単純な資格構造が未だに存在していないことである。後期中等教育への進学率が高くなっており，高等教育への進学率を50％にするという政府の目標がある状況では，明確で単純な資格構造がないということが強い緊張を引き起こす可能性がある。とはいえ，GNVQ の歴史が実際に示していることは，もう一度いうと，評価と試験政策の漸進的な国営化と決定に大臣が直接日々関与しているということである。

(c)全国テストの導入

20世紀における3番目の主要な発展はやや異なっている。政府による統制が徐々にだが一貫して表明されるという物語ではなくて，一周して戻って来ている。1900年には学校は出来高払い制—学校は単に評価されるだけでなく，女子の裁縫とともに3R's の成績を基礎として補助金が支払われる仕組み—から自由になってまもなくであった。2000年には学校は公的試験ばかりでなく，「キー・ステージ」のテストにおける子どもの成績に基づいて毎年調べられていた。それほど直接的でないにせよ，学校への予算配分も再び結びつけられていた。親が「成功している」学校を好み，財政支援が生徒数に応じるので，よ

い成績を収めた学校への直接裁量的報酬と間接的報酬の両方が存在していたのであった。

イギリス史上初のナショナル・カリキュラムの導入を受けて，全国テスト・プログラムは1990年代に全面的に発展した。しかしながら，スコットランドでの発展はかなり独特であり，完全なテスト・プログラムは一度も行われていない。イングランドで初めてテストが行われるのに先立って，そのようなプログラムを実行しようとする試みがスコットランドの親によってボイコットされたのであった。

テスト・プログラムは─全国共通カリキュラムそれ自体以上に─イギリスの学校における学業成績の水準についての政治家とメディアに広がる関心の結果であった。特に初等教育が効果的な基礎技能の教育を除外し，自由選択と自己表現を強調する「進歩的」な考えによって取って代わられたため，そうした考えが大きくなっていった。そして改革はマーガレット・サッチャー (Margaret Thatcher)，彼女の考えは常に選抜の結果を伴わない11歳時試験であったが，その彼女によって始められた。しかしながら，初期のテスト・プログラムは非常に野心的で広範囲の権限を有していた。政府による「評価とテストに関するタスク・グループ (Task Group on Assessment and Testing = TGAT)」の提案に基づいて，その意図は政府によってデザインされた評価と教員による評価を組み合わせてカリキュラム全体をテストすること，そして「真正な」評価手段，つまり筆記試験に基づく2，3の目標の中心に授業を位置づけることによって授業をゆがませない評価手段を用いてテストすることであった。

これは，あまりに野心的すぎた仕事であったことが判明した─少なくともカリキュラムそれ自体の複雑性のために。1991年に行われた最初の予備試験は「キー・ステージ1」の終わり，7歳児─通常イングランドの子どもはインファント・スクールからジュニア・スクールへと進級する年齢─を対象として行われた。テスト・プログラムは完全に制御不能であることが判明した─その仕事の多くはちょうど4人の児童のグループと行動する教員を一人必要としており，一方でその他の教員は─何らかの形で，どこかで─別の仕事に従事してい

るので，平均的なクラスでも最低40時間（しばしばそれ以上）が必要であり，完全に通常の授業を妨害していた。1992年のテストは，首相がより限定的で旧来のテスト形式にするよう影響力を行使したので，あまり時間を取らなかった。にもかかわらずキー・ステージ2と3のテストに関する漠然とした見込みによって，教員が全国的に反乱の口火を切るにいたったが，それは校長によって支持されていただけでなく，学校の理事によっても支持されていた[37]。

　教育大臣は更迭され，テスト・プログラムの調査がロン・デアリング（Ron Dearing）（現デアリング卿（Lord Dearing））のもとで立ち上がり，きわめて旧来的なタイプのよりシンプルなテスト・プログラムが導入された。教員は付加的な多くの領域や教科に関して彼らの判断を記録することはできるが，重要なテストは中央で作成されたものであり，7歳は英語と算数，11歳と14歳では英語と算数と科学が行われた。これらは，リーグ・テーブルを作成するために使われるテストであり，教育水準局（Office for Standards in Education = Ofsted）の査察官によって調査されるテストであり，そして労働党の大臣のもとで，子どもの学業達成ための「目標」が，ますます大がかりになり，人目を引くようになっている原因を作っているテストである。現在行われているテストが示しているのは，中央集権化した公的テストと試験のもう一つの勝利であり，試験と評価主導カリキュラムに対する，理想主義的だが繰り返し生じている反対のもう一つの敗北である。

結　論

　全体的には，20世紀の出来事は，正規試験と正規資格が全面的に勝利し，その試験や資格の要求によってクラスが支配されることが，その要求に比例して，そして明らかに止められないほど強まっていることをあらわしているように見える。この発展はおそらく不可避であったと，ある程度はいえるだろう。現代の労働市場は選抜のための「客観的」な基準を要求している。「アカウンタビリティ」を求める政府は教育セクターだけでなく，あらゆる公的サービス分野に広範囲な成果の測定と報告する義務（と正規のリーグ・テーブル）を課

している。望ましい大学を目指す競争でも修了証明や点数のような量的な仕分け装置の必要性を生み出している。

　したがって，多くの資格が近い将来にほとんどなくなってしまうようなことはありそうにないし，また実際にキー・ステージのテストが学校から全面的に姿を消すということもありそうにない。にもかかわらず，世論の振り子が動き始めているのはすでに明らかになっている。教員だけでなく親，（さらに重要なことには）ジャーナリスト，そして政治家までもが，学校がどれだけ「テストのための教育」を強制されつつあるのかについて，そして非常に厳格な試験主導のアプローチの教育に対する影響について気づきつつある。このテストすべてにかかる財政的コストや，テストの正確性や効率性，増大するボリュームを高水準で維持することの難しさもまた段々と明らかになっている。正規の競争的試験によって拘束されておらず，ゆがめられてもいない教育という理想的な改革が新しい世紀に広がることはきわめてありそうにない（思い切って言うと，私には想像もできない）。にもかかわらずわれわれは，ここ数年の内に，これまでにも繰り返し生じている関心，つまりカリキュラムのより広い側面とカリキュラムが非常に自由であることがもたらす利益に対して関心を寄せることだろう。

Key reading

　試験機関の歴史，あるいは近年（1980年以後）の職業資格改革に直接の関心をもつ人はこの章の注にある主要テキストを見るとよい—たとえばペッチ（Petch）の著作を参照。ウルフ（A. Wolf）『コンピテンスに基づくアセスメント』(*Competence-Based Assessment*, Buckingham, Open University Press, 1995) はNVQの歴史とアプローチについてとりわけ詳細に説明している。マーフィ，ブロードフット（R. Murphy and P. Broadfoot）『効果的なアセスメントと教育の改善』(*Effective Assessment and the Improvement of Education-A Tribute to Desmond Nuttall*, London, Falmer, 1995) は，評価政策に関して先導的であったイギリス人著者による主要出版物をまとめており，1970年から2000年の非常に活発で

あった30年間の評価に関する問題点や論争について詳細に説明している。コレッツ，ブロードフット，ウルフ編（D. Koretz, P. Broadfoot and A. Wolf (eds.)）『教育におけるアセスメント』（*Assessment in Education. Special Issue : Portfolios and Records of Achievement*, 1998, vol.5, no.3) およびトランス編（H. Torrance (ed.)）『真正なアセスメントを評価する』（*Evaluating Authentic Assessment*, Buckingham, Open University Press, 1995）は，政策サークルや学界で重要だと考えられている評価の理想的な学習アプローチについて詳細な議論を提供しているが，そうしたアプローチは中央で規定されたテストが容赦なく増加していることによってだんだんと覆い隠されている。ギップス（C. Gipps）『初等学校におけるアセスメント』（*Assessment in Primary Schools : Past Present and Future*, Milton Keynes, The British Curriculum Foundation, 1997）およびギップス，マッカラム，ハーグリーブス（C. Gipps, B. McCallum and E. Hargreaves）『よい初等学校の教員を作るのは何か』（*What Makes a Good Primary School Teacher? Expert Classroom Strategies*, London, Falmer, 2000）は，キー・ステージのテストが実際に初等学校のクラスにどのような影響を与えているのかについて興味深い洞察を与えている。スタントン，リチャードソン編（G. Stanton and W. Richardson (eds.)）『未来の資格』（*Qualifications For The Future : a Study of Tripartite and other Divisions in Post-16 Education and Training*, London, Further Education Development Agency, 1997）は16歳後の教育の発展について大局的にとらえており，ランバート，ラインズ（D. Lambert and D. Lines）『アセスメントを理解する』（*Understanding Assessment : Purposes, Perceptions, Practice*, London, RoutledgeFalmer, 2000）は学校レベルでの現状（2001）について事実に基づいて概観している。国際的な文脈を含む，より理論的な観点に関しては，ゴールドスタイン，ルイス編（H. Goldstein and T. Lewis (eds.)）『アセスメント』（*Assessment : Problems, Developments and Statistical Issues*, Chichester, John Wiley and Sons, 1996）が唯一にして最良の本であるが，ゴールドスタイン，ヒース編（H. Goldstein, and A. Heath (eds.)）『教育スタンダード』（*Educational Standards*, Oxford, Oxford University Press, 1999）は，イギリス政治において非常に重要で

あるスタンダードに関する議論について包括的な概観を与えている。リトル編（A. Little（ed.））『教育におけるアセスメント』（Assessment in Education. Special Issue : The Diploma Disease Twenty Years On, 1997, vol.4, no.1）はイギリスの近年の経験がどの程度まで他のところで反響しているのかを示している。一般的に『教育におけるアセスメント』（Assessment in Education）誌はイギリスと世界におけるアセスメントの発展について，継続的に概観している。

〈注記〉
（1） A*～C（通常信用できる合格と見なされる）は310万2770人で全体の56.6％を占める。
（2） 1999年では，13万6千人の若者が若年者職場訓練プログラム（Modern Apprenticeship）に参加していた。
（3） 執筆の時点でこれらのデータが出版された最後の年。
（4） 労働力調査。職業資格に関して正確な数字を提出するのは不可能である。NVQの総計はトータルに加えられた「名目上」のNVQを含んでいるが，非NVQあるいは「その他」の職業資格の総計はイングランドの巨大な3つの多目的授与団体とスコットランド資格当局によって授与されるもののみに当てはまる。
（5） これは法律上の独占ではない。スコットランドの学校がイングランドの試験に児童を参加させることはできるしその逆もできる。ただ実際にはそのような国を越える受験は少数である。
（6） 1990年に試行があった，キー・ステージ1テストが初めて完全に実行されたのは1991年。キー・ステージ3は1991年と1992年に試行され，1993年に実行された。キー・ステージ2は1994年に実行された。
（7） A. Wolf, 'The evaluation of non-advanced adult and continuing education in England and Wales : the triumph of formal audit?', in K. Künzel (ed.) *Internationales Jahrbuch der Erwachsenenbildung. International Yearbook of Adult Education*, Köln, Böhlau Verlag GmbH & Cie, 1999, pp.131-44.
（8） それぞれの機関の素性は20世紀後半に入ってからも明らかであり，それぞれがかなり異なった顧客をもっていた。たとえばJMBやその後継団体は主に北部の大学と，ごく最近まで独占的にその試験を使い続けていたイングランド北部の公営学校によって設立されていた。対照的に，オックスフォード大学・ケンブリッジ大学試験機関はオックスブリッジのカレッジ入学テストとそれらの大学での最初の試験が，自分たちの生徒が免除されるようにというパブリック・スクールの願いに対応して設立された。ごく最近まで男子校のパブ

リック・スクールや独立学校に好まれた機関であり続けた。
(9) 医療専門職は大学が臨床前訓練を行うことを認める用意をしていたが臨床訓練に関しては厳しく統制し続けていた。
(10) イギリスの専門職における試験の役割についての詳細な議論については，G. Sutherland, 'Examinations and the construction of professional identity : a case study of England 1800-1950', *Assessment in Education*, 2001, vol.8, no.1, pp.51-64. を参照。
(11) 特に次の文献を参照。S. E. Cotgrove, *Technical Education and Social Change*, London, George Allen and Unwin, 1958; City and Guilds of London Institute, *A Short History : 1878-1992*, London, City and Guilds of London Institute, 1993.
(12) JMBの優れた歴史的統計は，長期にわたって秘書であったジェイムス・ペッチ（James Petch）の仕事である。特に次の文献を見よ。J. A. Petch, *Fifty Years of Examining*, London, Harrap, 1953; J. A. Petch, *The Joint Matriculation Board : What it is and what it does*, Manchester, JMB, 1963. これらの統計および近年の統計に関して助力してくださった，ニコルズさん（Ms. H. T. Nicholls）（JMBの後継団体のAssessment Qualifications Allianceの司書）に厚く感謝申し上げる。
(13) Petch, 前掲書, 1953。
(14) これらの多くは年季に入る前に生徒によってとられた。
(15) 教科の必要条件の段階的な緩和を含む，試験の必要条件の構造と進化について詳細はPetch, 前掲書, 1953を参照。
(16) 対照的に，アメリカやカナダにおいてはかなり初期から，決定的な修了証明書は高校卒業のそれであった。
(17) Petch, 前掲書, 1953。
(18) 教育局の報告。
(19) Committee of the Secondary Schools Examination Council, *Curriculum and Examinations in Secondary Schools* (Norwood Report), London, HMSO, 1943, pp.2-3.（=『ノーウッド・レポート』）
(20) Ministry of Education, *The Nation's Schools*, London, HMSO, 1945. この物議を醸し出したパンフレットの議論に関しては，B. Simon, *Education and the Social Order 1940-1990*, London, Lawrence and Wishart, 1991, pp.104-9を参照。
(21) H. G. Earnshaw, *The Associated Examining Board for the General Certificate of Education : Origin and History*, Aldershot, AEB, 1976を参照。
(22) レポートを発行したSSECの小委員会は，教育省によってそのような調査を幾度となく妨害された後，ようやく認可されたに過ぎない。

(23) 厳密に言うと，ほとんどの志願者は気づいてなかったが，O レベルの等級は 1974 年まで公式でなかった。公共政策の言い方では，合格／不合格の等級付けのない試験であった。CSE の等級は，（非公式の！）GCE O レベルの等級を反映させるために 5 段階あり，グレード 1 は O レベルの合格／O レベルの C グレードに相当した。
(24) CSE が O レベルより下位にあるということは誰もが気づいている事柄であっただけでなく，CSE の最高グレードのみが O レベルと等価として扱われていたという点で実際に制度化されていた。CSE の最高グレードが O レベルと公式に等価であるとされたのは教員や公的需要に応じてのことであり，全体として CSE がより低いステータスであるという世間に広がっている見方を事実上認めていた。
(25) 新しい資格の発表において，政府は旧来のデュアル・システムのもとでは「あまりに多くの授与団体とシラバス」が存在していたことを強調していた（DES, *Examinations at 16-plus : a statement of policy*, London, HMSO, 1982）。将来的にはイングランドに 4 つのグループ―北部グループ，ミッドランドグループ，ロンドン・イーストアングリアグループ，南部グループ―とウェールズに一つのグループになるだろう。以前の CSE の機関は旧来の大きな GCE 機関に急速かつ完全に組み込まれていたが，1990 年代後半のさらなる「合理化」が課せられるまでは，そのほとんどの間，そのグループ内で GCE 機関は独自のアイデンティティとシラバスを保持し続けた。
(26) Further Education Development Agency, Institute of Education and The Nuffield Foundation, *GNVQs 1993-1997. A National Survey Report. The final report of a joint project : the evolution of GNVQs : enrolment and delivery patterns and their policy implications*, Bristol, FEDA, 1997.
(27) 20 世紀の終わりまで，ほとんどの専門的職業は段階的参入方針を取り入れていた。これは特定の種類の学位をもっている就職者に対して一部の試験を免除することと関係していた。この結びつきは大学が拡大するにつれてそれ自体に負担がかかっていた。公認技術士の協会（The chartered engineering institutes）は現在特定の大学学位のみを承認している。王立公認測量士学会も同様の方針を採用しようとしている（2001 年）。
(28) 他の多くのヨーロッパ諸国を特徴づける資格に対する厳しい統制（事実上国家による独占）は，イギリスに比べて，特に初級後のレベルにおいて，正規資格がほとんどわずかしか存在していないことを意味している。
(29) 厳密に言うと，未だに政府によって規制されていないが，会社が若年者職場訓練プログラムを提供することを選んだ場合，政府の規制に従うが，政府補助金を受け取る資格も得る。
(30) 次の著作を見よ。National Economic Development Office, *Competence and*

Competition : Training and Education in the Federal Republic of Germany, the United States and Japan, London, National Economic Development Office and Manpower Services Commission, 1984; A. Wolf, 'Politicians and economic panic', *History of Education*, 1998, vol.27, no.3, pp.219-34.

(31) 特に次の著作を参照。P. Robinson, *Rhetoric and Reality : Britain's New Vocational Qualifications*, London, Centre for Economic Performance, London School of Economics, 1996; M. Eraut, S. Steadman, J. Trill and J. Porkes, *The Assessment of NVQs*, Research Report No.4, University of Sussex Institute of Education, 1996.

(32) A. Green, A. Wolf and T. Leney, *Convergence and Divergence in European Education and Training Systems*, London, Institute of Education, 2000.

(33) Business Education Council と Technician Education Council。BEC と TEC は元々シティ・アンド・ギルドの内部にあったが，独立した組織になるためにシティ・アンド・ギルドから離れた。

(34) A レベルをもっている学生と GNVQ をもっている学生の GCSE グレードの比較に関しては，FEDA，前掲書を参照。

(35) A. Wolf, R. Burgess, H. Stott and J. Veasey, *GNVQ Assessment Review Project : Final Report,* Technical Report, No.23, R&D Series, Sheffield, Employment Department Learning Methods Branch, 1994; Centre for Curriculum and Assessment Studies and International Centre for Research and Assessment, *Evaluation of the Use of Set Assignments in GNVQ. Final Report,* University of Bristol and University of London, Institute of Education, 1995.

(36) D. Blunkett, *Education into Employability : The Role of the DfEE in the Economy*, London, Department for Education and Employment, 2001.

(37) テストはイングランドの親の間ではいつもきわめて人気であった。それはテストが学校でのキャリアにおける重要なポイントで，全国的な基準から子どもの進歩をはかることができる公平で客観的な判断を与えてくれるからである。テスト導入前には—11歳時試験の消滅もあって—，親はそのような手段をもっていなかった。スコットランドではテストは不人気であり，それはマーガレット・サッチャーに対する反対が増えていたこと，そしてまたしても，イングランドの政策がスコットランドの学校に押しつけられつつあるという認識と密接な関係があった。

結　論

リチャード・オルドリッチ（Richard Aldrich）
山内　乾史　訳

　本結論は，本書のいくつかの章で示された詳細な結論をまとめたものである。まず，説明枠組みを提示し，4つの重複するカテゴリー——すなわち，連続性，周期的変動，先例のない変動，継続的な関心領域——内部でこの教育の世紀の特徴を簡潔にまとめることから始めよう。
　20世紀は教育の世紀であった。先行する諸章がはっきりと示したように，教育拡大は全方向的に広がっている——学校にはより多くの生徒がいる。高等教育にはより多くの学生がいる。そしてより多くの教員がおり，より多くの試験がある——。1997年総選挙では，実際に，労働党は「教育，教育，教育」というスローガンを掲げて闘った。このスローガンは，政治的領域における教育の重要性を示すと同時に，大衆意識内での教育の優先性をも示すものである。このように教育に重要性と優先性を置く状況は，世界中の国で見ることができる。効率的な教育は，今や，経済的成功と社会的調和の両方に必要不可欠なものと広く考えられている。実際，芸術家，建築家で保守の論客であるセサール・マンリケ（César Manrique）が述べたように，「国家最大のビジネスは教育である」[1]。
　それにもかかわらず，20世紀を通じて，教育拡大はすべての局面で連続的に起こったわけではない。教育発展は，「イントロダクション」で概説したように，経済的，社会的，政治的事象に従属するのである。たとえば，経済的，人口学的停滞とラスキン・カレッジでの演説によって特徴づけられる1970年代半ばは，国内総生産（Gross Domestic Product = GDP）に占める教育費比率

削減の兆しであり、教育の本質と目的に関する大きな議論と不一致を刺激した[2]。ハロルド・デント（Harold Dent）は、1970年の著作である『教育成長の世紀』（Century of Growth in Education）に、「1870年～1970年にかけての100年間に関する研究」と副題をつけた[3]。これは適切な命名であるが、20世紀の最後の30年の事象に限っては、明らかに「悲劇よりも勝利を強調する」[4]ために書かれたデントの著作に見られる祝福の響きは、奇妙にも楽観的で、無邪気に思われる。というのは、この教育の世紀は、単純に量によってのみではなく、質—機会と成果の質をも含む—に照らし合わせて解釈されねばならないからである。ロイ・ロウ（Roy Lowe）とルース・ワッツ（Ruth Watts）が本書の担当章で議論しているように、教育へのアクセスは全体的に拡大された一方、制度と社会階級による古いハイアラーキーが変化に抵抗していることがはっきりした。実際に、ジョージ・スミス（George Smith）は最近、こう結論づけている。

> あらゆる側面における教育の大いなる拡大にもかかわらず、また、今世紀の最後の20年間において、学業継続率と資格取得においてかなり劇的な増加が見られるにもかかわらず、さまざまな社会的バックグラウンド出身の子どもたちに提供される相対的な機会は、明らかに、今世紀の最初と同程度に不平等である[5]。

このような逆説が意味しているのは、20世紀の教育における変動と連続性はさまざまに解釈できるものであり、伝統主義と進歩主義との論争の説明枠組みは、歴史を作ることに関しても書くことに関しても、有益な出発点を与えてくれるということである。このような枠組みは批判と風刺に開かれてはいるが、近代社会とポストモダン社会における教育の目的と達成についての根深い分裂を反映しているのである。リチャード・ピータース（Richard Peters）は、「やりがいのある活動への通過儀礼」[6]と教育を定義した。しかし、もっとも値打ちのある活動、知識、価値とは何かについての議論は、長い歴史を有す

る⁽⁷⁾。教育の優先性はさまざまであるし，疑いもなく今後もそうあり続けるであろう。伝統主義者たちは国民文化の最上のものを保存し伝達する教育の役割を強調する—たとえば，機関によって，カリキュラムによって，宗教によって，道徳性によって。他方，進歩主義者たちにとっては⁽⁸⁾，教育の主たる目的は，教育においても，より広い社会においても，より大きな自由と平等，知識と理想へのアクセスを促進することである。前者の集団にとっては，オックスフォード大学，ケンブリッジ大学，イートン校，ウインチェスター校がイングランドの教育における最上のものすべてを—実際に，典型的に—表しているということになる。後者の集団にとっては，伝統的大学（ancient universities）と男子パブリック・スクールは，問題を解決するよりも，むしろその問題の一部と考えられることになるのだ。

　イングランドの教育における連続性は，除去して置き換えるよりもむしろ，補充して追加するという一般的な傾向に基づいている。教育において，この傾向はイングランド社会のハイアラーキカルな本質によって強化され，また十分に教育に対して責任を引き受けるべき—たとえば，学校の直轄か，あるいは教員の直接雇用によって—政権の気乗り薄さによっても強化されている。20世紀において，イングランドは，新たな，より包括的な「国民教育」の概念を大いに発展させることに失敗した。その代わりに，公的な態度としては，いまだにしばしば，19世紀の最大，単一の学校提供者—1811年に創設された，英国国教会の動議に基づく貧困者の教育を推進するための国民協会（the National Society for Promoting the Education of the Poor in the Principles of the Established Church）—の名前において表現されている国民教育の概念を反映していた。主要な教育法である，1918年教育法と1944年教育法は，部分的には，すべての市民のよりよい運命と生活機会への戦間期の願望に帰せられる。しかし，いずれの場合においても，戦後の経済問題と，最終的な勝利によって国家機構とその特質が承認されたという感覚とが，教育費の節減へと導くことになった。第一次，第二次の両世界大戦間中にはっきりしたような技術教育の欠陥さえもが，補習学校（continuation school）や地域カレッジ（county college）の運命に

よって証明されているように，間もなく忘れ去られてしまった。

20世紀のはじめには，伝統的な態度が優勢であった。世界のリーダーシップにおける国家の位置を考えれば，教育の最優先の目的は知的，社会的，経済的，政治的安定と再生産であった。実際に，穏健な改革が許可され，奨励されたのだが，制度の統合性と社会の安定性は卓越していた。教育において，他の諸領域の成果同様に，連続性は変動よりももっと重要である。したがって，男子パブリック・スクールにおいて，青年男子のエリート集団は，神がはっきりと世界の大半を統治するよう命じた国家のリーダーシップの位置を想定して，——スピーチ，マナー，衣装，古典に関する知識によって——権威のシンボルで武装したのだ。モデルは入念に選んで輸出された——「アフリカの平屋でシンプルな藁吹き屋根の『ウインチェスター校』，インドの華麗で上品な丸天井の『イートン校』の形態において，また南アフリカの草原地帯やオーストラリア都市近郊の日差しの強い学校の運動場に関して——」[9]。しかし，ほとんどの子どもたち，少年少女たちは，エレメンタリー・スクールに在籍していた。そこで子どもたちは，イングランド人であることを感謝するよう教えられ，その社会的優越性を認識するよう教えられ，それに敬意を払って譲歩するよう教えられ，清貧は美徳であることを受け入れるよう教えられたのである。それらは謙虚さと組み合わされたものであり，来世でのよりよい生活を保証する確かなパスポートであったのだ。

このようにして1902年教育法は，1870年教育法がエレメンタリー・スクールの地域配置状況における格差を埋めあわせたように，中等学校の地域配置状況における格差を埋め合わせるという原理に基づいていた。いずれの場合においても，国家の財政的援助を受けて地方当局（local authorities）によって維持される学校は，当初は，既存の教育機関の附属物と考えられていた。これらの既存の教育機関が存在してきた期間の長さは，その価値と，新設の「公立学校」（'Board' or 'Council' school）に対する優越性とについてのはっきりした証拠と考えられていた。このようなハイアラーキーは存在し続けて，20世紀の終わりには，試験での成功に基づいた学校・大学のリーグ・テーブル（league table）や他の基準によってしばしば確認されている。裕福で権力ある地位についている家庭の子女は，いまだに有料校（fee-paying schools）に在籍していた。この有料校では，生徒一人当たりの経費は，公費維持中等学校に比べて二倍ないしはそれ以上であった。20世紀の終わりにおいてさえ，オックスフォード大学とケンブリッジ大学の在学生の約半数は，人口の7％を占めるに過ぎない独立＝私立学校出身であった。

　フィリップ・ガードナー（Philip Gardner）の教員に関する章では，世紀をまたいだ連続性に関する非常に強力な証拠のいくつかを示している。より多くの教員，より良い資格，専門職的統合に関するより大きな意味をともなって変動は起きた。しかし，教員の低地位，低給与，文化的抑圧と学級内の抑圧によって連続性も見られる。1900年と同様，2000年においても，教師の多数は女性であった。科学技術の進展にもかかわらず，多くの学校と学級の組織，時間割，教授法は，いまだに一世紀前のそれにかなり似ていると考えられる。実際に，ある場合には，教授＝学習はいまだに一世紀前と同じ前提のもとで行われている。しかし，ある連続性については歓迎されている。たとえば，よい教授法と価値ある教育についての必須の特徴の多くに関しては，20世紀の最初と同様終わりにおいても同じである。よい教員は，彼らの担当する教科についてかなりの知識をもち，教授法についてもかなりの知識をもち，運営と組織の原理について堅実な応用をし，彼らが教える生徒たちに純粋にケアしてかかわり，生徒を鼓舞し熱心に語りかける能力をもつ人びとと定義されるだろう。価値ある教育とは，無知を克服するような知識の促進，誤りを克服する真実の促進，利己主義を克服する他者へのかかわり，怠惰を克服する努力，絶望と衰弱を克服する精神的・身体的健康に関するものである。

　教育における周期的変動は変動と密接な関係にあり，さまざまな要因に帰せられる。たとえば，戦争や他の国家的緊急事態は教育変動の触媒である。平和と成功は連続性の触媒である。ある状況においては，選択肢は限定される。したがって，公教育システムの統制は，中央政府，地方政府，学校経営者・理事，ボランティア団体，教員，両親の間で共有されている—時期あるいは状況に応

じて優位に立つ集団は変わるのだが—。ポール・シャープ（Paul Sharp）が実証したように，20世紀の最初の数年間における地方教育当局（LEA）の力の増大は，中央政府と経営者・理事の力の衰退につながった。1980年代からは，この状況は逆転し，中央政府は地方教育当局の付託事項と責任を抑制し，統治主体の付託事項と責任を増加した。実際に，20世紀末の事態は，1870年の学校運営協議会の設立に先立つ事態を想起させる。1839年に設立された中央の教育当局は，個々の学校の経営者に直接対処した。教員の力もまた，世紀を通して，増大し，また衰えた。教員供給も同様である。正規雇用は，教員不足と給与・雇用条件のささやかな改善をもたらした。対照的に，一般的な失業の増大は，教員の過剰供給をもたらし，報酬と地位の衰退につながった。

　同様に，学校カリキュラムは，周期的に繰り返し盛り上がる，児童中心主義的アプローチ，職業的アプローチ，教科中心主義的アプローチ，社会訓練的アプローチの合成物である。したがって，ここ30年間は，プラウデン報告の児童中心主義的次元，雇用促進委員会（Manpower Services Commission = MSC）の職業的イニシアティブ，1988年の教科に基づいた全国共通カリキュラム，21世紀の最初における教科としてのシティズンシップの追加，などの移り変わりが見られた。1980年代以降のカリキュラムについて中央政府の打ち出す方向性を強化する流れは，先行する時代を思い起こさせる。実際に，改正教育令（the Revised Code）の3Rs—これは19世紀の最後の10年に廃止されたが—は20世紀の最後の10年の，全国共通テストの実施，国語（literacy）・算数（numeracy）戦略に複製されている。さらに，1988年の全国共通カリキュラム下で規定された教科のリストは，1904年の中等学校の法制化のリストに異様なほど酷似していると考えられる[10]。

　しかし，20世紀の教育変動の多くは目新しいものであった。システムの純然たる拡大—たとえば，生徒と学生によって—は空前のものであった。中等学校教育—かつては共同体の小部分の人びとだけがかかわった—は16歳までのすべての者に対して強制になった。1900年には，同年齢人口の1％未満しか大学に進学しなかった。一世紀後，この進学率は30％以上にまで上昇した。

もう一つの大きな変動は教員の資格に関して起こった。世紀の初めには多くの学校には無資格教員と教員見習の生徒が配置されていたのだが，2000年になると，子どもたちは，教員養成訓練を受けた学卒者に教えられている——もっとも，初等学校では，学級の補助者の登用が増加しているが——。

教育拡大は，かなりの構造的変動・社会変動を反映し，促進している。構造的変動は，すべてを包摂する社会階級に基づいたエレメンタリー・スクールから，子どもの教育の最初の段階のみを供給する初等学校への移行によって例証される。20世紀の最初には，労働者階級出身の子どもの大多数は，たった一つの学校にしか在籍しなかった。そして12歳か13歳で中退して直接に職業世界へと進んだのである。対照的に2000年においては，すべての子どもが，少なくとも2つの異なる学校に在籍し，しかも卒業者の大多数は継続教育や高等教育へと進学するのである。おそらくもっとも大きな社会変動は，ルース・ワッツ（Ruth Watts）が本書で示唆したように，女子教育の拡大と成功であった。1900年には中等教育と高等教育は，主に男子の言葉で解釈されていた。一世紀後には，女子は中等教育修了一般資格（GCSE and GCE）の上級（A）レベル試験で男子をしのぎ，高等教育の学士課程学生の多数派を形成している。かつての男子優位の衰退はさまざまな点で明白である。教員＝生徒の関係はフォーマルなものではなくなり，反抗的で成績の悪い者に対処する方法としてかつては承認されていた体罰は廃止された。

資格と評価の増大は教育の一般的な拡大だけではなくて，資格社会（credentialled society）における説明責任（accountability）の増大を反映している。アリソン・ウルフ（Allison Wolf）が示すように，20世紀の終わりまでには，イングランドの学校にいる子どもたちは，全世界でももっとも頻繁に試験を受けている子どもたちの部類に属している。1890年代には，過度な試験への関心と，その生徒，教員，カリキュラム，教授法への有害な影響が改正教育令の終焉へと導いた。それにもかかわらず，すべての生徒にとっての20世紀の評価と資格の拡大は，教育においても雇用においても，形成的・累積的な判定を示す手段として，また，ジェンダー，社会階級，民族的ステレオタイプに基づい

た歪みを相殺する手段として，広く歓迎された。ステレオタイプにおけるもう一つの意義ある変化は，イアン・コープランド（Ian Copeland）が示すように，教育遅滞児（ESN：educationally subnormal）から特別な教育ニーズ（SEN：special educational needs）への命名の変質に反映されている。

　最後に，新たな世紀，新たな千年紀の最初において，教育的関心がもたれ続けている主要な領域は何なのであろうか。本書でカバーされた10のトピック（訳書では7のトピック）すべては，21世紀における，より一層の論争と変動にさらされるだろうが，最初の10年間においてもっとも重要な問題は，中等教育と継続教育の領域に，またそれら両者の関係の新たな解決に見出すことができるだろう。ゲーリー・マクロッホ（Gary McCulloch）が本書で論じたように，独立＝私立学校と維持学校の不平等，さまざまな維持学校内での不平等による有害な効果がもっともはっきりとわかるようになるのは，中等教育レベルである。これらの諸問題，すなわち中等教育の目的，特性，役割にかかわる継続的な議論において，彼はエリートの出自と中等教育の連続性に帰し，一般的な承認を勝ち取るために，三分岐システムとコンプリヘンシブ・システムの双方の失敗に帰している。継続教育はもう一つの主要な関心領域である―もっとも，この場合は，ビル・ベイリー（Bill Bailey）が本書で実証したように，低い注目度と無関心という理由によるところが大きいのだが―。実際に，ひねくれた観察をすれば，1997年総選挙の叫び「教育，教育，教育」は，初等，中等，高等教育に言及しているのであって，継続教育についてはやはり看過しているのである。2000年学習＝スキル法は，16歳以上の者すべての，大学外教育に対する責任を統一するものであったが，しかしこの法はこのような積年の諸問題を解決しようとするごく最近の試みである。アカデミックな資格と職業的資格との統合とIT革命において，あらたな財政支援が，次世紀の教育に提供されるかどうかが考えるべき，残された課題である。

〈注記〉
（１）　'El Mayor negocio de un país es su educación', F. Aguilera(ed.) *César Man-*

　　　　rique in his own words, Teguise, Lanzarote, Fundación César Manrique, 1999, p.62. マドリッド，ニューヨーク，出生地ランザローテ（スペイン）で暮らしたマンリケ（1919～1992）の人生と業績に関する評価に関しては，F. Gordillo, *Cézar Manrique*, Teguise, Lanzarote, Fundación César Manrique, 1999. を参照のこと。
（2）たとえば，1976年から1997年にかけて，大学生一人あたりの財政支援は，約50％に減少した。A. H. Halsey with J. Webb（eds.）*Twentieth-Century British Social Trends*, London, Macmillan, 2000, p.249.
（3）H. C. Dent, *1870-1970. Century of Growth in English Education*, London, Longman, 1970.
（4）同書，p. ix。
（5）G. Smith, 'Schools', in Halsey with Webb, 前掲書，p.219.
（6）通過儀礼としての教育に関する議論としては，R. Peters, *Authority, Responsibility and Education*, London, George Allen and Unwin, 1959, 第8章を参照のこと。
（7）たとえば，チャールズ・ダーウィン（Charles Darwin）とハーバート・スペンサー（Herbert Spencer）の著作によって生み出された，科学的知識と宗教的知識の相対的価値に関する議論を参照のこと。
（8）「伝統主義」と「進歩主義」という用語は，教育特有の意味においても，一般的な意味においても，ここでは用いられている。
（9）J. A. Mangan（ed.）*'Benefits Bestowed'?, Education and British Imperialism*, Manchester, Manchester University Press, 1988, p.3.
（10）この問題に関するさらに深い考察に関しては，R. Aldrich, *Education for the Nation*, London, Cassell, pp.23-39 を参照のこと。

監訳者あとがき

　本書は Richard Aldrich（ed.）*A Century of Education*, Routledge, 2002 の部分訳である。本来は，当然全訳をしたかったのであるが，紙幅の都合をはじめとする諸般の事情のため，謝辞，年表，グロサリー，索引および，原著第3章，第5章，第8章をカットせざるを得なかった。なお，監訳者2名が訪英時にオルドリッチ教授と面会し，「紙幅の都合でやむを得ず，3つの章を削除したいのだが，どれを削除するのがよいか」と伺い，指定されたのが上記の3つの章である。いずれ劣らぬ重要な章ではあるが，日本の事情への適合性，日本の読者の関心などを考慮して，オルドリッチ教授自らが指示された章をカットしたことを読者各位にお断りすると同時にお詫びしたい。また，オルドリッチ教授ご自身にもお詫びしたい。

　さて，本来はオルドリッチ教授の経歴や学問的な貢献について詳しく述べるべきところなのであろうが，すでにオルドリッチ教授の訳書『教育史に学ぶ』（知泉書館，2009年）において実に詳細に紹介され，オルドリッチ教授も，もはやそれに付け加えることはないのだとわれわれに対しておっしゃっていた。また，本訳書にもオルドリッチ教授ご自身による自己紹介が付されている。したがって，このあとがきでは，オルドリッチ教授と監訳者との個人的なかかわりを紹介してオルドリッチ教授の人となりを紹介することとしたい。
　監訳者の一人，山内がイギリスに文部省（現在は文部科学省）在外研究員としてロンドン大学教育研究所（IOE）に出発したのは平成10（1998）年5月のことであるから，もう一昔以上前である。イギリスのエリート教育を研究するために，約11か月にわたって滞在したのだが，その間オルドリッチ教授は，私の世話役となって公私両面で慣れない海外での生活を支えてくださった。私

の滞英中，同時期に安川哲夫教授（当時は金沢大学，現在は筑波大学）がやはりオルドリッチ教授の下で研究をなさっていた。われわれは週に一回オルドリッチ教授の部屋で研究の進捗状況について報告し，討論したものだ。オルドリッチ教授の温厚な，いかにも英国紳士らしい人柄には本当に深く感銘を受けた。ただ，不謹慎ながら，研究室での討論などのフォーマルなことよりも，IOE の外で再三，食事をご一緒したことが印象深い。特にオルドリッチ教授のいきつけである，いわゆるイギリスの本物の会員制クラブ「National Liberty Club」に連れていっていただいたのは忘れがたい。チャリングクロスのそばにあるこのクラブは，本物の伝統的な自由党の会員制クラブである。クラブの入り口でバッグ等をクロークに預けると，グラッドストーンやチャーチル（元自由党員）の肖像を眺めながらホールへと進む。そこでリッチな食事をいただくのだが，何ともゆったりした気分になり，時の流れが実にゆっくりしていて，まさしく『時よ，とまれ』といいたくなる。安川教授もしばしばご一緒したが，お気に入りのご様子だった。近くにビッグベンや官公庁街などがあるこの地は，「ビッグ」な人物がさりげなく歩いているらしく，私も滞英中にしばしばこの地を訪れ，当時のブレア首相やブランケット内相をみかけたし，ロックスターや俳優も見かけた。日本の有名人も海外では変装などしないようで，藤井フミヤ氏，蛭子能収氏などを観光地で，そして英国に住む著名なダンサー熊川哲也氏をジャパン・センターで見かけた。

　平成11年3月末に英国を離れる時も，帰国前日にやはり「National Liberty Club」にお招きいただいた。オルドリッチ教授ご夫妻と私と私の妻が会食したのだが，英国的な時間のゆったりした流れに別れを告げるのがなんとも寂しく，「やれやれ，もう終わりか」と思っ

たのを覚えている。

　それから帰国後しばらくオルドリッチ教授と会う機会がなかった。というよりも多忙にまぎれて，英国を訪れる機会すらなかった。友人を介してオルドリッチ教授が病気に倒れたという話も聞いた。教授を訪問できる状況ではなかった。オルドリッチ教授を再度訪問したのは平成19（2007）年の夏で，本書の監訳者2名がそろってIOEを訪ねた。オルドリッチ教授は，見たところお元気そうで，何よりもうれしかったのは私のことだけでなく，私の家族のことをもよく覚えていてくださったことである。原教授は初対面ではあったが，すぐにオルドリッチ教授と打ち解けた。翻訳の話もその時に出て，それが本書につながっているのである。私たちはそれから一年に一度英国をそろって訪れオルドリッチ教授にご相談して，ご指導いただきながら本書の翻訳を進めてきた。あらゆる意味で，英国で過ごした時間は私の人生の中の最良の時間で，そしてそうあったのはひとえにオルドリッチ教授のおかげである。本書を親愛なるオルドリッチ教授に―ご健康とますますのご発展を祈りつつ―ささげたいと思う。

　本書の訳出作業は大変であったが，訳者の一人でもある武寛子さんがわれわれ監訳者とともに，すべての訳稿に目を通し，チェックする作業を手伝ってくださった。感謝したく思う。また，いつもながら，出版の申し出を快諾してくださった学文社，特に田中千津子社長に感謝したい。

　平成23年4月

監訳者を代表して
神戸大学・鶴甲キャンパスの研究室にて
山内　乾史

原著編者紹介

　リチャード・オルドリッチは，1937年6月10日にロンドン南東部のチャールトンで生まれた。彼はグリニッチのローン・スクール（Roan School）で学び，卒業後州の奨学金を得てケンブリッジ大学フィッツウイリアム・カレッジで歴史学を学んだ。1958年に優等学位（BA Honours）を得て卒業し，1962年には学術修士学位（MA）を取得した。引き続きロンドン大学のキングス・カレッジで研究を続け，1959年にPGCE（Postgraduate Certificate in Education），1970年に哲学修士（MPhil），1977年にPh. Dを取得した。いずれもパート・タイムの研究コースで取得したものである。

　セカンダリー・スクールで歴史を教え（1959年から1965年），ついで英国教育カレッジで教えた後に，ロンドン大学教育研究所（Institute of Education）に着任した。そこで彼は教育史の教授になり，2003年に退職した。

　リチャード・オルドリッチは，およそ15冊の著書とモノグラフ，80以上の論文，編纂書収録論文を執筆してきた。この中には下記のものが含まれている。

- *An Introduction to the History of Education.* (Sevenoaks : Hodder and Stoughton 1982 ; 中国語版，1987年）
- *School and Society in Victorian Britain.* (New York : Garland, 1995)
- *Education for the Nation.* (London : Cassell, 1996 ; 日本語版，松塚俊三・安原義仁監訳『イギリスの教育―歴史との対話―』玉川大学出版部，2001年）
- *The Institute of Education 1902-2002 : A Centenary History.* (London : Institute of Education, 2002)
- *Lessons from History of Education : The Selected Works of Richard Aldrich.* (London : Routledge, 2006 ; 日本語版，山崎洋子・木村裕三監訳『教育史に学ぶ―イギリス教育改革からの提言―』知泉書館，2009年）

　リチャード・オルドリッチは，王立歴史協会および王立芸術協会のフェロー

である。彼は国際教育史学会および連合王国教育史学会の会長を務め，両学会において顕彰されている。また二冊の記念論文集が，彼に敬意を表して出版されている（Whitehead and O'Donoghue(eds.), 2004[*1] and Crook and McCulloch(eds.), 2007[*2]）。

[*1] Clive Whitehead and Thomas A. O'Donoghue の編集により 2004 年 12 月に刊行された Education Research and Perspectives. (vol. 31, no. 2) 誌上（西オーストラリア大学刊行）に 188 頁の特集が Essays in Honour of Professor Emeritus Richard Edward Aldrich と題して組まれた。

[*2] Crook and McCulloch(eds.)(2007) *History, Politics and Policy-making in Education : A Festschrift Presented to Richard Aldrich*, London : Institute of Education, University of London.

2010 年 9 月

リチャード・オルドリッチ

山内 乾史 訳

原著編者（肩書は原著刊行時）

リチャード・オルドリッチ（Richard Aldrich）　ロンドン大学教育研究所教授
（日本語版への序文，編者紹介，イントロダクション，結論）

原著執筆者（肩書は原著刊行時）

ピーター・カニンガム（Peter Cunningham）　ケンブリッジ大学ホマートン・
　カレッジ・リーダー（本訳書第1章）
ゲーリー・マクロッホ（Gary McCulloch）　シェフィールド大学教授（本訳書第2章）
ロイ・ロウ（Roy Lowe）　ウエールズ大学スウォンジー校教授（本訳書第3章）
フィリップ・ガードナー（Philip Gardner）　ケンブリッジ大学教育学部
　上級講師・聖エドモンズ・カレッジ・フェロー（本訳書第4章）
ルース・ワッツ（Ruth Watts）　バーミンガム大学リーダー（本訳書第5章）
ピーター・ゴードン（Peter Gordon）　ロンドン大学教育研究所名誉教授
　（本訳書第6章）
アリソン・ウルフ（Alison Wolf）　ロンドン大学教育研究所教授（本訳書第7章）

監訳者（肩書は訳書刊行時）

山内乾史（神戸大学大学教育推進機構／大学院国際協力研究科教授）
　（日本語版への序文，原著序文，編者紹介，イントロダクション，第3章，結論）
原　清治（佛教大学教育学部教授）（第5章）

訳　者（肩書は訳書刊行時）

加藤善子（信州大学高等教育研究センター講師）（第1章，第2章）
武　寛子（神戸大学大学院国際協力研究科研究員）（第4章）
杉本　均（京都大学大学院教育学研究科教授）（第6章）
鈴木俊之（青山学院女子短期大学子ども学科准教授）（第7章）

教育の世紀

2011年9月10日　第一版第一刷発行

編著者　リチャード・オルドリッチ
監訳者　山内乾史・原清治

発行者　田　中　千津子
発行所　株式会社 学　文　社

〒153-0064　東京都目黒区下目黒3-6-1
電話（03）3715-1501㈹　振替00130-9-98842
　　　　http://www.gakubunsha.com

落丁・乱丁本は，本社にてお取り替えします。　◎検印省略
定価は売上カード・カバーに表示してあります。
　　　　　　　　　　　　　　　　　印刷／倉敷印刷㈱
ISBN 978-4-7620-2209-8